Schöne neue Arbeitswelt

Ulrich Beck

Schöne neue Arbeitswelt

Vision: Weltbürgergesellschaft

Campus Verlag
Frankfurt/New York

Visionen für das 21. Jahrhundert
Die Buchreihe zu den Themen der EXPO 2000
Band 2

Idee, Konzeption und Realisierung:
Peter Felixberger,
Redaktionsbüro Wort&Tat, Erding

Übersetzungen:
Beiträge Engo-Tjega, Shamsul, Hing Ai Yun: Thomas Steiner, Freiburg

Redaktionelle Mitarbeit:
Hauptbeitrag Beck: Peter Felixberger, Erding
Beiträge Engo-Tjega, Shamsul, Hing Ai Yun: Thomas Steiner, Freiburg, und Peter Felixberger, Erding
Beitrag Mutz: Annette Jensen, Berlin

Die Deutsche Bibliothek - CIP-Einheitsaufnahme

EXPO ‹2000, Hannover›:
Die Buchreihe der EXPO 2000 / Idee, Konzeption und Realisierung:
Peter Felixberger. - Frankfurt/Main ; New York : Campus Verlag
Bd. 2. Schöne neue Arbeitswelt. - 1999

Schöne neue Arbeitswelt : Vision: Weltbürgergesellschaft / Ulrich Beck.
[Übers. Beitr.: Thomas Steiner. Red. Mitarb.: Peter Felixberger ...]. -
2. Aufl. - Frankfurt/Main ; New York : Campus Verlag, 1999
   (Die Buchreihe der EXPO 2000 ; Bd. 2)
   ISBN 3-593-36036-5

2. Auflage 1999

Das Werk einschließlich aller seiner Teile ist urheberrechtlich geschützt.
Jede Verwertung ist ohne Zustimmung des Verlags unzulässig. Das gilt insbesondere für Vervielfältigungen, Übersetzungen, Mikroverfilmungen und die Einspeicherung und Verarbeitung in elektronischen Systemen.
Copyright © 1999 Campus Verlag GmbH, Frankfurt/Main
Umschlaggestaltung und Layout: Pro Natur, Frankfurt/Main
Satz: Uwe Aufleger, Erding
Druck und Bindung: Druckhaus Beltz, Hemsbach
Gedruckt auf säurefreiem und chlorfrei gebleichtem Papier.
Printed in Germany

Inhalt

Modell Bürgerarbeit
Ulrich Beck 7

Zwölf Thesen

Das Ende der Treck-Kultur
Gerd Mutz 190

Die Zukunft Afrikas
Ruth Bamela Engo-Tjega 208

Das Arbeitsleben der Muslime in Südostasien
Baharuddin Shamsul 226

Die Veränderung der Arbeitskultur in Asien
Hing Ai Yun 237

Autorennotiz 247

Register 249

Modell Bürgerarbeit

Ulrich Beck

Inhalt

Die Brasilianisierung des Westens – zwei Szenarien,
  eine Einführung 7
Die Frage nach der Antithese zur Arbeitsgesellschaft 16
Der Übergang von der Ersten zur Zweiten Moderne –
  fünf Herausforderungen 22
Die Zukunft der Arbeit und ihre Szenarien –
  eine Zwischenbilanz 40
Das Risikoregime: Wie die Arbeitsgesellschaft
  zur Risikogesellschaft wird 72
Tausend prekäre Arbeitswelten – oder: Warum Europas
  Zukunft der Arbeit in Brasilien besichtigt werden kann .. 93
Das große Vorbild? Arbeit und Demokratie in den USA. ... 111
Zukunftsvision I: Das Europa der Bürgerarbeit 122
Zukunftsvision II: Die postnationale Bürgergesellschaft ... 151
Anmerkungen 182
Literatur 187

Die Brasilianisierung des Westens – zwei Szenarien, eine Einführung

Die ungewollte Folge der neoliberalen Utopie des freien Marktes ist die Brasilianisierung des Westens. Der bemerkenswerteste Tatbestand der gegenwärtig absehbaren Entwicklung der Arbeit in der Weltgesellschaft ist nämlich nicht nur die hohe Arbeitslosigkeit in den Staaten Europas oder das sogenannte Job-Wunder in den USA oder der Übergang von der Arbeits- zur Wissensgesellschaft, also das inhaltliche Gesicht zukünftiger Informationsarbeit. Das Herausragende ist die neue Ähnlichkeit von Entwicklungsprofilen der Erwerbsarbeit in der sogenannten ersten und der sogenannten dritten Welt. Es ist der Einbruch des Prekären, Diskontinuierlichen, Flockigen, Informellen in die westlichen Bastionen der Vollbeschäftigungsgesellschaft. Damit breitet sich im Zentrum des Westens der sozialstrukturelle Flickenteppich aus, will sagen: die Vielfalt, Unübersichtlichkeit und Unsicherheit von Arbeits-, Biographie- und Lebensformen des Südens.

Die politische Ökonomie der Unsicherheit

In einem semi-industrialisierten Land wie Brasilien repräsentieren die lohn- und gehaltsabhängig Beschäftigten in einem formalisierten Vollzeitarbeitsverhältnis nur eine Minderheit an wirtschaftlich Aktiven; die Mehrheit dagegen arbeitet unter prekären Erwerbsbedingungen. Die Menschen sind ambulante Verkäufer, Kleinhändler und -handwerker, verdingen sich als Dienstboten aller Art oder sind »Arbeits-Nomaden«, die zwischen verschiedenen Tätigkeitsfeldern, Beschäftigungsformen und Ausbildungen hin- und herpendeln. Wie die anbrechende Entwicklung in den sogenannten »hochentwickelten« Vollbeschäftigungsgesellschaften zeigt, bildet diese nomadische »Multi-Aktivität« – bislang im Westen vornehmlich ein Kennzeichen der Frauenarbeit – nicht eine »vormoderne Restgröße«, sondern eine sich rapide ausbreitende Entwicklungsvariante später Arbeitsgesellschaften des Westens, denen die attraktive, hochqualifizierte und gutbezahlte Vollerwerbstätigkeit ausgeht.

Die Entwicklung in Deutschland steht für die Entwicklung in anderen westlichen Gesellschaften: In den 60er Jahren gehörte erst ein Zehntel der Arbeitnehmer dieser Gruppe der prekär Beschäftigten an. In den 70er Jahren war es bereits ein Fünftel, in den 80er Jahren ein Viertel, und in den 90er Jahren ist es ein Drittel. Wenn diese Entwicklungsgeschwindigkeit anhält, und dafür spricht vieles, dann wird in zehn Jahren nur noch jeder zweite abhängig Beschäftigte einen dauerhaften Vollzeitarbeitsplatz einnehmen, während sozusagen die andere Hälfte »brasilianisch« arbeitet.

Hier zeigt sich, was im Rahmen einer politischen Ökonomie der Unsicherheit – oder politischen Ökonomie der Weltrisikogesellschaft – im einzelnen begriffen und entfaltet werden muß:

> **Die Menschen sind ambulante Verkäufer, Kleinhändler und -handwerker.**

1. In der politischen Ökonomie der Unsicherheit drückt sich das neue Machtspiel und Machtgefälle aus zwischen territorial fixierten politischen Akteuren (Regierungen, Parlamente, Gewerkschaften) und nicht territorial gebundenen wirtschaftlichen Akteuren (Kapital-, Finanz- und Handelsmächte).
2. Hieran schließt sich der begründete Eindruck, daß der Handlungsspielraum der Staaten auf das Dilemma geschrumpft ist, entweder zunehmende Armut mit hoher Arbeitslosigkeit zu bezahlen (wie in den meisten europäischen Ländern) oder aber eklatante Armut für etwas weniger Arbeitslosigkeit hinzunehmen (wie in den USA).
3. Dies hängt damit zusammen, daß die Erwerbsgesellschaft sich ihrem Ende zuneigt, je mehr die Menschen durch den Einsatz intelligenter Technologien ersetzt werden. Die steigende Arbeitslosigkeit läßt sich also nicht länger auf zyklische Wirtschaftskrisen zurückführen, sondern auf die Erfolge eines technologisch avancierten Kapitalismus. Das heißt also: Das alte, wirtschaftspolitische Instrumentarium versagt, und alle Erwerbsarbeit gerät unter den Noch-Vorbehalt drohender Ersetzbarkeit.

> Die steigende Arbeitslosigkeit läßt sich nicht länger auf zyklische Wirtschaftskrisen zurückführen.

4. Die politische Ökonomie der Unsicherheit beschreibt damit einen Domino-Effekt. Was sich in guten Zeiten wechselseitig ergänzt und gestärkt hat – Vollbeschäftigung, sichere Renten, hohes Steueraufkommen, Spielräume staatlicher Politik –, gefährdet sich nun wechselseitig: Erwerbsarbeit wird prekär; die Grundlagen des Sozialstaates zerfallen; die Normalbiographie wird brüchig; Altersarmut wird vorprogrammiert; aus den leergefegten Kassen der Kommunen kann der anschwellende Sturm auf die Sozialhilfe nicht finanziert werden.
5. Entsprechend geraten die orthodoxen Verteidigungsstrategien in die Defensive. Überall wird »Flexibilität« eingeklagt – oder mit anderen Worten: ein »Arbeitgeber« soll seine »Arbeitnehmer« leichter »feuern« können. »Flexibilität« heißt auch: Umverteilung von Risiken vom Staat und von der Wirtschaft auf die Individuen. Die verfügbaren Jobs werden kurzfristig, leichter kündbar, d.h. »erneuerbar«. »Flexibilität« meint schließlich: »Freue dich, dein Wissen und Können ist veraltet, und niemand kann dir sagen, was du lernen mußt, damit du in Zukunft gebraucht wirst.«

Die Folge ist: Je mehr Arbeitsbeziehungen »dereguliert« und »flexibilisiert« werden, desto schneller verwandelt sich die Arbeits- in eine Risikogesellschaft, die weder für die Lebensführung des einzelnen noch für Staat und Politik kalkulierbar ist; und desto wichtiger wird es zugleich, die politische Ökonomie des Risikos[1] in ihren widersprüchlichen Folgen für Wirtschaft, Politik und Gesellschaft zu enträtseln. Eines jedenfalls ist klar: Endemische Unsicherheit ist das Merkmal, das die Lebenswelt und Lebensgrundlage der Mehrheit der Menschen – auch in der scheinbar wohlhabenden Mitte! – in Zukunft kennzeichnet.

> **Mehr und mehr Menschen leben zwischen den Kategorien von arm und reich.**

Unter dem Einfluß der politischen Ökonomie der Unsicherheit ändert sich das Erscheinungsbild der Gesellschaft also dramatisch. In schmalen Zonen spitzen sich extreme Eindeutigkeiten zu: im obersten Oben und im untersten Unten, das eigentlich kein Unten mehr ist, sondern ein Außen. Dazwischen entfalten, mischen und verschachteln sich Uneindeutigkeiten. Mehr und mehr Menschen leben zwischen den Kategorien von arm und reich.

Diese zwischenkategoriellen Existenzen in einer »Sozialstruktur der Uneindeutigkeit« sind aber sehr wohl bestimmbar, rekonstruierbar. Insofern handelt es sich um eindeutige Uneindeutigkeiten. Die politische Ökonomie der Uneindeutigkeit erzeugt – anders als die proletarische und bürgerliche Klassengesellschaft – keine Kultur des Weder-Noch, sondern eine Kultur des Sowohl-als-auch. Was zunächst einmal heißt: Oben und Unten polarisieren nicht mehr eindeutig, sondern überlappen und verschmelzen neuartig zu einer Art Aspekt-Reichtum bzw. Aspekt-Armut oder zu einem Reichtum auf Zeit sowie entsprechend kombinierten Existenzformen. Was im Resultat bedeutet: In fast allen Lagen der Gesellschaft regiert die Unsicherheit. Entsprechend der Bedeutung von Wissen und Kapital kommt es zu Spaltungen in den Gesellschaften, möglicherweise auch sogar zu einem kollektiven Abstieg ganzer Ländergruppen. Dies mag anfangs durch die Rhetorik des »selbsttätigen unternehmerischen Individualismus« symbolisch überspielt, diskursiv versüßt werden. Auf die Dauer kann aber nicht darüber hinweggetäuscht werden, daß die Grundlagen hochgepriesener Sozialstaatlichkeit, damit wacher, alltäglicher Demokratie, im Ganzen also das Selbstbild der auf dem »institutionalisierten Klassenkompromiß« gegründeten Arbeitsbürger-Gesellschaft zerfallen.[2]

Das Experiment des Euro beginnt also in einem historischen Augenblick, wo mit dem unwiderruflichen Verlust der Vollbeschäftigung im klassischen Sinne das Selbstverständnis und das politische Nachkriegsprojekt Europas zur Disposition stehen. Wenn der globale Kapitalismus in den Ländern des Westens den Wertekern der Arbeitsgesellschaft auflöst, zerbricht ein historisches Bündnis zwischen Kapitalismus, Sozialstaat und Demokratie. Niemand täusche sich: Der Eigentümer-Kapitalismus, der auf nichts als Gewinn zielt und die Beschäftigten, den (Sozial-) Staat und die Demokratie ausgrenzt, gibt seine eigene Legitimität auf. Die neoliberale Utopie ist eine Form demokratischen Analphabetentums. Der Markt trägt seine Rechtfertigung gerade nicht in sich. Diese Wirtschaftsweise ist nur im Wechselspiel mit materieller Sicherheit, sozialen Rechten und Demokratie – also dem demokratischen Staat – lebensfähig. Wer nur auf den freien Markt setzt, zerstört mit der Demokratie auch diese Wirtschaftsweise. Die Turbulenzen auf den internationalen Finanzmärkten Asiens, Rußlands und Südamerikas im Herbst 1998 geben davon nur einen Vorgeschmack.

> **Die neoliberale Utopie ist demokratisches Analphabetentum.**

Niemand stellt den Kapitalismus heute noch in Frage. Wer sollte das auch wagen? Der einzige potente Gegner des Kapitalismus ist – der Nur-noch-Gewinn-Kapitalismus selbst. Hiobsbotschaften am Arbeitsmarkt gelten als Siegesmeldungen an der Wallstreet. Das dahinter stehende Kalkül ist einfach: Wenn die Arbeitskosten sinken, steigt der Gewinn.

Doch nicht, daß der technologisch avancierte Kapitalismus nationalstaatliche Schranken niederreißt und mit immer weniger Arbeit immer mehr produziert, sondern daß er politische Initiativen zu einem neuen europäischen Gesellschaftsmodell und Gesellschaftsvertrag blockiert, raubt ihm seine Legitimation. Wer heute über Arbeitslosigkeit nachdenkt, darf sich nicht als Gefangener der alten Begriffe im Streit über den »zweiten Arbeitsmarkt«, die »Senkung der Lohnkosten« oder die »Staatsquote« verlieren, sondern muß fragen: Wie wird Demokratie jenseits der Vollbeschäftigungsgesellschaft möglich? Was als Ende und Verfall erscheint, muß umgemünzt werden in eine Gründerzeit für neue Ideen und Modelle, die Staat, Wirtschaft und Gesellschaft für das 21. Jahrhundert öffnet.

Das Recht auf diskontinuierliche Erwerbstätigkeit

Der »pessimistische Optimist« André Gorz argumentiert: Wenn alle Rezepte nichts mehr nützen, dann bleibt nur, die »Krise« anzuerkennen und zur Grundlage der neuen Normalität zu machen. »Wir verlassen die Arbeitsgesellschaft, ohne die Umrisse einer neuen zu suchen«, schreibt Gorz und deckt im Elend der Gegenwart Umrisse einer alternativen Gesellschaftsentwicklung auf, die Sicherheit und Freiheit für alle neu aufeinander abstimmt. »Wir wissen, wir fühlen, wir begreifen, daß wir alle potentielle Arbeitslose sind, potentielle Unterbeschäftigte, Teilzeit-Arbeiter, Jobber, prekär Beschäftigte. Aber was jeder von uns einzeln weiß, ist noch nicht zum Bewußtsein unserer gemeinsamen, neuen Wirklichkeit geworden.« Erst nach dem Offenbarungseid, der da lautet: Die Utopie des freien Marktes ist nicht die Lösung, sondern eine wesentliche Problem-Ursache; und: Auch ein neues Turbo-Wachstum wird die gute alte Vollbeschäftigungsgesellschaft nicht wiederbeleben, kann man Ziele und Wege eines neuen Gesellschaftsmodells entwerfen und gehen. André Gorz entwirft einen Perspektivenwechsel. Er dreht den Mangel an Arbeit herum und begreift ihn als Wohlstand an Zeit, im Mangel an Wachstum entdeckt er den Aufruf zum selbst Tätigwerden.³

> **Die Utopie des freien Marktes ist nicht die Lösung.**

Ich schlage vor, noch einen entscheidenden Schritt weiter zu gehen: Die Antithese zur Arbeitsgesellschaft ist die Stärkung der politischen Gesellschaft der Individuen, der aktiven Bürgergesellschaft vor Ort, einer zugleich lokalen und transnationalen Bürgerdemokratie in Europa. Diese Gesellschaft der aktiven Bürger, die nicht mehr im Container des Nationalstaats verbleibt und deren Aktivitäten vor Ort und zugleich über Grenzen hinweg organisiert sind, kann im Kleinen lokale Antworten auf die Herausforderungen der Zweiten Moderne finden und entwickeln – als da sind Individualisierung, Globalisierung, schrumpfende Erwerbsarbeit und ökologische Krisen. Denn auf diese Weise werden – oft konfliktvoll – in kommunalen Projekten (ökologische Initiativen, Agenda 21, Arbeit mit Obdachlosen, Theater-, Diskussions- und Kulturzentren) kommunale Demokratie und Identität belebt.

Eine Vision, in der an die Stelle der auf Erwerbsarbeit zentrierten und fixierten Gesellschaft Schritt für Schritt die Ermöglichung von Zeitsouveränität und erfahrbarer politischer Freiheit in selbstorganisierten Aktivitätsnetzen tritt, sieht sich dementsprechend zahlreichen Fragen und Dilemmata ausgesetzt: Wie organisiert man Spontaneität? Ist das nicht eine Ideologie, die den Staat, insbesondere den Sozialstaat, von seiner Verantwortung für die Versorgung seiner Bürger entlastet?

Zivilgesellschaft und Direktdemokratie setzen voraus, daß die Bürger Energie für Engagement aufbringen und einsetzen können. Sind damit nicht diejenigen ausgeschlossen, die am sozialen und politischen Leben nicht teilnehmen können, weil sie wirtschaftlich unter Druck oder am Abgrund stehen und kulturell ausgegrenzt sind? Entspringt die Idee der Bürgerdemokratie also nicht einer Mittelschichtsidylle? Und: Wird auf diese Weise nicht vielleicht sogar kontraproduktiv ein Billiglohnsektor eröffnet, der zum Abbau regulärer Erwerbsarbeit beiträgt?

Zivilgesellschaft und Direktdemokratie setzen Energie für Engagement voraus.

Ferner darf diese Gegenvision zur falschen Hoffnung der Wiederkehr der Vollbeschäftigungsgesellschaft weder auf eine neue Klassenspaltung zwischen den Erwerbsarbeitern einerseits und andererseits den Bürgerarbeiterinnen und Bürgerarbeitern hinauslaufen noch zu einer Verdrängung der Frauen aus der Erwerbsarbeit und zur Zementierung ihrer Doppelbelastung zwischen Erwerbs- und Familienarbeit führen. Insofern ist die Belebung der kommunalen Demokratie an folgende Voraussetzungen der Arbeitsteilung in der »multiaktiven« Gesellschaft gebunden:

1. Eine Arbeitszeitverkürzung im Bereich der Vollerwerbsarbeit für alle.
2. Jede und jeder, Frauen und Männer sollen ein Bein in der Erwerbsarbeit haben, soweit sie das wollen.
3. Elternarbeit, die Arbeit mit Kindern, wird ebenso gesellschaftlich anerkannt wie künstlerische, kulturelle und politische Bürgerarbeit, indem beide beispielsweise Ansprüche an Rente und Krankenversicherung gewähren.
4. Das gleichzeitige Engagement in Erwerbs- und Bürgerarbeit setzt damit schließlich auch eine Umverteilung der Familienverpflichtungen zwischen Männern und Frauen voraus.

Konkret stellt sich damit die Frage: Wie wird eine postnationale und zugleich politische Bürgergesellschaft in Europa möglich? Meine Antwort: Nur wenn es gelingt, das neue Prekäre der Beschäftigungsformen in ein Recht auf diskontinuierliche Erwerbstätigkeit, ein Recht auf wählbare Zeit, auf eine in tarifliche Rahmenbedingungen eingebettete neue Arbeitszeit-Souveränität umzuwandeln, können neue Freiräume in der Abstimmung von Arbeit, Leben und politischem Handeln entstehen und gesichert werden. Jedem Menschen wird es somit ermöglicht, sein Leben über einen Zeitraum von einem oder mehreren Jahren im Übergang von Familie, Erwerbstätigkeit, Muße, politischem Engagement mit den Ansprüchen und Anforderungen anderer abzustimmen und selbsttätig zu gestalten.

Die rückwärtsgewandte Vollbeschäftigungsnostalgie ist die letzte Bastion, die mit Zähnen und Krallen verteidigt wird, damit die wirklich großen, drängenden Fragen der Zweiten Moderne nicht offen hervorbrechen: Wie können die Grenzen des Wachstums in lebbare Lebens- und Arbeitsformen umgesetzt werden? Wie werden ein politisches Europa, eine europäische Verfassung und Bürgergesellschaft möglich, die es erlauben, die europäische Idee der Demokratie für das globale Zeitalter neu auszubuchstabieren? Welche Antworten zwischen Protektionismus und Gleichgültigkeit finden die Länder auf die möglichen Bevölkerungswanderungen von den armen in die reichen Regionen der Welt? Wie werden Lieben und Leben nach der Geschlechter-Revolution möglich? Was heißt globale Gerechtigkeit – oder bescheidener: Wie wird dies transnational zu einer vitalen Frage politischer Debatten? Zu groß, zu einschüchternd scheinen diese Herausforderungen. Und doch gilt: In dem Maße, in dem der Verlust der Arbeitsmitte Gesellschaft und Demokratie gefährdet, können genau diese Fragen die neue Mitte einer zu errichtenden, zugleich lokalen und transnationalen Welt-Bürgergesellschaft bilden.

Anders gesagt: Die Gegenthese zur Arbeitsgesellschaft ist nicht die Freizeit- oder Muße-Gesellschaft. Diese bleiben dem Wertimperialismus der Arbeit, negativ gewendet, verhaftet. Es ist die politisch gewendete, selbsttätige, selbstbewußte, politische Bürgergesellschaft, die Do-it-yourself-Kultur, die einen neuen, dichten Begriff des Politischen entwickelt, erprobt und verwirklicht.

Eine Methode mit Risiko

> Marcel Proust hat recht: Die wahre Entdeckungsreise liegt darin, die Wirklichkeit mit neuen Augen zu sehen.

Marcel Proust hat recht: Die wahre Entdeckungsreise liegt nicht darin, neue Länder zu erkunden, sondern die Wirklichkeit mit neuen Augen zu sehen. Dies wirft allerdings für den Sozialwissenschaftler das methodische Problem auf, wie eine Studie über die Zukunft der Arbeit, die mit den Grundselbstverständlichkeiten der Erwerbsgesellschaft bricht, auf der Grundlage wissenschaftlicher Daten und Argumente möglich ist. Man kann auf diese Frage mit einer Frage antworten: Wie kann die Gegenwart der fragmentierten und globalisierten Erwerbsgesellschaften *ohne* Szenarien möglicher Zukünfte angemessen analysiert und verstanden werden?

Konventionelle arbeitsgesellschaftliche Analysen, die gar nicht die Frage alternativer Zukünfte aufwerfen, beantworten diese dennoch, nämlich im Sinne der Verlängerung der Normalarbeitsgesellschaft und ihrer biographischen, sozialen und politischen Selbstverständlichkeiten in die Zukunft. Im allgemeinen wird in der stillschweigenden Voraussetzung geforscht und argumentiert, daß das Vergangenheits- und Gegenwartsmodell auch als Zukunftsmodell taugt: die Arbeits- und Vollbeschäftigungsgesellschaft, ihre Leitideen, Institutionen, Organisationen in Wirtschaft und Politik sowie ihre kulturellen Identitäten. Jede Detailuntersuchung über Einzelfragen später Arbeitsgesellschaften beruht in diesem Sinne, streng genommen, auf einem unausgesprochenen Dogmatismus, nämlich ihre Zukunftsvision des Weiter-So einfach zu unterstellen und diese nicht im Wettstreit mit und gegen alternative Zukunftsszenarien empirisch, theoretisch und politisch auszuweisen.

Daß alle Sozialwissenschaften einschließlich der Wirtschaftswissenschaften vor den gleichen Schwierigkeiten und Fragen stehen, beantwortet diese längst noch nicht. Das Ablesen der Zukunft aus gegenwärtigen Trends und Daten ist ebenso problematisch wie die Kaffeesatzleserei. Die Schwierigkeiten liegen darin begründet, daß wir unter den vermuteten Bedingungen eines Grundlagenwandels der Arbeitsgesellschaft neuer begrifflicher Rahmungen bedürfen, damit neue Wirklichkeiten nicht als Anomalien abgetan und unter den großen Teppich des Normalen gefegt werden, sondern als Neuigkeiten in ihrer jeweiligen Besonderheit benannt und erkannt werden können. Dies soll hier versucht werden; damit gehört dieser Essay methodisch in die Kategorie des »Visionär-Nichtfiktiven«[4]. Die Argumentation ist *nonfiction*, da sie zur Beschreibung sowohl des Ist- als auch des zukünftigen Zustandes auf alle denkbaren und verfügbaren Argumente, Daten, Konzepte und Modelle zurückgreift. Sie ist visionär, weil sie der Selbstverewigung der Erwerbsgesellschaft im Sinne einer embryonalen Wirklichkeit das Gegenbild einer Nacharbeitsgesellschaft, einer in Spuren und Grundzügen heute schon existierenden und beobachtbaren, in einem neuen translokalen und transnationalen Sinne politische Bürgergesellschaft entgegenstellt. Die Leser mögen am Ende selbst entscheiden, ob das entworfene Bild plausibel, abwegig, phantastisch, realistisch oder vielleicht sogar alles zugleich ist. [5]

> Die Leser mögen am Ende selbst entscheiden.

Die Frage nach der Antithese zur Arbeitsgesellschaft

Alle Fragen, welche die Gestalt der Zukunft betreffen, müssen auf die Spitze getrieben werden, nicht um der Radikalität willen, aber um den Schein des Selbstverständlichen, Natürlichen und Ewigen aufzubrechen, mit dem der Ist-Zustand sich abpanzert gegen seine Infragestellung. Die Gegenwart bedarf der Antithese, um zu klären, wie weit ihr Herrschaftsanspruch noch reicht, wo also welches Andere beginnt. Doch was ist der Gegenbegriff, die Antithese zur Arbeitsgesellschaft?

Erwerbsarbeit, heißt es, schwinde, aber, so meinen viele, an ihre Stelle trete Familienarbeit, Elternarbeit, ökologisch geläuterte Arbeit für das Gemeinwohl oder solche Arbeit, die man wirklich will. Wie sehr die Arbeit in der europäischen Moderne mit dem Sein des Menschen, seiner Moral und seinem Selbstbild verschmolzen ist, wird daran deutlich, daß die Arbeit im westlichen Kulturkreis längst zur einzigen relevanten Quelle und zum einzig gültigen Maßstab für die Wertschätzung des Menschen und seiner Tätigkeiten geworden ist. Nur, was sich als Arbeit ausweist, erkannt und anerkannt wird, gilt als wertvoll: Die Antithese zur Arbeitsgesellschaft, so scheint es, hat Fahnenflucht begangen.

Die Arbeit ist so allmächtig geworden, daß es eigentlich gar keinen Gegenbegriff zur Arbeit mehr gibt – mit der Folge, daß alle Versuche, aus diesem totalitären Wert-Zirkel der Arbeit auszubrechen, sich dem Vorwurf des Zynismus aussetzen. Denn eine Gesellschaft ohne Arbeit, so scheint es, ist eine Gesellschaft ohne Mitte, eine Gesellschaft, der im Großen wie im Kleinen, im Lebensalltag der Menschen wie in der Politik, in der Wirtschaft, im Recht etc. das orientierende Zentrum und die Koordinaten abhandengekommen sind. Gerade deswegen muß eine Vision, die diesen Namen verdient, aus diesem Bannkreis der Arbeit heraustreten und mit dem Tabubruch der Frage nach der Antithese zur Arbeitsgesellschaft beginnen.

> **Deshalb muß eine Vision aus dem Bannkreis der Arbeit heraustreten.**

Die Aufgabe, die Zukunft der Arbeit zu entwerfen, liegt demnach darin, den Blick für die Zukunft jenseits der Arbeitsgesellschaft zu öffnen und zu schärfen. Erst dann kann systematisch die Frage beantwortet werden, inwieweit wir noch oder nicht mehr in einer Normalarbeitsgesellschaft leben.

Historisch lassen sich drei Epochen oder, besser gesagt, drei Modelle im Verhältnis von Arbeit und Freiheit, Arbeit und politischem Handeln unterscheiden: Erstens die griechische Polis, zweitens die Arbeits-Demokratie der Ersten Moderne, deren Ideen lange zurückreichen, die aber letzten Endes erst nach dem Zweiten Weltkrieg in Europa verwirklicht wurde; sowie drittens eben die Frage, wie Freiheit und Politik jenseits der Arbeitsgesellschaft möglich werden. Im folgenden geht es um eine hochschematische, fast unverantwortlich kurze Skizze, die nur den einen Zweck hat: den radikalen Wertewandel des Arbeitsbegriffs im Übergang von der Antike zur Neuzeit zu verdeutlichen.

Griechische Polis – oder: die Unfreiheit durch Arbeit

Im antiken Griechenland und Rom definierte sich Freiheit nicht zuletzt oder sogar vornehmlich durch frei sein von Arbeit. Wer arbeiten mußte, war nicht nur unfrei, er oder sie galt nicht als Mitglied der Gesellschaft. Gesellschaft demgegenüber bestand und entstand im öffentlichen politischen Handeln. Jenseits der Arbeit begann also nicht das Reich der »Freizeit«. Gesellschaft selbst wurde als Gegenwelt zur Arbeit definiert und durch die Kunst des öffentlichen Austausches, der Muße und des politischen Handelns ausgefüllt. Allerdings setzte die Polis ein klagloses Reich der Notwendigkeit in Form der außermenschlichen Sklavengesellschaft und der Unterdrückung der Frau voraus. Hier baute die Freiheit der Wenigen auf der Unfreiheit, ja dem Ausschluß vieler aus der Gesellschaft auf.

> Gesellschaft selbst wurde als Gegenwelt zur Arbeit definiert.

Moderne Arbeits-Demokratie – oder: die Freiheit durch Arbeit

Schloß damals Arbeit die Menschen von der Gesellschaft aus, so ist Arbeit heute zum fast alternativlosen Wert- und Integrationskern moderner Gesellschaften geworden.[6]

Die alte Hierarchie zwischen »niederen« und »höheren« Tätigkeiten, zwischen nützlichen oder notwendigen Verrichtungen und sinnerfüllter, freier, tätiger Individualität (welche sich in den meisten europäischen Sprachen in Begriffspaaren wie *ponos-ergon, labor-opus, labour-work, Mühe-Werk* ausdrückt) wurde mit Eintritt in die Moderne umgedreht, je nach Blickwinkel auf die Füße oder auf den Kopf gestellt. Insofern stellt die Moderne eine wirkliche Revo-

> **Von nun an definiert sich der Mensch durch seine Erwerbsarbeit.**

lution dar. Von nun an definiert sich der Mensch durch das, was im Altertum seinen Ausschluß von der Gesellschaft bedeutete: durch seine Erwerbsarbeit. Diese radikale Umwertung der Arbeit vollzog sich im Gefolge des Sieges von Reformation, bürgerlicher Revolution und politischer Ökonomie. Das Wort »Industrie«, das in dem Begriff »Industriegesellschaft« der Epoche ihren Namen gab, leitet sich her, wie bei Saint-Simon, seinem Schöpfer, nachlesbar ist, von *industria*, meint also die »fleißige« Gesellschaft. Insofern war dieser Epochenbegriff ein Kampfbegriff, der sich gegen die Herrschaft des unproduktiven Adels wandte. Der Arbeitsmensch begann, den Mußemenschen zu verteufeln und sich der Wachstumsideologie zu verschreiben. Diese wiederum führte hinein in den Denkkäfig des Reichs der Notwendigkeit.

»Arbeite etwas, damit der Teufel dich stets beschäftigt antrifft«, heißt es entsprechend in der Predigt des Hieronymus. Mit dem Siegeszug der bürgerlichen Arbeitsgesellschaft wächst das Mißtrauen gegen den Müßiggang. Doch die Durchsetzung der bürgerlichen Arbeitsmoral darf nicht mit Vollbeschäftigung verwechselt werden. »Historisch gesehen war hohe Arbeitslosigkeit bzw. Unterbeschäftigung der Normalfall.«[7] Um 1800 waren etwa zwei Drittel der Erwerbsbevölkerung, die sogenannte Unterklasse, ohne regelmäßige bzw. gesicherte Einkommensquellen. Tagelöhner dürften etwa die Hälfte ihrer Arbeitszeit ohne Einkommen gewesen sein, und bis zu einem Fünftel der erwerbsfähigen Bevölkerung zog als Bettler und Vagabunden, mitunter auch als Diebe und Räuber durch das Land.

Ivan Illich weist in historischen Studien nach, daß die Aufwertung der Arbeit durch das Bürgertum einer doppelten Erfindung entsprach: Die Bereitstellung von bezahlter Arbeit wird zum entscheidenden Instrument der Bekämpfung der Armut und zugleich zur Einbindung der Menschen in die gesellschaftliche Ordnung. Arbeitsgesellschaft heißt demnach Ordnungsgesellschaft. Bis heute gilt: Wer Arbeit beschafft, beseitigt Armut, Drogenabhängigkeit, Kriminalität usw. Der tägliche Rhythmus der Arbeit, ihre Disziplin, ihre Werte, ihr Verständnis von Selbstverantwortlichkeit und Kooperation entsprechen damit auch einem Herrschaftsanspruch, nämlich dem der Herren der Arbeitsgesellschaft gegenüber ihren Arbeitern und Angestellten. Dieser Ordnungsanspruch der Arbeitsgesellschaft hat sich erhalten, ja er ist zu einem anthropologischen Selbstverständnis des Menschen, der seine Identität und Persönlichkeit letztlich nur in Arbeit ausbildet, aufgewertet und naturalisiert worden. Der biblische Fluch, nur wer arbeitet, *ißt* – darf essen, ist zur Arbeitsmoral geworden, die das Menschsein begründet; nur wer arbeitet, *ist* – ein Mensch.

Arbeitslosigkeit und Unterbeschäftigung, oder modern geschönt gesprochen: bunte, flockige, prekäre Arbeits- und Einkommensformen waren also historisch betrachtet der Regelfall. Mehr noch: Es gab keine Arbeitslosigkeit, weil es die Norm der Arbeit nicht gab. Eine Minderheit hatte einen festen und sicheren Platz in der Gesellschaft, ein Aufstieg oder Ausstieg waren die Ausnahme, Armut und Hoffnungslosigkeit waren das »gottbestimmte Schicksal« von großen Teilen der Bevölkerung. Tagelöhner, Bettler, Kriminelle bildeten Existenzformen, die oft schwer gegeneinander abgrenzbar und für einen erheblichen Teil der Bevölkerung die einzige Quelle ihres Lebensunterhalts waren.

Es gab keine Arbeitslosigkeit, weil es die Norm der Arbeit nicht gab.

In der Neuzeit ist die Idee der Demokratie in Europa und den USA als Arbeits-Demokratie auf die Welt gekommen – in dem Sinne, daß die lebendige Demokratie die lebendige Beteiligung an Erwerbsarbeit voraussetzt. Der Bürger war als Arbeitsbürger gedacht. Das jedenfalls war das politische Projekt nach dem Zweiten Weltkrieg, in dem sich die Katastrophenerfahrung des Faschismus und das Gegenbild zum Kommunismus ausdrückt. Der Arbeitsbürger mußte so oder so sein Geld verdienen, um die politischen Freiheitsrechte mit Leben zu füllen. Erwerbsarbeit hat stets nicht nur die private, sondern auch die politische Existenz begründet. Entsprechend geht es gar nicht »nur« um Millionen Arbeitslose, es geht auch gar nicht nur um den Sozialstaat oder um die Verhinderung von Armut und Ausschluß, sondern um die Zukunft der politischen Freiheit und Demokratie in Europa.

Die westliche Verbindung von Kapitalismus und politischen, sozialen und ökonomischen Grundrechten ist nicht etwa eine »soziale Wohltat«, die man, wenn es knapp wird, einsparen kann. Der sozial abgepufferte Kapitalismus ist vielmehr eine Tat angewandter Aufklärung. Er beruht auf der Einsicht: Nur Menschen, die eine Wohnung und einen sicheren Arbeitsplatz und damit eine materielle Zukunft haben, sind oder werden Bürger, die sich die Demokratie zu eigen und sie lebendig werden lassen. Die einfache Wahrheit lautet: ohne materielle Sicherheit keine politische Freiheit. Also keine Demokratie, also Bedrohung aller durch neue und alte totalitäre Regime und Ideologien.

Die Zukunft von Arbeit und politischem Handeln

Ganz offensichtlich gelangt die Arbeitsgesellschaft technologisch und ökologisch an ihre Grenze. Dabei bricht eine Paradoxie hervor, die für die Entwicklung der Arbeitsgesellschaft früh bestimmend war: Einerseits wurde Arbeit zur Mitte der Gesellschaft erklärt, alles und alle zentrieren sich um Arbeit und orientieren sich an ihr; andererseits wurde alles unternommen, um die Arbeit soweit wie irgend möglich einzudampfen. Produktivität, die diesen Namen verdient, bedeutet immer auch Abschaffung menschlicher Arbeit. Daß auf diese Weise eine Dynamik ausgelöst wird und sich verselbständigt, in der die *vita activa*, wenn schon nicht überflüssig ist, so doch ihre zentrale Bedeutung verliert, liegt in der paradoxen Logik der um Arbeit zentrierten Gesellschaft.

> **Produktivität bedeutet immer auch Abschaffung menschlicher Arbeit.**

»Ihr Unternehmen will mit neuen Produkten den Umsatz erweitern?«, wird etwa der Vorstandsvorsitzende der Hoechst AG, Jürgen Dormann, gefragt. »Bedeutet das auch neue Arbeitsplätze?« »Nein«, antwortet dieser. »Wenn nicht einmal in der Pharma-Industrie, einer High-Tech-Branche, neue Stellen entstehen, wo dann?« »Das ist eine gute Frage«, erwidert Dormann und fügt hinzu: »Ich mache die Scheinheiligkeit, die überall blüht, nicht mehr mit. Unser Ziel ist es, den heutigen Beschäftigungsstand zu halten. Dazu müssen wir extrem erfolgreich sein.«

Der Einsatz neuer Erkenntnisse, neuen oder zumindest neu strukturierten Wissens hat eine Massivität und eine Geschwindigkeit erreicht, die dem Einsatz einer neuen Ressource ähnelt.

»Ähnlich wie der Mensch im Übergang von der Jäger- und Sammler- zur Agrargesellschaft anfängt, den Boden, den er seit undenklichen Zeiten bewandert hatte, als Ressource zu begreifen und im Übergang von der Agrar- zur Industriegesellschaft seit Jahrmillionen vorhandene fossile Energieträger eine völlig neue Rolle zu spielen beginnen, so erhält das menschliche Wissen durch die veränderten Voraussetzungen seiner Entstehung, Vernetzung und Umsetzung eine neue Qualität. Zwar hat sich der Mensch schon immer durch Wissen seine Arbeit erleichtert, doch war es nur Gehilfe. Nunmehr setzt sich Wissen an die Stelle des arbeitenden Menschen. Dieser wird ihm zu Diensten. Das Verhältnis von liquider Arbeit in Gestalt des Menschen zu geronnener Arbeit in Gestalt von Wissen hat sich umgekehrt. Wissen inner- und außerhalb menschlicher Hirne übernimmt rasch wachsende Teile der Wertschöpfung.«[8]

Das Unbehagen schleicht sich ein, daß das Arbeitsethos, das dem Kapitalismus zu seinem Sieg verholfen hat, auf einer ungenügenden Vorstellung von Automation basiert. Schlimmer noch: In dem Versuch der späten Arbeitsgesellschaft, das verlorene Paradies der Vollbeschäftigung wiederzugewinnen, äußert sich auch die Angst vor der Freiheit. Man kann es im Großen wie im Kleinen beobachten. Überall beginnt die Suche nach arbeitsintensiven Produktionsformen und Dienstleistungen. Dabei fällt das Auge auf die geringere Produktivität von Produktionszweigen ebenso wie auf die sogenannten »einfachen« Dienstleistungen wie Putzen, Hunde und Kinder beaufsichtigen und ausführen, Einkaufen und andere Dienstbotentätigkeiten, die bislang von den Mitgliedern der Familie, jedenfalls in Europa, miterledigt werden. Das heißt, die Angst vor der Freiheit greift zu einer Politik der protektionistischen Produktivitätsdrosselung. Der Ruf nach einfachen Dienstleistungen, die durch geringe Produktivität und niedrige Löhne gekennzeichnet sind, spricht diese Sprache. Dabei spielt sicherlich auch die Ahnung der späten Arbeitsgesellschaft eine Rolle, daß ihr Ordnungsmodell und ihre Herrschaftsmoral genauso historisch veralten wie die Rittermoral oder die ständische Ethik des Handwerks.

Gleichzeitig zeichnet sich ein neues Modell zur Bekämpfung der Arbeitslosigkeit in Deutschland ab, das sich aus verschiedenen Quellen liberaler, grüner und kommunitaristischer Richtung herleitet. Die Grundidee dieses Projekts ist das Konzept einer dualen (oder pluralen) Tätigkeitsgesellschaft. Es geht nicht mehr um die Wiedergewinnung der Vollbeschäftigung im klassischen Sinne, in welcher Freiheit, politisches Handeln und Demokratie durch Erwerbsarbeit ermöglicht, dominiert und begrenzt werden. Es geht vielmehr – wie André Gorz es formuliert – darum, »neben und über dem Apparatekomplex größere Autonomieräume zu erobern, die der gesellschaftlichen Logik entzogen sind und sich ihr widersetzen und eine ziemlich uneingeschränkte Entfaltung der individuellen Existenz erlauben«[9]. Hier wird als politisches Ziel definiert, was – auch – möglich ist: neben dem Reich der Notwendigkeit der Freiheit neue Entfaltungsräume zu eröffnen und zu sichern, in der eine Vielfalt von Tätigkeiten – Familienarbeit und öffentliche Bürgerarbeit – sich entwickeln kann.

Es geht darum, größere Autonomieräume zu erobern.

Solange darunter nicht eine bloße Umverteilung des Mangels – nach dem Motto: Männer vorwärts an den Herd! – verstanden wird, zeigt sich hier tatsächlich der Ursprung einer Vision: Das Ende der Arbeitsgesellschaft, die Stimmung des Verfalls und der Depression, die u.a. hervorgeht aus der technischen, avancierten

Arbeitsproduktivität sowie der Bewußtwerdung des ökologischen Zerstörungspotentials entspringt, wird gewendet in einen Aufbruch in eine selbsttätige, politische Gesellschaft.

Bevor wir diese Frage nach den Zukunftsszenarien der Arbeit wieder aufgreifen, gilt es zunächst die Rahmenbedingungen und Bezugspunkte zu klären, unter denen heute über die Zukunft der Arbeit debattiert wird.

Der Übergang von der Ersten zur Zweiten Moderne – fünf Herausforderungen

> Überall brodeln die scheinbar erloschenen, großen, vulkanischen Fragen.

Die Zweite Moderne ist ein Zauberwort, das die Tore zu neuen Denklandschaften aufschließen soll. Überall brodeln die scheinbar erloschenen, großen, vulkanischen Fragen: Wenn die Vollbeschäftigungsgesellschaft endet, dann muß der Rentenkollaps, der sich im Ungleichgewicht von immer weniger Erwerbstätigen und immer zahlreicheren und länger lebenden Alten abzeichnet, endlich zur Kenntnis genommen werden. Die ganze Ideenwelt nationalstaatlicher Souveränität verblaßt und mit ihr die des wohlfahrtsstaatlich gezähmten Kapitalismus im Nachkriegs-Europa. Dieses eng gekoppelte Institutionengefüge im Rückblick als Erste Moderne zu bezeichnen und gegen eine noch unscharfe Zweite Moderne abzugrenzen, bedeutet zunächst, den »protektionistischen Reflex« zu vermeiden, der Europa nach dem Zusammenbruch der bipolaren Weltordnung intellektuell und politisch lähmt. Es gibt keinen Grund, den kurzen Ewigkeitstraum wirtschaftlicher Prosperität einer mehr oder weniger stabilen Gesellschaftsordnung im atomaren Patt zum Endzustand der Gesellschaftsgeschichte zu verabsolutieren: Eingespielte neokorporatistische Verhandlungssysteme, die Betriebsförmigkeit von Arbeit und Produktion, sozialstrukturell verankerte Massenparteien, zuverlässig funktionierende Sozialversicherungssysteme, Kleinfamilien mit herkömmlicher Arbeitsteilung zwischen Männern und Frauen, Normalarbeitsverhältnisse mit standardisierten Erwerbsbiographien stehen heute im Zuge »reflexiver Modernisierung« in der »postnationalen Konstellation« (Jürgen Habermas) in Frage.

Die Transformation von der Ersten Moderne – definiert durch kollektive Lebensmuster, Vollbeschäftigung, National- und Sozialstaat, ausgeblendete und ausgebeutete Natur – zur Zweiten Moderne – definiert durch ökologische Krisen, zurückgehende Erwerbsarbeit, Individualisierung, Globalisierung und Geschlechterrevolution – ist in doppelter Weise problematisch. Zum einen, weil die scheinbar ultrastabilen Leitideen (Koordinaten) des Wandels sich wandeln. Die zentrale Herausforderung – wissenschaftlich und politisch – der Zweiten Moderne liegt zum anderen darin, daß die Gesellschaften auf diesen Wandel auf allen Ebenen gleichzeitig reagieren müssen. Es ist also letztlich illusionär, über die Zukunft der Arbeit ohne über die Zukunft des National- und Sozialstaates usw. zu debattieren. Dies aber in einer Zeit, in der Postmoderne und Systemtheorie das Ende der Politik verkündet haben, und die »Kinder der Freiheit« ohne den Halt von Tradition, ohne Trieb zum Protest, mit nomadischen Zukunftsperspektiven aller Politik zu entsagen scheinen.

Dieser intellektuellen Verzagtheit setzen die Vertreter der Zweiten Moderne den realistischen Blick eines pessimistischen Optimismus entgegen. Denn wer heute Verfall ohne Aufbruch diagnostiziert, ist blind, wer von Aufbruch ohne Verfall spricht: naiv.

> Wer heute Verfall ohne Aufbruch diagnostiziert, ist blind.

Was meint »reflexive Modernisierung«?

Auch »Modernisierung« ist so ein Zauberwort, in dem für viele Ohren mitschwingt: Amerikanisierung, Europäisierung, Verwestlichung, kurz gesagt: Imperialismus. Das Wörtchen »reflexiv« hilft da wenig weiter, im Gegenteil: »Reflexive Modernisierung« klingt für Eingeweihte tautologisch, wie ein weißer Schimmel. Denn Modernisierung schließt immer schon Reflexion über Modernisierung ein.

Doch beides sind zentrale Mißverständnisse: Reflexive Modernisierung meint weder die Reflexion über Modernisierungsfolgen noch die Eurozentrik der alten Modernisierungspolitik. Mit »reflexiver Modernisierung« wird die meist unbeabsichtigte und ungesehene Selbsttransformation und Öffnung der Ersten, nationalstaatlichen Moderne ins Zentrum gerückt. Nicht mehr Wandel *in* der Gesellschaft, sondern *der* Gesellschaft, der *ganzen* Gesellschaft, genauer: der Grundlagen ganzer moderner Gesellschaften. Früher war Gesellschaftswandel mit Revolutionen verbunden. Das heißt:

- Neue Eliten standen bereit, sich durchzusetzen.
- Neue Gesellschaftslehren, politische Utopien trafen auf Deutungen und Akteure, welche die alte Herrschaftsordnung verteidigten.
- Politische Alternativen verwirklichten sich auf Druck von unten; historische Beispiele dafür sind liberales Bürgertum (Aufklärung, John Locke, Adam Smith), Proletariat (Marx, Engels, Lenin).
- Klare Konfliktlinien entstanden, die sich politisch zuspitzten.

Der Begriff »reflexive Modernisierung« zielt dagegen auf Umwälzungen aufgrund beschleunigter, radikalisierter Modernisierung, für die alle diese Merkmale nicht zutreffen. Es gibt weder neue Eliten von unten noch neue Gesellschaftsutopien und klare Konfliktfronten. Im Gegenteil: Diese Umwälzungen setzen sich durch, obwohl sie breite Mehrheiten benachteiligen und elitäre Minderheiten (z.B. *global players*) bevorzugen. Ja, diese Umwälzungen sind machtvoll, obwohl niemand sie als politisches Ziel verkündet hat und ohne daß sie in den Arenen der Öffentlichkeit und der Politik entsprechend verhandelt und zum Gegenstand politischer Grundsatzentscheidungen erhoben worden wären. Wie? Durch die im Neoliberalismus verkündigte und freigesetzte Macht und Dynamik technisch-ökonomischer Neuerungen im globalen Kapitalismus, welcher seine eigenen gesellschaftlichen Grundlagen revolutioniert. »Reflexive Modernisierung« meint den Übergang von der Ersten, nationalstaatlich geschlossenen, zu einer Zweiten, offenen, riskanten Moderne generalisierter Unsicherheit und zwar in der Kontinuität »kapitalistischer« Modernisierung, die ihre national- und sozialstaatlichen Fesseln abstreift.

Ja, diese Umwälzungen sind machtvoll.

Die Erste Moderne, deren Ideengeschichte weit zurückreicht, deren eng gekoppeltes Institutionengefüge aber erst im Zuge der großen Transformation nach dem Zweiten Weltkrieg in Europa verwirklicht wurde, muß als Ausdruck einer charakteristisch »halbierten Moderne« entschlüsselt werden. Denn in diesem Modell, für das das Bild der Industriegesellschaft steht, werden Grundprinzipien der Moderne gleichsam »ständisch« begrenzt, indem sie in der Form ungefragter Basisprämissen vorausgesetzt werden. Und zwar:

- die nationalstaatliche Organisation der »Volks-«Wirtschaft,
- der weitgehende Ausschluß der Frauen aus dem Arbeitsmarkt,
- das Vorenthalten bestimmter Grundrechte für Frauen und Kinder,

- die Existenz von intakten Kleinfamilien als Reproduktionsbedingungen der zumeist männlichen Ware Arbeitskraft,
- geschlossene, ständisch geprägte, proletarische und bürgerliche Lebenswelten als soziale Voraussetzungen der Klassenbildung,
- in einer auf professionell hergestellten und kontrollierten Wissensmonopolen ge- und begründeten Hierarchie von Experten und Laien sowie
- die gleichsam »natürliche« Territorialbindung von Produktion, Kooperation und Betrieb als Bühne, wo die Gegensätze von Arbeit und Kapital auftreten und zugleich organisierbar, zähmbar sind.

Das sind »Basisprämissen« auch in dem Sinne, daß sie auf die gesamte Gesellschaft in Gestalt institutionell und individuell verinnerlichter Selbstverständlichkeiten (»zweite Natur«) ausstrahlen. Im Modell der Ersten Moderne wird also der universalistische Modernitätsanspruch begrenzt durch eine im wesentlichen auf vermeintliche »Naturkategorien« – wie der Unterscheidung zwischen Männern und Frauen, Kindern und Erwachsenen, einer an der Nationalität orientierten Wirtschaft oder auch der zugleich verfügbar und ausbeutbar unterstellten »Ressource Natur« – gegründete Axiomatik der gesellschaftlichen Unterschiede und Grenzen. Mit dem Siegeszug des Universalismus – in der Wirtschaft, aber auch im Recht und in der Gesellschaft, also in den Einstellungen und selbstverständlichen Lebensentwürfen der Menschen – zerbricht der Ewigkeitstraum der Ersten Moderne. Der Individualisierungsprozeß beispielsweise bündelt in diesem Sinne die Erwartungen an ein »eigenes Leben«, die durch die sukzessive Einbeziehung der gesamten Bevölkerung in Ausbildung und Arbeitsmarkt erzeugt und verinnerlicht werden. Dadurch wird jene »neue Unübersichtlichkeit« (Habermas) im kulturellen Unterbau (bis hinein in die Auffassung von Liebe und Intimität) vorangetrieben, welche die Organisatoren und (sozialwissenschaftlichen) Interpreten der Gesellschaft der Individuen vor immer neue Rätsel stellt.

In der Zweiten Moderne wird der Modernisierungsprozeß insofern reflexiv, als er zunehmend mit den gewollten und ungewollten Folgen seiner Erfolge konfrontiert ist. Dies bedeutet Entgrenzung, denn die als »naturwüchsig« unterstellten gesellschaftlichen Rahmenbedingungen der Ersten Moderne werden im Zuge weitergehender Modernisierung aufgehoben:

Der Individualisierungsprozeß bündelt die Erwartungen an ein »eigenes Leben«.

- Die ständische Binnenstruktur der Klassen und damit der Klassengesellschaft verblaßt, während soziale Ungleichheiten zunehmen.
- Öffentlich ausgeleuchtete ökologische Krisen schärfen den Blick für die kulturelle Wahrnehmung und Bewertung von »Natur«.
- Die Geschlechts- und Generationsbeziehungen zwischen Männern und Frauen, Erwachsenen und Kindern werden ihrer naturalisierten Basisprämissen beraubt, wodurch die Welt der Kleinfamilie samt ihrer Vorstellung von Arbeitsteilung, Liebe, Haushalt schleichend revolutioniert wird.
- Auch die formelle Arbeits- und Vollbeschäftigungsgesellschaft, und mit ihr das sozialstaatlich geknüpfte Netz, gerät in der »entörtlichten« Produktions- und Kooperationsweise in die Krise.
- Die Vorstellungswelt einer Privatsphäre im Sinne einer ausschließlich an Marktchancen orientierten Organisation der »Normalbiographie« wird repolitisiert.
- Die Erfahrung globaler zivilisatorischer Risiken stellt die traditionelle Expertokratie in Wirtschaft, Politik und Wissenschaft in Frage und setzt in der öffentlichen Dialektik von Experten und Gegenexperten basisdemokratische Bewegungen *(technological citizenship)* frei.

In einer Metapher gesprochen, haben wir es mit einer »Revolution der Nebenfolgen«[10] zu tun. Begriffe wie »Ambivalenz«, »Unschärfe«, »Widerspruch«, aber auch »Ratlosigkeit« gewinnen an Bedeutung, und diese Bedeutung scheint mit den Umwälzungen zu wachsen und nicht abgebaut zu werden: Von wem soll man was fordern? Wie läßt sich die neue Lage definieren? Wer kommt als »Subjekt« von notwendigen Reformen in Frage? Es gilt: Fragen sind stärker vertreten als Antworten.

Vielleicht liegt hier sogar das Entscheidende: Die institutionalisierten Antworten der Ersten Moderne – mehr und bessere Technik, mehr und besseres wirtschaftliches Wachstum, mehr und bessere Wissenschaft, mehr und bessere funktionale Differenzierung – überzeugen und greifen nicht mehr. In diesem Sinne durchlaufen gegenwärtige Gesellschaften weltweit einen Grundlagenwandel, der das in der europäischen Aufklärung begründete Verständnis von Modernität grundsätzlich in Frage stellt und ein mehrdeutiges Bezugsfeld von Optionen eröffnet, aus denen neue und unerwartete Formen des Sozialen und des Politischen entstehen.

Die institutionalisierten Antworten der Ersten Moderne greifen nicht mehr.

Sozialwissenschaftliche Debatten der 90er Jahre haben damit begonnen, das gleichzeitige Wegbrechen alter und das Neuentstehen unerwarteter Formen des Sozialen und Politischen zu entschlüsseln. Einige haben dem Begriff »Postmoderne« eine moralisch-politische, spätfeministische Wende gegeben (Lyotard, Harvey, Haraway, Bauman, Sennett). Andere reden eben von »Reflexive Modernization« (Beck, Giddens, Lash) oder »The Third Way« (Giddens u.a.); ein großer Kreis hat sich im Umkreis der Begriffe »Cultural Globalization« und »Glocalisation« gebildet (Robertson, Featherstone, Lash, Urry usw.); ein anderer Schlüsselautor ist Arjun Appadurai mit seinem Konzept des »Ethnoscape« und der »Global Flows«. Martin Albrows »Global Age« gehört hierher; auch der Begriff der »Wissens- und Informationsgesellschaft« (Drucker, Castells, Latour, Knorr-Cetina) ebenso wie die »Postnationale Konstellation« (Habermas). Die Gemeinsamkeit ist eine dreifache:

1. Ein »Anti-Thatcherismus« im theoretischen und politischen Sinne: War es doch Margaret Thatcher, die verkündete, es gebe nur Staat, Markt und Familie. Gesellschaft sei ein Phantom. Und sie beeilte sich, diesen Zustand politisch herzustellen. Man kann sagen, daß die verheerenden Folgen dieser Politik Tony Blairs politischen Aufschwung begründet haben. Es ist diese strukturelle – nicht notwendig intentionale! – Wahlverwandtschaft von Postmodernismus, Thatcherismus und Neoliberalismus, die auf die Leugnung und Abschaffung von Gesellschaft und Politik hinausläuft, gegen welche die avantgardistische Sozialwissenschaft der 90er Jahre international Sturm läuft.

> Es war Margaret Thatcher, die verkündete, Gesellschaft sei ein Phantom.

2. Die Conditio humana öffnet sich: So unterschiedlich die Autorinnen und Autoren und ihre Schlüsselkonzepte im einzelnen sind, sie alle stimmen darin überein, daß die Conditio humana am Ende des 20. Jahrhunderts fundamental ambivalente Aussichten, Unsicherheiten, Paradoxien und Risiken enthält.
3. Hoffnung und Verzweiflung sind zwei Seiten desselben: Neben und gegen die Rhetorik des Verfalls und der Krise setzen alle eine Systematik des Anfangs und der Restrukturierung. Sie bemühen sich also um neue Kategorien, neue Koordinaten, Orts- und Zeitbestimmungen des Sozialen und Politischen. Die Frage, die diese unterschiedlichen Autoren und Schlüsselkonzepte verbindet, lautet also: Was beginnt, wenn die Konturen, Grundlagen und Konfliktlinien der klassischen Ersten Moderne verschwimmen

und verschwinden? Diese Frage wird, wie gesagt, in diesem Text im Sinne einer Selbstunterscheidung der Moderne zwischen der Ersten, nationalstaatlichen und der Zweiten, entgrenzten Moderne beantwortet.

Wer zwischen Erster und Zweiter Moderne unterscheidet, muß zwei Fragen beantworten, nämlich erstens: Worin liegt die Kontinuität? Zweitens: Worin liegt die Diskontinuität, der Bruch begründet? Die Unterscheidung zwischen Erster und Zweiter Moderne liegt nicht darin begründet, daß die Zweite Moderne Brüche, Zusammenbrüche, Krisen kennt, die Erste dagegen nicht. Im Gegenteil: Daß in die politische Ordnung von Gesellschaften immer Antinomien und Konflikte eingebaut sind, ist ein Grundmerkmal von Modernität. Es gibt in modernen Gesellschaften keine prästabilisierte Harmonie zwischen den Werten, die eine gesellschaftliche und politische Ordnung legitimieren, der institutionalisierten Herrschaft, den ausdifferenzierten Systemen und sozio-ökonomischen Interessen, den Gewinnern und Verlierern von Neuerungen und Umwälzungen sowie den Ansprüchen der Individuen auf ein eigenes Leben. Es ist vielmehr der Blick auf das ewige Provisorium Gesellschaft, auf die Kontingenz und Komplexität einer immer imperfekten, antinomischen Moderne, der durch die Rationalität der Sozialwissenschaft geöffnet und geschärft wird.

> Es gibt in modernen Gesellschaften keine prästabilisierte Harmonie.

Die Unterscheidung zwischen Erster und Zweiter Moderne liegt auch nicht darin begründet, daß in der Zweiten Moderne Fragen der Globalisierung, der Individualisierung, der Geschlechterrevolution, der prekären Arbeit, der ökologischen Krisen aufgegriffen werden, in der Ersten Moderne nicht. Die entscheidende Frage lautet vielmehr, *wie* sie wahrgenommen und bearbeitet werden.

Der Epochenbruch findet seinen Grund darin, daß die leitenden Ideen und damit auch die aufeinander verweisenden institutionalisierten Kernantworten der Ersten Moderne ihre Selbstverständlichkeit und Überzeugungskraft verlieren: in der Dimension der Globalisierung die Idee der Territorialität, in der Dimension der Arbeitsgesellschaft die Idee der Vollbeschäftigung, in der Dimension der Individualisierung die Idee vorgegebener Gemeinschaft und Hierarchie, in der Dimension der Geschlechterverhältnisse die Idee der »natürlichen« Arbeitsteilung zwischen Männern und Frauen, in der Dimension der ökologischen Krise die Idee der Ausbeutung der Natur als Grundlage grenzlosen Wachstums. Damit ist eine entscheidende Konsequenz verbunden: Es zerbrechen die Leitideen, die Grundlagen und letztlich auch der Monopolanspruch der in ihrem Ursprung westlich-europäischen Moderne auf Modernität.

Im Modell der Ersten Moderne wandelt sich alles dauernd – nicht jedoch die Grundkategorien und Leitideen des sozialen Wandels selbst. Diese aber – vor allem die Überzeugung, daß es für jedes Folgeproblem, das die Modernisierung selbst erzeugt, letztlich eine rationale Lösung gibt – werden in der Zweiten Moderne öffentlich fragwürdig. Dies vollzieht sich zum einen institutionell, zum anderen diskursiv. Das heißt, der Paradigmawandel von der Ersten zur Zweiten Moderne polarisiert und politisiert auch gesellschaftliche Gruppen, und zwar als Konflikt der zwei Modernen. Zugleich aber stellt sich damit auch die Herausforderung an die Sozialwissenschaft, ihre Theorien umzustellen – ganz im Sinne Max Webers: Wenn das Licht der großen Wert- und Weltprobleme weiterzieht, müssen auch die Wissenschaftler ihre Begriffsapparate umrüsten.

> Wenn das Licht der großen Wert- und Weltprobleme weiterzieht...

Dieser theoriegeleitete Blickwechsel zwischen Erster und Zweiter Moderne soll nun am Beispiel Globalisierung skizziert werden.

Globalisierung – oder: die »Enträumlichung des Sozialen«

Im Paradigma der Ersten Moderne wird die »einfache« Globalisierung innerhalb des territorialen Verständnisses von Staat und Politik, Gesellschaft und Kultur gedeutet. Das sieht dann so aus:

- Die äußere Interdependenz zwischen fortbestehenden nationalstaatlichen Gesellschaften wächst.
- Zusätzlich, gleichsam oberhalb zu diesen, entstehen transnationale Institutionen und Akteure.
- »Multi-kulturelle« Identitäten stören die Ordnung relativ homogen gedachter »monolithischer Blöcke« staatlich organisierter Nationalgesellschaften.
- Diese Sicht von Globalisierung als »zwischennationalem«, »zwischenstaatlichem«, »zwischengesellschaftlichem« Ereignis wachsender Vernetzung und Überformung stellt nicht die Unterscheidungen von erster und dritter Welt, Tradition und Moderne in Frage, vielmehr bestätigt sie diese.

Alle diese Merkmale laufen darauf hinaus, daß hier die Globalisierung additiv, nicht substitutiv verstanden wird: Sie setzen das Territorialprinzip voraus, das territoriale Verständnis räumlich definierter und nach innen und außen relativ klar gegeneinander abgegrenzter Staaten und Gesellschaften.

Entscheidend ist die Folge: In diesem Paradigma erscheint die Globalisierung als ein von außen kommender Prozeß, der zwar immer die politisch-moralisch-ökonomische »Unterwelt«, auf der die Nationalstaaten der Moderne beruhen, unterspült und möglicherweise wegspült, aber eben nur weil das Territorialprinzip des Sozialen und Politischen fraglos vorausgesetzt bleibt. Die Konsequenz ist, daß »Weltgesellschaft« als nationalgesellschaftliches Mosaik gedacht wird: Die einzelnen, in sich relativ monolithisch und integriert gedachten »Gesellschaftssteinchen« bilden geopolitische Räume, die sich zur Summengesellschaft der Nationen addieren. Weltgesellschaft meint dann: Gesellschaft der Gesellschaften, die alle nationalen, territorialen Gesellschaftsblöcke in sich enthält (nicht aufhebt!), aber deswegen auch kein Gegenüber mehr kennt. Dieses Verständnis von Globalisierung ist »einfach« und »linear«, weil es die Basisprämisse der Territorialität weitgehend ungefragt voraussetzt und auf das Verständnis von Globalisierung, das diese Basisprämisse in Frage stellt, anwendet.

Der »einfachen« Globalisierung liegen ferner zwei weitere Annahmen zugrunde: Zum einen wird das Verhältnis zwischen transnationalen Akteuren und Räumen zu nationalen als Nullsummenspiel gedacht. Was transnational gewonnen wird – Souveränität, militärische Entscheidungsgewalt, demokratische Qualität –, muß dem nationalen Raum verlorengehen. Man kann vielleicht sogar sagen: Das Transnationale erscheint als Quasifeind, als Feind der »dritten Art«. Globalisierung bedroht die nationale Souveränität und die Identität der »Heimat«, allerdings eben nicht in offener Rivalität, Eroberung, Unterjochung, aber »subversiv«, nämlich indem die wirtschaftlichen Abhängigkeiten, die Entscheidungsgewalt transnationaler Akteure und die multi-kulturellen Einflüsse wachsen.

Zum anderen geht dieses territoriale Verständnis von Globalisierung mit einem substantialistisch-essentialistischen Mißverständnis von Gesellschaft, Kultur, Nation, Identität einher. Der größte Unterschied zwischen der Neuen und der Alten Welt ist in diesem Sinne der, daß in den meisten Territorien der alten Welt Europas Menschen leben, die glauben, schon immer dort gewesen zu sein. Nationale Herkunftsmythen sind jedoch jungen Datums; sie wurden (bis hin zum Nationalsymbol der Schotten, dem »Schottenrock«, der von einem englischen Stoff- und Kleiderfabrikanten stammt) im wahrsten Sinne des Wortes im 18. und 19. Jahrhundert »erfunden«.

Im Paradigma der Zweiten, reflexiven Moderne ändert Globalisierung nicht nur die Relationen zwischen und oberhalb von Nationalstaaten und nationalen Gesellschaftsblöcken, sondern deren innere Qualität des Sozialen: Das, was »Gesellschaft«, »Politik« ausmacht, wird in sich fragwürdig, weil das Prinzip der Territorialität fragwürdig wird. Genauer gesagt wird das unterstellte Deckungsverhältnis von Staat und Gesellschaft aufgebrochen und aufgehoben: immer mehr wirtschaftliche und gesellschaftliche Handlungs-, Arbeits- und Lebensformen vollziehen sich nicht mehr im Container des Staates.

Der Kern der Globalisierung wird daher in einer Deterritorialisierung des Sozialen gesehen. Wirtschaft, Politik und Lebensstile drängen nicht nur über die Grenzen der alten Nationalstaaten hinaus, sie verändern ihren Aggregatzustand innerhalb dieser. Immer mehr passiert nicht nur gleichzeitig, sondern auch am selben Ort, ohne daß unser Denken und Handeln auf den Kollaps der Entfernungen vorbereitet wäre. Plötzlich wird es eng auf der Welt, nicht wegen des Bevölkerungswachstums, sondern aufgrund dieses kulturellen Effektes, der anscheinend unausweichlich alles Fremde und Ferne annähert. Der indisch-amerikanische Anthropologe Arjun Appadurai beobachtet zudem das umgekehrte Phänomen: das kulturelle Fern- und Fremdbleiben von Mitbürgern und Nächsten, die als Einwanderer in den Westen gekommen sind, ohne doch je den mediengestützten »ethnischen Raum« verlassen zu haben, der sie imaginär in ihrer virtuellen Heimat weiterleben läßt.

> Immer mehr passiert nicht nur gleichzeitig, sondern auch am selben Ort.

Im Paradigma der Zweiten Moderne wird also die innere Konsistenz, das gesellschaftliche Bild und Gefüge aus hergestellten anthropologischen Konstanten und funktionalen Imperativen der Ersten Moderne fragwürdig: Ein territorial fixiertes Epochenbild des Sozialen, welches die politische, kulturelle und wissenschaftliche Imagination im Großen wie im Kleinen zwei Jahrhunderte lang in Bann geschlagen und beflügelt hat, löst sich auf. Dem globalen Kapitalismus entspricht ein Prozeß kultureller und politischer Globalisierung, welcher Territorialität als Ordnungsprinzip von Gesellschaft – und als Ordnungsprinzip des kulturellen Wissens, auf dem die vertrauten Selbst- und Weltbilder beruhen – aufhebt.

Kapital ist global, Arbeit ist lokal. Was diese Deterritorialisierung oder Enträumlichung des Sozialen und Politischen bedeutet, läßt sich insbesondere am Beispiel wirtschaftlichen Handelns sowie der damit verbundenen Zukunft der Arbeit verdeutlichen. Die globale Wirtschaft beruht auf der Kapazität, Entfernungen zu töten und in Realzeit einen fragmentierten Arbeitsprozeß in planetarischer Einheit zu organisieren. Die Folgen sind: Das innere Gefüge, die kategoriale Architektur von Gesellschaft ändert sich. Im Nationalstaat hat sich das Gegeneinander und Miteinander von Arbeit, Kapital und Staat im kontinentalen Europa nach dem korporatistischen Modell der »Organisationsmacht« gestaltet. Diese kollektiven Akteure handeln regelgeleitet ihre jeweiligen Anteile am »wirtschaftlichen Kuchen«, dem nationalen Bruttosozialprodukt, aus. Im transnationalen Machtspiel wird diese territoriale Organisationsmacht unterlaufen und ersetzt durch so etwas wie transnationale Entzugsmacht.[11] Diese ist der Organisationsmacht überlegen, weil sie sich nicht mehr nur in der »Fläche« bewegt, sondern im transnationalen Macht-»Raum« handelt. Wobei dies auch dort gilt, wo Globalisierung (noch) nicht »wirklich« (etwa durch Auslandsinvestitionen oder transnationale Handelsbeziehungen) ist, sondern als gewußte Möglichkeit auf den Zeitungsseiten und in den Köpfen der Akteure regiert. Insofern ist die öffentlich inszenierte Globalisierungsrhetorik auch eine diskursive Strategie, die die Macht einer *self-fulfilling prophecy* entfalten kann.

Wirtschaftliche Prozesse verlieren ihre eindeutige Ortsfixierung. Damit entfällt eine scheinbar unaufhebbare Prämisse des industriegesellschaftlichen Systems, nämlich die Notwendigkeit, an einem bestimmten Ort zusammenzuarbeiten. Geographische Entfernungen als »natürliche« Konkurrenzgrenzen zwischen Produktionsorten verlieren an Bedeutung. Im »entfernungslosen« Raum informationstechnologisch herstellbarer Nähe konkurrieren von nun an potentiell alle mit allen Orten der Welt um zugleich knapper werdende Kapitalinvestitionen und jeweils verfügbare, billige Arbeitskräfte.

Damit aber verschieben und verschärfen sich die Machtrelationen von Arbeit und Kapital im Raum-Zeit-Gefüge. Auf eine Formel gebracht: Arbeit ist lokal, Kapital ist global. Diesem sozial-räumlichen Machtgefälle entspricht eine Epochendifferenz in der organisatorischen Qualität: Kapital ist global koordiniert, Arbeit ist individualisiert. Die Konflikte zwischen diversifizierten Kapitalinteressen und virtuellen Arbeiterklassen bleiben eingebunden in den Gegensatz zwischen der Logik grenzenloser Kapitalströme und den fragmentierten Erfahrungshorizonten.

Mit der Internationalisierung der Produktion bieten sich also den Unternehmen mindestens zwei strategische Vorteile: Es wird eine globale Konkurrenz zwischen teuren und billigen Arbeitskräften hergestellt, und die Steuerkonditionen und Steuerkontrollen der Staaten können gegeneinander ausgespielt und unterlaufen werden. Man kann in dieser neuen Macht transnationaler Unternehmen die gelungene Übertragung marktwirtschaftlicher Gesetze auf den Bereich der Politik sehen. In Wahrheit ist diese Situation allerdings sehr viel pikanter. Da die Inanspruchnahme zahlreicher Gemeinschaftsleistungen (Universitäten, Krankenhäuser, Verkehrssysteme, Rechtsprechung, Forschungsgelder) nicht an den Ort der Steuererhebung gebunden ist, sind viele Unternehmen in der Lage, die Steuerlast zu minimieren, während sie sich gleichzeitig in Staaten niederlassen, welche die beste Infrastruktur bieten.

Investitionsort, Produktionsort, Steuerort und Wohnort können voneinander abgekoppelt gewählt werden. Viele Unternehmen nutzen den niedrigen Steuerstand der armen Staaten und genießen den hohen Lebensstandard der reichen Staaten. Sie zahlen die Steuern, wo es am billigsten ist, und leben, wo es am schönsten ist. Sie werden zu Trittbrettfahrern teurer Infrastrukturleistungen.

> Viele Unternehmen nutzen den niedrigen Steuerstand der armen Staaten und genießen den hohen Lebensstandard der reichen Staaten.

Man kann die entstandene Weltlage vielleicht – ironisch – in einem Bild fassen: Kapital, Arbeit und Staat haben in der Ersten Moderne im (nationalstaatlich begrenzten und organisierten) Sandkasten Backe-Backe-Kuchen gespielt und dabei nach allen Regeln des »institutionalisierten Konflikts« sich wechselseitig den Sandkuchen von der Schippe genommen. Nun plötzlich hat die Wirtschaft einen Bagger geschenkt bekommen und räumt den ganzen Sandkasten ab. Demgegenüber sind Gewerkschaft und Politik sitzengeblieben, sind eingeschnappt und rufen nach Hilfe.

Lokalisierung der Globalisierung. Im Paradigma der Zweiten Moderne wird Globalisierung also nicht mehr äußerlich und additiv, sondern substitutiv zu dem »Container-Bild« von Gesellschaft und Staat verstanden, nämlich als ein transnationales, enträumlichtes Machtspiel, dessen Regeln und Grenzen, Paradoxien und Dilemmata es erst noch zu entschlüsseln gilt. Was sich aber jetzt schon abzeichnet, das ist die Paradoxie von sozialer Nähe und geographischer Entfernung: Geographisch entfernte Unterschiede und Gegensätze werden als sozial nah erlebt und gelebt, während umgekehrt geographische Nähe die Verschiedenheit sozialer Welten unberührt läßt. So kann man an ein und demselben Ort wie auf verschiedenen Sternen leben, während im eigenen sozialen Raum die Kontinente schmelzen, man entsprechend über Distanzen hinweg wie Nachbarn zusammenleben kann.

Dies läßt sich zunächst an den Metropolen des Weltmarktes – London, New York, Tokyo, Hongkong, São Paulo, Paris, Frankfurt usw. – demonstrieren, die, wie Saskia Sassen vermutet, die Zukunft der Stadt anzeigen.[12] Hier rauben einem die versammelten Weltprobleme nicht nur buchstäblich die Luft zum Atmen. Das charakteristisch Neue kommt vielmehr darin zum Ausdruck, daß Stadtteile, Firmen, Berufsgruppen, also Millionen Individuen aller Hautfarben und Religionen lokal isoliert und global verbunden leben und arbeiten. Die Paradoxie von sozialer Nähe und geographischer Entfernung gewinnt also Gestalt in der sozialräumlichen Figur: lokale Desintegration bei globaler Integration.

Wie Untersuchungen des Erfolgsmodells Silicon Valley in den 90er Jahren gezeigt haben, spielen außer- und transregionale Beziehungen für technisch-ökonomische »Innovationskulturen« eine Schlüsselrolle. In diesem Sinne argumentiert Richard Gordon, »daß im neuen, globalen Kontext die lokalisierten Arrangements die Basis dafür bereitstellen müssen, daß die regionalen Unternehmen und wirtschaftlichen Akteure am globalen Netzwerk regionaler Wirtschaftsräume partizipieren können.«[13]

> **Globalisierung setzt Lokalisierung voraus.**

Große und kleine Firmen, Selbstunternehmer und Weltkonzerne müssen, wenn sie global tätig werden wollen, zunächst eines tun: eine Lokalisierungsstrategie entwickeln. Globalisierung setzt Lokalisierung voraus – allerdings in einem andersartigen sozialräumlichen Kalkül, weil weltweit getrennt und zur kooperativen Einheit verbunden werden kann, was früher an einem Ort zusammengefaßt sein mußte. Entsprechend gibt es globalisierte »Lokalisierungsmuster« – besonders für amerikanische Firmenkulturen:

- Forschung und Innovation finden in industriellen Zentren mit hoher Lebensqualität statt.
- Die qualifizierte Produktion wird im eigenen Land angesiedelt, was für die USA heißt: in mittelgroßen Städten der westlichen Bundesstaaten.

- Produktionsstätten, die ein mittleres Qualifikationsniveau voraussetzen, werden zu einem großen Teil ins Ausland ausgelagert – beispielsweise nach Südostasien, einschließlich Singapur und Malaysia.
- Verkauf, Vermarktung und Verwaltung schließlich werden in regionalen Zentren über den Globus verstreut, meistens innerhalb größerer elektronischer Industrieparks aufgebaut.

Mobilität oder Migration. Der Blickwechsel im Übergang von der Ersten zur Zweiten, von der nationalen zur postnationalen Moderne, läßt sich an einem weiteren Beispiel verdeutlichen, nämlich dem (doppelbödigen) Verständnis von »Migration« und »Mobilität«, zwischen und innerhalb von Nationalstaaten. Im nationalstaatlichen Paradigma der Ersten Moderne wird messerscharf zwischen »Migration« und »Mobilität« unterschieden, und zwar mit genau entgegengesetzter Bewertung. Wanderungen innerhalb von Nationalstaaten heißen Mobilität und sind hocherwünscht, ganz besonders angesichts regionaler Ungleichgewichte am Arbeitsmarkt. Es gehört zum Wunschbild des »flexiblen Arbeiters«, dorthin zu gehen, wo die Jobs sind. Daß dabei Familien zerbrechen, weil auch Ehefrauen und Mütter erwerbstätig sind und »Flexibilität« beweisen müssen, wird gerade von den Apologeten des Marktes und der Familie geflissentlich übersehen.

Mobilität zwischen Nationalstaaten ist dagegen nicht Mobilität, sondern gilt als »Migration« und ist im allgemeinen unerwünscht sowie erheblichen Restriktionen unterworfen. An den Grenzbäumen der Nationalstaaten verwandelt sich also »erwünschte Flexibilität« in »unerwünschte Migration«. Die Menschen, die tun, was innerhalb von Nationalstaaten hocherwünscht ist, werden nun kriminalisiert. Sie sind »Wirtschaftsflüchtlinge«, »Asylanten«, »illegale Einwanderer«, die sich »Schlepperbanden« anvertrauen (im nationalen Raum nimmt diese Aufgabe das Arbeitsamt wahr). Wie können Bürger, die an universalistische Werte und Rechte glauben, im transnationalen Raum zu Feinden der Mobilität werden, die sie im nationalen Raum dauernd einklagen?

Globalisierung, verstanden als Enträumlichung des Sozialen, eröffnet einen neuen Analyserahmen, der neue strategische Optionen aufzeigt. Wenn man die nationalstaatlichen Bornierungen wenigstens hypothetisch aufhebt, dann lassen sich drei Szenarien der postnationalen Verteilung von Arbeit und Reichtum andeuten:

> An den Grenzbäumen der Nationalstaaten verwandelt sich erwünschte Flexibilität in unerwünschte Migration.

1. *Globale Bevölkerungswanderungen:* Die wachsenden Ungleichheiten im Weltmaßstab sowie die Unterschiede zwischen bevölkerungsarmen, reichen Staaten des Nordens und den bevölkerungsreichen, armen Ländern des Südens führen, so argumentieren viele, zu neuen Völkerwanderungen von den überbevölkerten in die bevölkerungsarmen Regionen der Welt mit ihrem verlockenden Lebensstandard.

2. *Migration der Arbeit:* Nicht die Menschen, die Arbeitsplätze wandern. Die Jobs werden dahin exportiert, wo die Armen und Arbeitslosen leben, in die überbevölkerten Regionen der Welt (kombiniert mit entsprechenden Ausbildungsangeboten).

3. *Transnationales Job-Sharing zwischen armen und reichen Ländern:* Es entstehen neue Arten, Arbeit und Reichtum über die Grenzen und Kontinente hinweg zu teilen – ohne Migration. So könnte langfristig durch die Vernichtung der Entfernung, die die informationstechnologische Produktionsweise ermöglicht, eine postnationale Verteilung von Arbeit und Reichtum verwirklicht werden, in der geringer qualifizierte Jobs aus den reichen in die armen Länder exportiert werden; gleichzeitig werden die höhere Qualifikation erfordernden Arbeitsplätze in den bevölkerungsarmen, aber hochqualifizierten Ländern angesiedelt.

> Nicht die Menschen, die Arbeitsplätze wandern.

Das erste Szenario gilt im Westen als Horror-Szenario. Die Metapher vom Boot, das angeblich voll sei, schürt Fremdenängste und Fremdenfeindlichkeit. Das zweite Szenario findet längst statt, etwa seit 20 Jahren; es trifft aber auf großen Widerstand der Staaten und Gewerkschaften in den »job-exportierenden« Ländern.

Das dritte Szenario des internationalen Job-Sharings verdient es, als Alternative zur Massenemigration oder zum westlichen Protektionismus diskutiert zu werden. Wie David J. Elkins argumentiert, stellen sich mit der Enträumlichung des Sozialen zwei entgegengesetzte Fragen: Angenommen, es kommt tatsächlich dazu, daß transnationale Gemeinschaften entstehen, auf der Grundlage einer entsprechenden Arbeitsteilung, die eine Verteilung von Lebenschancen einschließt – läßt dann der Druck zur Emigration nach? Wenn Konzerne letztlich ihre Beschäftigten von überall her rekrutieren, verschwindet dann nicht auch die Notwendigkeit, auf anderen Kontinenten sein Glück zu suchen? Anders gefragt: Wenn Territorialität nicht länger die eigene Identität und die eigenen Lebenschancen definiert, warum sollte man dann emigrieren?[14]

Aber genau die umgekehrte Frage läßt sich auch stellen: Wenn tatsächlich Territorialität für soziale Beziehungen und soziale Nähe immer weniger wichtig wird, warum sollten dann Emigranten Emigranten bleiben und nicht als Mobile begrüßt werden? Wenn sich ein Muster sozialer Beziehungen durchsetzt, in dem transnationale, »enträumlichte« soziale Netzwerke und »Soziosphären« (Martin Albrow) dominieren, Menschen also auch über Grenzen hinweg in selbstgewählten Gemeinschaften leben, warum sollte man sie dann davon abhalten, dorthin zu emigrieren, wo sie leben wollen?

Die entscheidende Frage ist also, inwieweit in der transnationalen Konstellation postnationale Formen der Arbeitsteilung und der Reichtumsverteilung entwickelt werden. In dem Maße, in dem dies gelingt, verliert auch die protektionistische Doppelmoral, die zwischen unerwünschter Migration und erwünschter Mobilität unterscheidet, ihren Sinn. Die Idee der Beweglichkeit – nicht nur im räumlichen, sondern auch im kulturellen Sinne –, die mit der Moderne ursprünglich verbunden ist, wird herausgelöst aus den Zwängen der geographischen Arbeitsmobilität und der Reichtumswanderung. Man kann insofern ihren kulturellen Eigensinn neu entfalten und beweisen, man kann dabei möglicherweise gleichzeitig räumliche Mobilität und das entsprechende Verkehrschaos abbauen.[15]

An diesem Beispiel läßt sich zweierlei erkennen: Zum einen, wie wichtig es ist, die Fragen der Zukunft der Arbeit transnational und postnational im Paradigma der Zweiten Moderne in ihren Zusammenhängen aufzuwerfen. Wer hier nach dem alten Spezialisierungsschema nur über Arbeit nachdenkt und fragt, wie das »Krebsübel der Arbeitslosigkeit« endlich überwunden werden kann, bleibt den großen Fehlern des nationalstaatlichen Paradigmas der Ersten Moderne verhaftet.

Zum anderen wird hier auch erkennbar, daß sich in der Zweiten Moderne eine neue Arbeitsteilung zwischen Wirtschaft und Politik einschleift: Die Wirtschaft wird, ob sie es nun weiß und will oder nicht, zum Ort und Arm transnationaler Politik. Konzerne gestalten die Lebensbedingungen und Lagen der Menschen in der Weltgesellschaft – meist ungesehen, vielfach borniert, bislang ausschließlich unter ökonomischen Eigeninteressen. Es wird in Zukunft viel davon abhängen, daß sie – unter staatlicher Regie – die ihnen zugewachsene politische Gestaltungsmacht im transnationalen Raum auch verantwortlich und politisch kontrollierbar wahr-

Die Wirtschaft wird zum Ort und Arm transnationaler Politik.

nehmen und annehmen. Worin beruht diese »Politik« transnationaler Konzerne? Unter anderem darin, daß sie mit ihren Konzernentscheidungen die Grundlagen für Ungleichheit, Gerechtigkeit, Freiheit und Demokratie im Weltmaßstab mitschaffen, weil sie mit ihren Investitionsentscheidungen über die Verteilung von Arbeit und Einkommen entscheiden. Nur durch die Kooperation transnational erweiterter, staatlich organisierter Politik mit einer verantwortlichen Wirtschaft, die sich ihres politischen Handelns in der Weltgesellschaft bewußt ist, können die Voraussetzungen einer transnationalen Demokratie geschaffen werden.

Wenn die Grenzen verschwimmen: Aufhebung von Krieg und Frieden?

Das Prinzip der Territorialität ist jedoch nicht zu verwechseln mit dem Territorial- oder dem Nationalstaat, auch nicht mit dem (darauf ebenfalls aufbauenden) Sozialstaat. Man muß klären, inwieweit die Aufhebung des Territorialprinzips in einer Art Dominoeffekt die Basisprämissen dieser staatlichen Formation aufhebt.

> Territorialstaaten ergeben sich aus der exklusiven Verfügung über den geographischen Raum.

Territorialstaaten ergeben sich aus der exklusiven Verfügung über den geographischen Raum. Darauf bauen sie das Gewaltmonopol sowie ihre legislative Autonomie, ihre kulturelle Identität und moralische Autonomie auf; daraus entstehen die Bürgerrechte, einschließlich der Regeln: Wer wird warum von ihnen ein- und ausgeschlossen? Daß im Übergang in die Zweite Moderne diese Multifunktionalität des territorialen Organisationsprinzips für Politik und Gesellschaft aufgefaltet und zersplittert wird, läßt sich an folgenden Phänomenen und Basisfragen zeigen:

1. *Souveränitätsverlust und Re-Nationalisierung:* Nach dem Zusammenbruch des bipolaren Ost-West-Konflikts flammen überall neue Nationalismen auf, nicht nur in Europa, auch in den arabischen Staaten, Afrika etc. Aber dieses Aufflammen nationalistischer Bewegungen und Gefühle ist klar zu unterscheiden von der institutionellen Souveränität von Nationalstaaten im Rahmen der politischen Blockbildung des Weltsystems. Hier läßt sich eine paradoxe Beziehung zwischen dem Aufweichen nationalstaatlicher Macht und Souveränität bei gleichzeitiger Schärfung nationalistischer Orientierungen und Strömungen be-

obachten. Wobei das Bemerkenswerte auch darin liegt, daß das eine zur »Ursache« des anderen wird.

2. *Sub- und transnationale Nationen:* Viele Nationalstaaten Afrikas oder andere Regionen der sogenannten dritten Welt können als »Quasi-Staaten« verstanden werden. Diese zeichnen sich dadurch aus, daß sie externe Souveränität mit fehlender interner Kontrolle verbinden. Die Folge ist ein nach innen und außen sowohl politisch als auch sozial instabiles, prekäres Gefüge von Teilgesellschaften und Teilidentitäten. Die politische Vitalität sogenannter »subnationaler und transnationaler« Nationen wie Palästinenser, Kurden, Katalanen, Schotten und Quebec-Kanadier sollte Warnung genug sein, daß »Nationalstaaten«, die zu den Vereinten Nationen gehören, sehr wirkungsvoll durch »Möchte-gern-Nationen« in Frage gestellt werden, die um internationale Anerkennung und um Territorium kämpfen.

3. *Das Hineinregieren in die »inneren Angelegenheiten« anderer Staaten:* Denationalisierungen lassen sich schließlich auch dadurch sichtbar machen, daß die Bereitschaft, in die sogenannten »inneren Angelegenheiten« von Staaten hineinzuregieren, sowohl bei den intervenierenden Staaten als auch bei den Staaten, in die interveniert wird, wächst. Die auffälligsten Beispiele dafür sind die Auflagen der Weltbank (für die Staaten Afrikas, Asiens, Südamerikas, aber auch für Rußland). Deutlich wird dies aber auch an der Auseinandersetzung darüber, inwieweit es eine moralische und politische Pflicht der hochentwickelten Länder ist, den in Entwicklung befindlichen Ländern Staatsschulden zu erlassen (oder aber im Gegenteil ökonomischer Irrwitz). Auch in den Debatten des präventiven humanitären und ökologischen Katastrophenschutzes und der Katastrophenhilfe sind »ausländische Interventionen« zu einer Selbstverständlichkeit geworden. Ähnliches gilt für die Tätigkeiten von Amnesty International, Greenpeace und anderen nicht-staatlichen, transnationalen Organisationen – ganz abgesehen von Drogenkartellen, Terroristen, fundamentalistischen religiösen Bewegungen.

> **Ausländische Interventionen sind zu einer Selbstverständlichkeit geworden.**

4. *Krieg und Frieden:* Der Nationalstaat hat die Ausübung von Gewalt an die Unterscheidung zwischen innen und außen gebunden. Nach innen errichtet er einen Raum der Gewaltfreiheit, in dem überhaupt erst ein demokratischer Ausgleich der (ethnischen, religiösen) Klassen- und (ökonomischen) Interessengegensätze möglich wird. Gegen unterstellte äußere Bedrohungen

wird dagegen mit militärisch organisierter Gewaltbereitschaft mobil gemacht. In dem Maße, in dem die Autonomie des Nationalstaates und insbesondere die territoriale Kontrolle über den Einsatz der Gewaltmittel erodiert, zerbricht eine Architektur des Politischen: Die klassischen Unterscheidungen zwischen »Krieg« und »Frieden«, zwischen »innen« und »außen«, »öffentlich« und »privat«, »Zivilgesellschaft« und »Anarchie« drohen sich aufzulösen.[16] Doch was tritt an ihre Stelle? Heißt das, die Welt bewegt sich auf einen Zustand zu, wie er durch die barbarischen »ethnischen Säuberungen« in Ex-Jugoslawien vorgezeichnet wird, wo Krieg und Bürgerkrieg, Anarchie und Normalität kaum noch zu unterscheiden sind? Beginnt also jenseits des souveränen Nationalstaates ein Weltzustand, in dem Zivilität und Anarchie zwei Seiten desselben sind? Bedeutet das, daß derjenige, welcher nur noch Kriegsgefahren ohne jegliche Friedenschancen sieht, blind ist, während derjenige, welcher – mit Immanuel Kant, aber auch Jeremy Bentham, John Stewart Mill, Thomas Paine und vielen anderen – vom Anbruch des »ewigen Friedens«[17] schwärmt, ein kosmopolitischer Romantiker ist?

Die Zukunft der Arbeit und ihre Szenarien – eine Zwischenbilanz

So viele Autoren, so viele Szenarien, so viele Fragen

Die Debatte um die Zukunft der Arbeit gleicht einem Labyrinth. In Abwandlung eines Wortes von Bertolt Brecht kann man sagen: so viele Autoren, so viele Szenarien, so viele Fragen. Wie also läßt sich die Zukunft der Arbeit in der Zweiten Moderne ein Stück weit systematisch entfalten?

Um eine gewisse Übersichtlichkeit in diesen auf vollen Touren laufenden internationalen Diskurs zu bringen, ist es sinnvoll, zwei grundsätzliche Unterscheidungen zu treffen: die Bezugshorizonte der Szenarienbildung einerseits und die Herausforderungen der Zweiten Moderne andererseits. Die meisten der Szenarien ringen um das Ja oder Nein, das Ende oder die Wiedergewinnung der Vollbeschäftigung, um Hoffen und Bangen. Wobei diese Leitidee im Lichte der Zweiten Moderne – wissensbasierte Informationstechnologien, Globalisierung, Individualisierung und ökologische Krisen – in ihren Folgen für die Zukunft der Arbeit gedeutet werden. Entsprechend lassen sich im Bezugshorizont der Vollbeschäftigungsgesellschaft folgende Szenarien unterscheiden:

Zukunftsszenarien der Arbeit		Tab. 1
	Hoffnung	Verfall
Wissensbasierte Informationstechnologien	1 Von der Arbeits- zur Wissensgesellschaft	2 Kapitalismus ohne Arbeit
Globalisierung	3 Der Weltmarkt – das neoliberale Arbeitswunder	4 Die lokale Bindung der Arbeit – ein Globalisierungsrisiko
Ökologische Krisen	5 Nachhaltiges Arbeiten – das ökologische Wirtschaftswunder	6 Globale Apartheid
Individualisierung	7 Der Selbst-Unternehmer – die Freiheit der Unsicherheit	8 Individualisierung der Arbeit – Zerfall der Gesellschaft

Wenn man den Bezugspunkt der Vollbeschäftigungsgesellschaft ersetzt durch den Bezugspunkt der pluralen Tätigkeitsgesellschaft, sind die Verfallsszenarien Anlaß für eine Neubestimmung des Arbeitsbegriffs und notwendiger Reformen. Entsprechend lassen sich drei weitere Zukunftsszenarien entwickeln, indem Verteilungsfragen zwischen den Arbeits- und Tätigkeitsfeldern sowie der Existenzsicherung aufgeworfen werden:

9. Der Abschied von der Arbeitsgesellschaft: die Gesellschaft der pluralen Tätigkeiten.
10. Zur Muße verdammt: die Freizeitgesellschaft.
11. Die postnationale und zugleich politische Bürgergesellschaft: ein europäisches Gesellschaftsmodell.

Während das letzte Szenario in den zwei Abschlußkapiteln ausgemalt wird, sollen die zuvor unterschiedenen Zukunftsszenarien nun nacheinander wenigstens in Umrissen charakterisiert und einander gegenübergestellt werden.

Alle Modelle (die im folgenden nur in wenigen Grundzügen skizziert werden können) haben eines gemeinsam: Sie plädieren für »Reformen«. Die »Reformer« wiederum legen ihren politischen Op-

Alle Modelle plädieren für »Reformen«.

tionen gegensätzliche Beschreibungen des Ist-Zustandes der Arbeitsgesellschaft zugrunde. Auch wenn die Kontrahenten derselben Gesellschaft angehören, leben sie in anderen Welten. Die zentrale Konfliktlinie verläuft dabei zwischen denjenigen, die Vollbeschäftigung in Zukunft für möglich halten – vorausgesetzt, einige Hebel und einige Schräubchen werden in die richtige Richtung gedreht –, und denjenigen, die dies ausschließen.

Wiederherstellung oder Ende der Vollbeschäftigungsgesellschaft?

Um Mißverständnissen vorzubeugen: Es geht dabei nicht darum, daß der Arbeitsgesellschaft die Arbeit ausgeht. Es geht auch nicht um das Ende der Erwerbsarbeit, sondern um das Ende der Vollbeschäftigungsgesellschaft: Zwei Prozent Arbeitslose, soziale Sicherheit qua Job, das normale Arbeitsverhältnis als Regelfall – ist das Geschichte? Es gilt also die Grundkontroverse: Wiederherstellung oder Ende der Vollbeschäftigungsgesellschaft?

Szenario 1: Von der Arbeits- zur Wissensgesellschaft

Viele verscheuchen die Sorge der Menschen, die informationstechnologische Rationalisierungsrevolution ziele am Ende, wenn nicht auf eine Abschaffung, so doch auf eine Ausdünnung der Erwerbsarbeit, wie eine lästige Fliege. Zwei Grundüberzeugungen bestärken sich hier wechselseitig: das ökonomische Modelldenken – Kritiker sagen: der Modellplatonismus der Wirtschaftswissenschaften – und die historische Erfahrung der Ersten Moderne, in der die Befürchtung der Arbeiter, durch Maschinen ersetzt zu werden, sich bislang immer als unbegründet erwiesen hat.

Im Denkrahmen der klassischen Ökonomie ist der Fall, daß der Arbeitsgesellschaft die Erwerbsarbeit ausgeht, *prinzipiell* ausgeschlossen. Im Modell des *homo oeconomicus* können immer nur Rahmenbedingungen – z.B. überhöhte Arbeitspreise, bürokratische Verkrustungen, staatliche Übergriffe – verhindern, daß neue Arbeitsplätze geschaffen werden. Die historische Entwicklungsvariante eines Kapitalismus ohne Arbeit wird demgegenüber erst gar nicht in Erwägung gezogen.

Es stimmt ja auch: Alle bisherigen säkulären Entwicklungssprünge der Arbeit haben zwar bestimmte Arbeitstypen – etwa in der Landwirtschaft – vernichtet, diese Verluste aber durch neue Arbeitstypen – beispielsweise im Industrie- und Dienstleistungssektor – wettgemacht. Die Befürchtung, so die Modellplatoniker, die Kommunikationstechnologie bringe das Ende der Erwerbsarbeit mit sich, verwechsle das Ende der Industriearbeit und Dienstleistungsarbeit alten Typs mit dem Ende der Vollbeschäftigungsgesellschaft allgemein. Diese Sicht mache blind für die Transformation der nationalstaatlichen Arbeitsgesellschaft der Ersten Moderne in die transnationale Arbeitsgesellschaft der Zweiten Moderne mit ihrem neuartigen »entörtlichtem« Verständnis von Arbeit, Produktion und Kooperation. Anders gesagt: Das globale Informationszeitalter revolutioniere zwar das Gesicht der Arbeit – beispielsweise werde unqualifizierte, ortsgebundene Arbeit ersetzt durch hochmobile Wissensarbeit –, am Ende entstehe aber eine andere Arbeitsgesellschaft, in der Beschäftigungs- und Erwerbschancen für alle bereitstehen – also nicht weniger, sondern mehr Arbeitsgesellschaft.

Das historische Paradebeispiel liefert die Frühphase der industriellen Moderne in Europa. So wurde beispielsweise in Britannien die Zahl der in der Landwirtschaft Tätigen zwischen 1780 und 1988 dramatisch verringert, und der Anteil der landwirtschaftlichen Arbeit am Erwerbsarbeitsvolumen fiel von 50 Prozent auf 2,2 Prozent; gleichzeitig vervielfachte sich die Arbeitsproduktivität um den Faktor 68, und diese gewaltige Produktivitätssteigerung ging einher mit einem enormen Ausbau zunächst des Industriesektors, dann des Dienstleistungssektors, so daß eine wachsende Erwerbsbevölkerung in den Arbeitsmarkt integriert werden konnte. Ähnliches zeigt die Geschichte der Erwerbsarbeit in allen früheren Industriestaaten bis in die 70er Jahre. So hat auch in der US-amerikanischen Wirtschaft der dramatische technologische Wandel in diesem Jahrhundert zu einem rasanten Abbau der Arbeitsplätze in der Landwirtschaft geführt, gleichzeitig ist die Summe der Jobs, die durch die US-Wirtschaft geschaffen wurde, von rund 27 Millionen in 1900 auf 124,5 Millionen im Jahre 1993 hochgeschnellt.

In den letzten 30 Jahren ist dieser enorme Anstieg der Erwerbsbevölkerung nicht zuletzt auf einen »revolutionären« Anstieg der Frauenerwerbsarbeit zurückzuführen. Die Integration von Frauen in den Arbeitsmarkt stieg zwischen 1970 und 1990 in den USA von 48,9 auf 69,1 Prozent, in Japan von 55,4 auf 61,8 Prozent, in Deutschland von 48,1 auf 61,3 Prozent, in Großbritannien von 50,8 auf 65,3 Prozent, in Frankreich von 47,5 auf 59 Prozent, in Italien von 33,5 auf 43,3 Prozent, in Spanien von 29,2 auf 42,8 Prozent.[18] Und dieser Andrang der Frauen in die Erwerbsarbeit führte nicht zu höherer Arbeitslosigkeit in den USA, Japan oder Westeuropa.

> Der Anteil der landwirtschaftlichen Arbeit am Erwerbsarbeitsvolumen fiel von 50 Prozent auf 2,2 Prozent.

Diese Position der Arbeitsmarkt-Optimisten darf nicht verwechselt werden mit der Position derjenigen, die – aus welchen Gründen auch immer – auf die Stabilität oder Rettung des Status quo setzen und hoffen. Im Gegenteil: Zu diesem Weltbild gehört, daß ganze Branchen ausradiert werden – z.B. der Bergbau, die Textil- und die Stahlindustrie; oder daß Massenentlassungen ebenso notwendig werden wie tiefe Eingriffe in das soziale Netz. Diesen höchst schmerzhaften Friktionen und Eingriffen entspricht jedoch eine Licht-am-Ende-des-Tunnels-Theorie. Wenn erst die notwendigen »Anpassungen« an den Weltmarkt und die neuen Informationstechnologien vollzogen werden, lockt wieder das irdische Paradies der Vollbeschäftigungsgesellschaft mit seinen unerschöpflichen Innovationsquellen der Wohlstandsmehrung für alle.

Es geht also darum, einen »evolutionären Sprung« zu vollziehen und abzupuffern: Ähnlich wie im Übergang von der traditionalen Gesellschaft zur Ersten Moderne der Agrarsektor schrumpfte und der Industrie- und Dienstleistungssektor expandierte, gilt es nun, im Übergang zur Zweiten Moderne den Schritt von der Industrie- und Dienstleistungsgesellschaft in die Wissens- und Informationsgesellschaft zu wagen und zu schaffen. Dieser Übergang – so argumentieren Autoren wie Daniel Bell, Peter F. Drucker, Manuel Castells, Scott Lash/John Urry – werde nicht nur die Arbeitswelt grundlegend verändern, sondern sehr viel tiefgreifender den Arbeitsbegriff selbst. Das herausragende Merkmal dieser neuen Gesellschaft wird die Zentralität des Wissens als ökonomische Ressource sein. Wissen, nicht Arbeit, wird zur Quelle gesellschaftlichen Reichtums. Entsprechend werden die »Wissensarbeiter«, die über die Fähigkeiten und Kenntnisse verfügen, spezialisiertes Wissen in gewinnproduzierende Innovationen (Produkte, technische und organisatorische Neuerungen etc.) zu übersetzen, zur privilegierten Gruppe in der Gesellschaft.

> **Wissen, nicht Arbeit, wird zur Quelle gesellschaftlichen Reichtums.**

»Die grundlegende wirtschaftliche Ressource, mithin die ›Produktionsmittel‹, werden nicht mehr das Kapital, werden nicht mehr die Naturschätze (der ›Boden‹, wie der Volkswirtschaftler sagt) oder ›die Arbeit‹ sein. Es ist vielmehr heute und in Zukunft das Wissen. Einen Mehrwert wird weder der Einsatz von Kapital für produktive Zwecke bringen noch die ›Arbeitskraft‹ – wie es die beiden Pole der Wirtschaftstheorien des 19. und 20. Jahrhunderts waren, und zwar der klassischen wie der marxistischen, der Theorie der Keynesianer wie auch der Neoklassiker. Der Zuwachs entsteht heute aus der ›Produktivität‹ und der ›Innovation‹. Beide bedeuten die Anwendung von Wissen auf Arbeit. Die führende gesellschaftliche Gruppe der Wissensgesellschaft werden die ›Geistesarbeiter‹ stellen: Wissensführungskräfte, die in der Lage sind, sich produktiv einzusetzen, vergleichbar den Kapitalisten, die wußten, wie man Kapital produktiv einsetzt. Zu dieser gesellschaftlichen Elite werden auch ›Wissensfachkräfte‹ und ›Wissensmitarbeiter‹ gehören. Diese Wissenskräfte werden ausnahmslos in Organisationen beschäftigt sein. Im Gegensatz zu den Mitarbeitern im kapitalistischen System aber gehören ihnen die ›Produktionsmittel‹ genauso wie die ›Produktionswerkzeuge‹. Die Produktionsmittel sind ihr Eigentum, das sich in allen hochindustrialisierten Ländern rasch zu dem einzig wahren Eigentum entwickeln wird. Das Produktionswerkzeug ist das ihnen eigene Wissen, das sie überall hin mitnehmen können. Die wirtschaftliche Herausforderung für die postkapitalistische Gesellschaft wird folglich in der Produktivität der Wissensarbeit und damit der ›Kopfwerker‹ liegen.«[19]

Das Produktionswerkzeug ist das eigene Wissen, das überall mithinnehmbar ist.

Viele haben gegen diese Argumentation eingewendet: Wissen spielte auch schon in der Industrie- und Dienstleistungsepoche, möglicherweise in allen Epochen der Arbeit eine zentrale Rolle – was ist also neu an dieser Einsicht? Aus den verschiedenen Darstellungen lassen sich drei Antworten herausfiltern.

1. *Die wissensabhängige reflexive Produktivität:* Das herausragende Merkmal der Wissensarbeit liegt in der Selbstanwendung des Wissens auf Wissen als zentraler Quelle der Produktivität. Es ist dieser Zirkel zwischen wissensbasierten technologischen Neuerungen und der Anwendung dieser Technologien, um neue wissensbasierte Technik- und Produktgenerationen zu erzeugen, der die Produktivitätsspirale der Wissensgesellschaft nicht nur in Gang setzt und hält, sondern beschleunigt.
2. *Die transsektorale Dynamik:* Mit dem Übergang zur Wissensgesellschaft entsteht kein neuer Produktionssektor. Die wissensabhängige Produktivitätssteigerung erfaßt und verändert vielmehr *alle* Produktionssektoren – Landwirtschaft, Industrie und Dienstleistungen – und hebt die Unterscheidung von »Gütern« und »Dienstleistungen« auf. Am Ende wird die Rede von der »postindustriellen« oder »Dienstleistungsgesellschaft« ebenso zu einem Mythos wie die alte Unterscheidung zwischen erstem, zweitem und drittem Sektor hinfällig.
3. *Enträumlichung von Arbeit und informationstechnologischer Indeterminismus:* Wer die Dynamik der Wissensgesellschaft in den Annahmen und Kategorien des alten Arbeitsparadigmas zu deuten versucht, verkennt ihr eigentlich revolutionäres Potential, das darin liegt, daß eine direkte Online-Verbindung zwischen verschiedenen Arten von Aktivität herstellbar wird – Entwick-

lung, Produktion, Management, Anwendung und Verteilung. Damit löst sich aber das industriegesellschaftliche Ortsparadigma der Arbeit auf. Zugleich entsteht eine Vervielfältigung der Optionen, die zu Entscheidungen zwingen und einer Normierung bedürfen, was zur Folge hat: Der technologische Determinismus wird informationstechnologisch widerlegt. Wissensgesellschaft entwickelt sich aus sich heraus pluralistisch, unterschiedlich entsprechend unterschiedlicher Normierungen und Entwicklungspfade in unterschiedlichen Teilbereichen und Gesellschaften mit verschiedenen kulturellen Hintergründen und in wechselseitiger Abhängigkeit zu diesen. Zugleich wird damit in der Wissensgesellschaft die Verteilung von und der Zugang zum Wissen zu einem Schlüssel neuer sozialer Ungleichheiten und Konflikte.

Letzteres zeichnet sich in den Metropolen der Weltmärkte schon heute in Form von sozialen Spaltungen ab. So hat die Expansion des globalisiert arbeitenden Finanzwesens nicht nur Beschäftigungsmöglichkeiten für hochqualifizierte und hochbezahlte Fachleute, sondern gleichzeitig für gering entlohntes und unqualifiziertes Personal geschaffen. Das System der Broker, Investmentbanker, EDV-Spezialisten, Programmierer, Immobilienhändler und Versicherungsexperten kann nur funktionieren, wenn es eine Menge Leute gibt, die aufräumen, putzen, instandhalten, versorgen und sichern. Eine ortsgebundene neofeudale Dienstbotengesellschaft »bedient« – das Ideal des Dienens wird von jenen entdeckt, die es nötig haben: den *global players*.

> Das System der Broker kann nur funktionieren, wenn es eine Menge Leute gibt, die aufräumen und putzen.

Szenario 2: Kapitalismus ohne Arbeit

Doch die Prophetie, daß die Wissensgesellschaft neue unerschöpfliche Arbeits- und Produktivitätsquellen aufschließt, ist nicht unwidersprochen geblieben. An die Spitze der Skeptiker hat sich der ehrenwerte Club of Rome gesetzt. Das Argument: Die historische Selbstsicherheit, daß mit dem Abbau der alten der Aufbau einer neuen, wissensbasierten Vollbeschäftigungsgesellschaft einhergehe, verkenne das radikal Neue der Informations- und Kommunikationstechnologien, die es erlaube, Produktivität *ohne* Arbeit zu steigern. Diese Sprache sprechen schon sehr grobe Indikatoren. So ist beispielsweise in Deutschland seit 1955 das Erwerbsarbeitsvolumen pro Kopf der Bevölkerung unaufhaltsam gesunken. Heute werden in der Wirtschaft pro Einwohner nur noch 60 Prozent des Arbeitsvolumens, gemessen in Arbeitsstunden, erbracht wie noch 1955. Darin spiegelt sich wider, daß mit Hilfe der Informationstechnologien ein Vielfaches mit weniger menschlicher Arbeitskraft erzeugt werden kann. Gleichzeitig sank in Deutschland die Wochenarbeitszeit von durchschnittlich 48 Stunden im Jahr 1955 auf 37,4 Stunden im Jahr 1996.[20]

Bis Mitte der 70er Jahre hielt sich die Beschäftigungsentwicklung noch an die wirtschaftlichen Konjunkturzyklen. In den Krisenjahren 1967 und 1975 stieg die Zahl der Erwerbslosen jeweils dramatisch an, um danach wieder auf Werte unter 300.000 zu fallen. Abgesehen von diesen konjunkturellen Einbrüchen herrschte jedoch Vollbeschäftigung. Diese heile Welt der Vollbeschäftigungsgesellschaft wurde mit der Ölkrise zerstört. Bis zum Jahr 1996 hat sich im Vergleich mit 1970 die Zahl der Arbeitslosen, von leichten konjunkturellen Schwankungen abgesehen, verzehnfacht.[21] Arbeitslosenzahl und -quote wachsen seit den 70er Jahren kontinuierlich an, gleichzeitig sinkt das Arbeitsvolumen pro Kopf der Bevölkerung. Da liegt die Gegenschlußfolgerung zum informationstechnologischen Vollbeschäftigungsoptimismus nahe: Die Wissensgesellschaft erschließt zwar neue Arbeitsfelder, aber verabschiedet sich zugleich auf mehr oder weniger leisen Sohlen von der Normalarbeitsgesellschaft.

Wenn es in diesem Sinne zutrifft, daß der technologisch avancierte Kapitalismus das Volumen an gutbezahlter und sicherer Vollzeiterwerbsarbeit abbaut, dann müssen die Gesellschaften der Zweiten Moderne zwischen gegenläufigen Entwicklungspfaden wählen: Entweder es kommt zu massenhafter Arbeitslosigkeit, und damit zur Spaltung der Gesellschaft in Arbeitsplatzbesitzer und Nichtbesitzer von Arbeitsplätzen – einschließlich aller damit verbundenen Gefährdungen der Demokratie. Oder aber es wird notwendig, den Ausstieg aus der Arbeitsgesellschaft zu wagen, »Arbeit« und »Beschäftigung« neu zu definieren und damit Wege zu öffnen – nicht nur für eine Neuordnung der sozialen und betrieblichen Organisation der Arbeit, sondern der Gesellschaft, ihrer Werte, Ziele, Biographien insgesamt.

> Entweder massenhafte Arbeitslosigkeit oder aber den Ausstieg aus der Arbeitsgesellschaft wagen.

Jeremy Rifkin hat in seinem Buch *Das Ende der Arbeit und ihre Zukunft*[22] festgestellt, daß in den USA der Anteil der Fabrikarbeiter an den Erwerbstätigen in den vergangenen dreißig Jahren von 33 auf unter 17 Prozent sank, obwohl die Industrieproduktion kräftig stieg. In zehn Jahren werden weniger als zwölf Prozent der arbeitenden Bevölkerung Amerikas in Fabriken beschäftigt sein, im Jahre 2020 dürften es weniger als zwei Prozent der arbeitenden Wohnbevölkerung sein. Aber auch in den klassischen Dienstleistungsbranchen, auf die sich die Hoffnung auf ein neues Jobwunder richtet, haben die Automatisierung und damit der Stellenabbau längst begonnen. Wer die Wirtschaft weiter ankurbelt, wird die strukturelle Arbeitslosigkeit nicht nur nicht beseitigen, sondern sogar verstärken. Denn florierende Unternehmen stecken – und das ist bei einem auf Gewinn ausgerichteten Wirtschaftssystem niemandem vorzuwerfen – ihre Gewinne vor allem in die Rationalisierung. Warum sollten sie Arbeitsplätze schaffen, wenn Maschinen viel effizienter arbeiten können als Menschen?

> **Florierende Unternehmen stecken ihre Gewinne vor allem in die Rationalisierung.**

Das Industriezeitalter, so Rifkin, beendete die Sklavenarbeit; das Informationszeitalter wird die Massenbeschäftigung abschaffen. Die neuen Technologien verheißen für das 21. Jahrhundert einen enormen Anstieg der Produktion von Gütern und Dienstleistungen, doch dafür wird nur ein Bruchteil der heute Beschäftigten gebraucht werden. Da nahezu menschenleere Fabriken und virtuelle Firmen die Zukunft prägen, muß sich jeder Mensch, jedes Land mit der Frage befassen: Wie werden Gesellschaft, Demokratie, Freiheit, soziale Sicherheit in der Nach-Arbeitsgesellschaft möglich?

Szenario 3: Der Weltmarkt – das neoliberale Arbeitswunder

Schwarze Magie, antwortet die Weltmacht des Neoliberalismus. Schaut doch auf die USA! Schaut nach Asien! Überall blühende Vollbeschäftigungsgesellschaften. Man sieht, wie veraltet dieser Hinweis auf die Tiger-Staaten inzwischen ist, sind diese doch zur Krisenregion der Welt geworden. Als Königsweg zur Wiedererlangung der Vollbeschäftigung wird entsprechend eine politische Radikalmedizin verschrieben, die hohe Geldwertstabilität, moderaten Lohnanstieg, geringere Streikquoten kombiniert mit einem minimalen Staat, der sich auf die Schaffung wettbewerblicher und sozialer Rahmenbedingungen bei einem hohen Maß an Eigenverantwortung für Bürger und Unternehmer beschränkt. Dagegen gelten Strategien einer wohlfahrtsstaatlichen Beschäftigungspolitik

(Beschäftigungsprogramme, Ausbau staatlicher Dienstleistungen etc.) als Teufelswerk: Nach kurzer Linderung würden sie die Probleme der Arbeitslosigkeit bloß verschlimmern. In Sachen Arbeitsmarkt erfolgreiche Staaten wie die USA, Norwegen, Neuseeland, Portugal oder auch die neuerdings hochgelobten Niederlande weisen – so wird argumentiert – durchgängig eine deutlich geringere Staatsquote, niedrigere Steuer- und Abgabenbelastung, eine höhere Investitionsquote, gesunkene Lohnstückzahlen, kaum Streiks und einen hohen Anteil an Teilzeitarbeit auf. Gegen diese Argumentation lassen sich mindestens drei strategische Einwände vorbringen:

Strategien einer wohlfahrtsstaatlichen Beschäftigungspolitik gelten als Teufelswerk.

1. Der Neoliberalismus ist kulturell blind, was sowohl seinen (historischen) Ursprung als auch den naiv universellen Geltungsanspruch seiner »Gesetze« betrifft. Er verstärkt damit den Imperialismusverdacht, an dem die Politik der Modernisierung schon seit den 60er Jahren scheitert. Es gibt keine Weltpatentlösung gegen die Arbeitslosigkeit.
2. Wer mit Hilfe der neoliberalen Radikalmedizin die Arbeitslosigkeit vermindert, erzeugt und verschärft neue Probleme. Gesellschaften wie die amerikanische oder die britische führen das aktuell vor Augen. Sie haben das Problem der Arbeitslosigkeit verringert und eingetauscht gegen Probleme wie: niedrige Löhne, niedrige Produktivität, niedrige soziale Absicherung, steigende Einkommensungleichheit und, insbesondere in den USA, dramatisch gewachsene Inhaftierungsraten.
3. Gibt es tatsächlich nur *einen* politischen Weg, den sogenannten neoliberalen, um die Arbeitslosigkeit abzubauen? Die Antwort lautet: nein. Ein Blick auf die Niederlande, Dänemark oder Skandinavien zeigt, daß auch hier die Arbeitslosigkeit in kurzer Zeit erheblich verringert worden ist. Aber keinesfalls nach amerikanischem Muster, vielmehr durch aktive Arbeitsmarktpolitik, Teilzeitarbeit, radikale Verbilligung der Arbeitskraft, auch Sparmaßnahmen – immer aber durch kollektive Vereinbarungen, also durch das, was man den europäischen Weg des Neokorporatismus nennen kann.

Im übrigen ist »Globalisierung« ja auch ein Angstwort, weil es oft einseitig mit einem Export von Arbeitsplätzen gleichgesetzt wird. So nehmen beispielsweise taiwanesische Arbeiter einen amerikanischen Mikroprozessor, bauen ihn in ein in Singapur hergestelltes Diskettenlaufwerk ein, verpacken das Ganze in ein Kunststoffgehäuse, das in China produziert wurde, und schicken es nach Europa, wo es als »amerikanisches« Produkt verkauft wird. Das Problem liegt jedoch tiefer, denn die Angst vor dem globalen Wettbewerb vergißt zweierlei.

Zum einen sind exportintensive Wirtschaftszweige nicht nur auf den Ort direkter Interaktion, sondern auch auf eine Regionalwirtschaft angewiesen – den Versicherungsvertreter, den Finanzberater, den Beschäftigten im Schnellimbiß, im Fitneßcenter und den Zahnarzt, die ihre Produkte und Dienstleistungen vor Ort anbieten und verkaufen. Globalisierung setzt in diesem Sinne Lokalisierung, d.h. eine lokal gebundene Dienstleistungsgesellschaft voraus.

Globalisierung setzt Lokalisierung voraus.

Zum anderen machen die »transnational« herstellbaren und handelsfähigen Produkte, die mit noch nie dagewesener Hingabe hin- und hergeschickt werden, einen ständig schrumpfenden Anteil an der Weltwirtschaft aus. Die Produktivität wächst rapide in den Bereichen, wo die benötigten Informationen relativ leicht zu formalisieren sind und als Programme in einen Computer oder Roboter eingegeben werden können. Zugleich wächst auch die Nachfrage nach all jenen Tätigkeiten, für die dies nicht zutrifft, die also an den »gesunden Menschenverstand« und die tätige Ausführung am oder im Kontakt, an das Gespräch mit dem Kunden gebunden sind; auch wenn viele davon aufgrund ihrer geringeren Produktivität geringer entlohnt werden, wie dies bei vielen Dienstbotentätigkeiten der Fall ist.

Szenario 4: Die lokale Bindung der Arbeit – ein Globalisierungsrisiko

Doch die Globalisierungsoptimisten vergessen die Gegenfrage: Wenn, beispielsweise in der Dimension der Finanzmärkte, Globalisierung längst ein Faktum ist, hat diese neue Grundsituation dann die gleichen Folgen – Chancen wie Risiken – für Kapital wie für Arbeit? Begünstigt oder erzeugt also die globale Wirtschaft einen »globalen Arbeitsmarkt« in dem Sinne, daß die arbeitssuchenden Menschen in gleicher Weise mobil sein oder werden können wie *financial flows*? Kann dem sich global orientierenden und organisierten Kapital irgendwann eine global orientierte und organisierte Arbeiterbewegung gegenüberstehen?

Diese Fragen müssen offenbar verneint werden. Während die Kapitalströme sich in den elektronischen Medien sekundenschnell grenzüberschreitend um den Globus bewegen können, ist die Mobilität der Arbeitenden stark eingeschränkt durch ihre Verbindung an Familie und Ort, durch Institutionen, Recht, Kultur, Politik, Polizei, protektionistische Bewegungen, auch und gerade durch Fremdenhaß – und wird dies auf absehbare Zeit bleiben. Sie ist sogar, international betrachtet, verschwindend gering. Nur etwa 1,5 Prozent der globalen Arbeitskraft – etwa 80 Millionen Arbeiter – haben im Jahr 1993 außerhalb ihres Herkunftslandes gearbeitet, und die Hälfte von ihnen konzentrierte sich auf Afrika und den Mittleren Osten. In der Europäischen Union haben, obwohl die freie Bewegung der Arbeitenden innerhalb der Mitgliedsländer rechtlich zugesichert ist, nur zwei Prozent der nationalen Arbeitsbevölkerungen in einem anderen Land der EU gearbeitet. Entgegen der Rhetorik »das Boot ist voll«, die in der Öffentlichkeit und in der Ausländerpolitik der westeuropäischen Staaten vorherrscht, war die Zahl der Arbeitsimmigranten in den größeren westeuropäischen Staaten am Ende der 80er Jahre niedriger als im Jahre 1975.

> **Die Mobilität der Arbeitenden ist, international betrachtet, verschwindend gering.**

Man kann zwar sagen, »es gibt eine historische Entwicklungstendenz zu mehr Abhängigkeit der Arbeitsmärkte in globaler Hinsicht, und zwar durch drei Mechanismen: globale Beschäftigung in multinationalen Konzernen und in denen mit ihnen assoziierten grenzenüberschreitenden Netzwerken; Konsequenzen des internationalen Handels für Beschäftigung und Arbeitsbedingungen sowohl im Norden wie im Süden; und Effekte der globalen Konkurrenz und des neuen Modus des flexiblen Managements innerhalb der nationalen Arbeitsmärkte«.

Aber es bleibt doch festzuhalten: »Im Kern ist Kapital global. In der Regel ist Arbeit lokal.« Die Dynamik der Wissensgesellschaft begünstigt die Konzentration und Globalisierung des Kapitals, und zwar genau, indem die dezentralisierende Macht der Netzwerke genutzt wird, während »Arbeit desintegriert wird in ihrem Vollzug, fragmentiert in ihrer Organisation, diversifiziert in ihrer Existenz und dividiert in ihrer kollektiven Organisation ... Die Arbeit verliert ihre kollektive Identität, wird zunehmend individualisiert in ihren Kapazitäten, ihren Arbeitsbedingungen sowie ihren Interessen und Projekten.« [23]

Die lokale Bindung der Arbeit hingegen macht die arbeitende Bevölkerung zu Verlierern im Verteilungskampf der globalen Globalisierungsrisiken. Die asiatische Finanzkrise und ihre Folgen werfen ein grelles Licht auf diese bislang abgedunkelte Seite der *ökono-*

mischen Weltrisikogesellschaft. Es handelt sich dabei nicht nur um ein eklatantes Beispiel für organisierte Unverantwortlichkeit, sondern die asiatische Krise hat vielmehr deutlich gemacht, daß ganze Länder und Ländergruppen zu Opfern des globalen »Kasino-Kapitalismus« werden können. Die asiatische Mittelklasse ist im Mark getroffen und in ihren materiellen Existenzgrundlagen gefährdet. Konkurs- und Arbeitslosigkeitswellen in schier unvorstellbarer Größenordnung erschüttern die Region.

Westliche Investoren und Kommentatoren nehmen die asiatische Finanzkrise meistens selbstbezüglich im wirtschaftlichen Bezugsrahmen als Bedrohung der Finanzmärkte wahr. Dabei aber wird die eigentliche Sprengkraft verkannt: Globale Gefahren wirtschaftlicher Globalisierung bedrohen und vernichten vor allem die Existenzbedingungen national-lokaler Arbeit: Die Mittelklasse verarmt, die Armen werden Habenichtse, die wirtschaftlichen und politischen Eliten verlieren ihre Legitimation. Man kann geradezu von einer drohenden Implosion der Klassen- und Gesellschaftsordnung sprechen. Auch globale Finanzrisiken entfalten »soziale Sprengkraft«[24]. Diese unterhöhlt staatliche Bürokratien, stellt die dominante neoliberale Wirtschaftspolitik in Frage, wirbelt Grenzziehungen und Machtpositionen nationaler und internationaler Politik durcheinander. Plötzlich wird die Frage nach »verantwortlicher Globalisierung« weltweit aufgeworfen und debattiert.

> Plötzlich wird die Frage nach »verantwortlicher Globalisierung« aufgeworfen.

Insofern ist es nicht übertrieben, von einem »ökonomischen Tschernobyl« zu sprechen. Im Gegenteil: Man kann die Merkmale der ökonomischen Weltrisikogesellschaft 1998 an den sozialen und politischen Folgen der Asienkrise darlegen, wie man die ökologische Weltrisikogesellschaft an dem »anthropologischen Schock« erläutern konnte, den der »russische GAU« in Europa auslöste.

Dies gilt auch für dieses Merkmal: Die Debatte um neue politische Institutionen und Optionen – regionaler und nationaler Protektionismus, transnationale Versicherungssysteme, globale politische Steuerungsinstitutionen und deren demokratische Legitimation – beginnt. Das heißt: Der Schein des unpolitischen, neoliberalen Weltmarkt-Fatalismus zerbricht. Die Weltrisikogesellschaft ist das Gegenteil einer »postmodernen Konstellation«: Es ist eine hochpolitische, selbstkritische Gesellschaft in einem neuen Sinne, in der aufgrund der politischen Sprengkraft der drohenden ökologischen und ökonomischen Weltgefahren u.a. auch transnationaler Dialog, Politik und Demokratie eine Gestaltungschance erhalten.

Szenario 5: Nachhaltiges Arbeiten – das ökologische Wirtschaftswunder

Nachdem die Grenzen einer Entwicklung nach dem westlichen Modell erkannt und anerkannt wurden, begann die Suche nach einem alternativen »nachhaltigen« Entwicklungsmodell. Die am häufigsten zitierte Definition von »Nachhaltigkeit« stammt aus dem Bericht der Brundtland-Kommission:

»Unter nachhaltiger Entwicklung verstehen wir eine Form der Entwicklung, die den Bedürfnissen der heutigen Generationen entspricht, ohne daß sie die Möglichkeiten der künftigen Generationen gefährdet, ihre Bedürfnisse zu befriedigen. (...) Nachhaltige Entwicklung heißt, daß die Grundbedürfnisse aller befriedigt werden und daß alle die Möglichkeit erhalten, ihre Wünsche nach einem besseren Leben zu erfüllen.«[25]

Nach dieser Definition ist nachhaltige Entwicklung mehr als nur Bewahrung der Natur oder der umsichtige Umgang mit dem Ökosystem. Dazu gehören auch neue Modelle der gesellschaftlichen Entwicklung und der gesellschaftlichen Transformation. Zwei zentrale Aspekte des Konzepts, die in der Debatte über nachhaltige Entwicklung immer wiederkehren, sind zum einen das Wirtschaftswachstum und zum anderen die Gleichstellung der Staaten, der Generationen sowie nicht zuletzt auch der Geschlechter.

Nachhaltige Entwicklung ist mehr als nur Bewahrung der Natur.

Während der technische Fortschritt die Arbeitsproduktivität erhöht und infolgedessen die Bedeutung der menschlichen Arbeit verringert hat, kommt es nun darauf an, im Sinne eines »nachhaltigen« Wirtschaftens und Arbeitens die Naturproduktivität, insbesondere die Energieproduktivität zu steigern. Wenn es gelänge, die Energieproduktivität um einen Faktor Vier zu steigern, könnte es gelingen, die Wende in die »nachhaltige Entwicklung« zu schaffen. Tatsächlich ist es möglich, aus einem Faß Öl, einer Kilowattstunde oder einer Tonne Erdreich viermal so viel Effizienz wie heute herauszuholen, wie es Ernst Ulrich von Weizsäcker so eindrucksvoll in seinem Buch *Das Jahrhundert der Umwelt* in dieser Buchreihe beschrieben hat.

In einer »nachhaltigen« Wirtschaft würde sich der Schwerpunkt der Arbeit von der Produktion zur Instandhaltung, Reparatur und zu sonstigen Dienstleistungen verschieben; d.h., die Entwicklung hin zur Dienstleistungsgesellschaft würde – wenngleich mit erheblich veränderten Akzenten – einen zusätzlichen Schub erfahren. Diese neuen »nachhaltigen« Arbeiten sind überdies sonnenintensiv, zeitintensiv, können zugleich aber auch hochtechnisch ausgerüstet und weitgehend dezentral angelegt werden – ein Qualifikations- und Tätigkeitsprofil, das auf den Einsatz moderner Informations- und Kommunikationstechnologien für ökologisches Wirtschaften und Arbeiten ausgerichtet ist.

Kernstück dieses Szenarios bildet die ökologische Steuer, ein Modell, das sich wie die Quadratur des Kreises ausnimmt: Die Besteuerung von Naturverbrauch wird verkoppelt mit der Verbilligung von Arbeit. Die Idee besagt, daß der Staat die Lohnnebenkosten (Rentenbeiträge etc.) senkt und diese durch eine Abgabe auf den Verbrauch ausgleicht. Dadurch sollen zwei Schlüsselprobleme auf einmal gelöst werden – die Arbeit wird billiger, die Energie wird teurer, mit der Folge: mehr Beschäftigung und mehr Umweltschutz!

> **Die Arbeit wird billiger, die Energie wird teurer.**

Die Befürworter sehen darin den Beginn eines sozialen und ökologischen Arbeits- und Wirtschaftswunders. Konkrete Beispiele für diesen Zusammenhang von Ökologisierung der Arbeit und Beschäftigung sind:

- Jeder Arbeitsplatz, der künftig durch stillgelegte Atomkraftwerke verlorengeht, bringt z.B. fünf Arbeitsplätze in der Windenergie-Branche. Zudem hatte die Windenergie-Branche fünf Jahre lang hundertprozentige Wachstumsraten – jedes Jahr. Das bedeutet Wachstum an der richtigen Stelle der Wirtschaft. Überdies wird der Strom aus der Windenergie mittelfristig entschieden billiger sein als realistisch berechneter Strom aus einem Atomkraftwerk.
- Bis zum Jahre 2000 werden beispielsweise in Deutschland 1,1 Millionen Menschen im Bereich der Umweltschutz-Technologien beschäftigt sein (laut Umweltbundesamt).
- Die Einführung einer Energie- und CO_2-Steuer bringt 650.000 neue Arbeitsplätze in der verarbeitenden Industrie und im Dienstleistungssektor (laut Institut für Wirtschaftsforschung).
- Die Verkehrswende – durch eine Vervielfachung des öffentlichen Verkehrs – in den nächsten 25 Jahren schafft eine Million neue Arbeitsplätze (laut Verkehrsministerium Nordrhein-Westfalen).
- Wassereffizienz- und Einsparungstechnologien benötigen in Deutschland 200.000 Arbeitsplätze (laut Umweltsenat Berlin).
- Eine Studie der Europäischen Union prophezeit sogar fünf Millionen neue Arbeitsplätze in zehn Jahren durch die solare Energiewende in Westeuropa.

National oder europaweit eingeführte Ökosteuern können als Teilpolitik einer abgerundeten Strategie des ökologischen Umbaus betrachtet und politisch umgesetzt werden. Diese verbindet *staatliche Eingriffe* mit *zivilgesellschaftlicher Mobilisierung* und *Selbstkontrollen, Selbststeuerungen* der Wirtschaft. Zum Bereich staatlicher Eingriffe gehört das Ordnungsrecht, um marktregulierende Rahmenvorhaben zu setzen (Schadstoffgrenzwerte, aber auch politische Ziele wie der Ausstieg aus der Atomwirtschaft oder die Förderung der Sonnenenergie, Verkehrsdrosselung etc.). Ein zivilgesellschaftliches Element ist eine bewußte »Konsumwende« – denn der Abschied vom Auto ist beispielsweise nicht nur eine Frage der Kosten und der Verkehrsplanung, sondern einer politisch vollzogenen Entscheidung über alternative Lebensstile. Hierher gehören ferner die Erweiterung von Teilhabe- und Verantwortungsrechten und -pflichten in der Wirtschaft, welche die Ziele »nachhaltigen« Wirtschaftens und Arbeitens für sich akzeptieren und experimentell erproben wollen bzw. müssen.

Szenario 6: Globale Apartheid

In den letzten 20 Jahren stieg die Frauenerwerbsquote weltweit von 36 Prozent auf 40 Prozent. Für die Weltbank zählen daher Frauen zu den Gewinnerinnen der ökonomischen Globalisierung. Doch dabei bleibt unberücksichtigt, daß der Zuwachs einhergeht mit einer vor allem die Frauen treffenden, weltweiten *Informalisierung* der Beschäftigungsverhältnisse in den Industrieländern ebenso wie in den Schwellen- und Entwicklungsländern: mehr Teilzeit, fließender Übergang zwischen informellem und formellem Sektor, Heimarbeit, rechtlich nicht regulierte Beschäftigungsverhältnisse.

Die indische Sozialwissenschaftlerin und Ökologin Vandana Shiva spricht in diesem Sinne von einer zunehmenden, weltweiten Spaltung in Arm und Reich, die auf eine »globale Apartheid« zuläuft. Shiva unterscheidet zwischen denen, die an der globalen Wirtschaft teilnehmen, und denen, deren lokale Lebensgrundlagen zerstört wurden und deren Überleben bedroht ist. Auch die ökologischen Globalisierungsrisiken schlagen sich lokal nieder. Und ökologische und Gerechtigkeitskrise bilden eine innere Einheit: »Es kann keine Gerechtigkeit zwischen den Geschlechtern in einer Welt der ökologischen Krisen und der globalen Apartheid geben,

> Ökologische und Gerechtigkeitskrise bilden eine innere Einheit.

wenn die sozialen und politischen Strukturen, die die Armen schützen, abgebaut werden, weil diese den freien Handel ›blockieren‹ oder als ›ineffizient‹ oder ›verschwenderisch‹ im Sinne der marktwirtschaftlichen Logik der Gewinn-Maximierung gelten.«[26]

In dem Maße, in dem der informationstechnisch erfolgreiche Kapitalismus die Fesseln der menschlichen Arbeit abstreift, werden Siegesmeldungen und Hiobsbotschaften zu zwei Seiten derselben Medaille. Die Gewinne transnational agierender Konzerne und die Arbeitslosenzahlen in den sozialstaatlichen Nischengesellschaften Europas wachsen. Dieselbe Entwicklung, die für die Wirtschaft himmelhochjauchzend ist, wird für die Arbeitenden zur Hölle: Sie werden nicht mehr gebraucht.

> **Diese Entwicklung ist für die Wirtschaft himmelhochjauchzend, für die Arbeitenden die Hölle.**

Wenn man dies am Beispiel Deutschland verdeutlicht und auf den sektoralen Grundlagenwandel bezieht, kann man dem amerikanischen Wirtschaftswissenschaftler Michael E. Porter zustimmen, daß der deutsche Kapitalismus seinen erfolgreichen »Diamanten«, der für die unverwechselbaren Vorteile einer nationalen Ökonomie bestimmend ist, verliert. [27] Für Porter ist der Diamant eine Art wirtschaftlich-politisches Leitbild, in dem die Wirtschaftsbasis der nationalen Ökonomie mit den kulturellen Eigenarten und den politischen Zielen eines Landes in einmaliger Weise verbunden wird, was dann dessen Stellung auf dem Weltmarkt begründet. Der deutsche »fordistische Diamant« bestand bis weit in die 70er Jahre hinein aus dem Produktivitätsbündnis der Kernsektoren Automobilindustrie, Chemie, Nahrungsmittel, Maschinenbau und Elektrotechnik. Ihr Erfolg beruhte auf der Verschränkung historisch-kulturell-politisch einmaliger Bedingungen:

- dem Markenprodukt »Facharbeiter« und einer entsprechenden Ausbildungs- und lebensweltlichen Kultur;
- Massennachfrage nach den Gütern der Massenproduktion im Heimatmarkt;
- einer entsprechenden, ortsgebundenen Zulieferungswirtschaft;
- nicht zuletzt starken Gewerkschaften und einer auch politisch hochbewerteten Tarifautonomie;
- einer auf Sozialpartnerschaft ausgerichteten Unternehmenskultur sowie
- politisch dem Leitbild des »Arbeits-Bürgers«, der klassenkämpferische Parolen durch moderates Aushandeln und demokratisches Engagement ersetzt.

Diesem Nachkriegs-Konsens-Modell wird in der globalen, auf Wissen und Informationstechnologie gegründeten Produktionsweise die Grundlage entzogen. Zum einen zerbricht der Zusammenhang zwischen Produktivität, Wirtschaftswachstum und Beschäftigung. Zwar wird in der hochproduktiven globalen Wirtschaft immer mehr erzeugt, aber eben mit immer weniger menschlicher Arbeitskraft. Die Folge: Das Angebot an attraktiven, gut bezahlten Arbeitsplätzen sinkt trotz Wirtschaftswachstum. Zugleich ist die Zulieferbranche nicht mehr notwendig ortsgebunden. Dies führt dazu, daß beides wächst: die Gewinne der Exportwirtschaft und die national- und sozialstaatlich zu finanzierende Arbeitslosigkeit.

Während das deutsche Nachkriegs-Wirtschaftswunder, das den »fordistischen Diamanten« hervorgebracht hat, zu einem kollektiven Aufstieg führte, der die Akzeptanz des demokratischen Systems begünstigte, stellt sich nun in der »postnationalen Konstellation« (Habermas), in der dieses deutsche Erfolgsmodell seine Grundlage verliert, mit der Arbeitslosigkeitsfrage auch die Demokratiefrage neu, und zwar im Zusammenhang mit der Frage nach dem politischen Leitbild einer Gesellschaft jenseits der Vollbeschäftigung.

»Die Unsicherheiten, wie die Menschen in Zukunft ihr Leben führen können und wollen, sind rasant gestiegen. Ende der 80er Jahre wurde im Namen der Individualisierung das Aufsprengen der ›Herkunftsfesseln‹ gefeiert. Jetzt entpuppt sich das Versprechen, daß die Menschen ihr Schicksal nun selbst - unabhängig von Herkunft und Geschlecht – in die Hand nehmen können, als Fluch der fortwährenden sozialen Bedrohung. An die Stelle des Aufbruchs ins Land der neuen Möglichkeiten tritt die Angst, daß alles bisher Erreichte schon morgen verdampft. An die Stelle der versprochenen klassenlosen Gesellschaft tritt der Umschlag der ›feinen Unterschiede‹ (Bourdieu) in eine neuerliche große soziale Polarisierung. An die Stelle des sozialen Fahrstuhleffekts für alle Schichten tritt der Drehtüreffekt, der wenige Gewinner hervorbringt und viele Verlierer herausschleudert.« [28]

> An die Stelle des sozialen Fahrstuhleffekts tritt der Drehtüreffekt.

Aus den damit einhergehenden Ein- und Umstürzen, Konflikten und Legitimationsproblemen können letztlich sogar (wie einige argumentieren) in den westlichen Demokratien ökologische Kriege und bürgerkriegsähnliche Zustände erwachsen. Im Gegenzug ist entsprechend mit vielfältigen Varianten von Fundamentalismus und gewalttätigen Ausbrüchen von Fremdenhaß zu rechnen, insgesamt also sinistren, teuflischen Entwicklungsvarianten, die sich sogar noch gegenseitig bestärken und das latent Katastrophische des Zeitalters zum Ausbruch kommen lassen.

Bei diesem Neo-Spenglerismus spielt für viele auch die Bevölkerungsentwicklung eine zentrale Rolle. Die Ärmsten der Welt haben die höchsten Geburtenraten, während die Reichsten immer weniger Kinder in die Welt setzen, so daß am Ende ein Ausgleich nur über weltweite Migrationsströme möglich wird – was wiederum zum Ausbau der Festung Europa führt und die weitere Spiralbewegung der Abschottung in Gang setzt.

Szenario 7: Der Selbst-Unternehmer – die Freiheit der Unsicherheit

Eines der herausragenden Merkmale der Zweiten Moderne ist der paradoxerweise kollektive Wunsch, ein »eigenes Leben« zu führen. Dieser Sinnhorizont der Individualisierung fällt weder vom Himmel noch wurzelt und wächst er als individuelle Hoffnung in den Herzen aller Menschen. Es handelt sich um einen tiefgreifenden historisch-kulturellen Wandel, der im übrigen schon in früheren Jahrhunderten beobachtet und protokolliert wurde, insbesondere auch im 19. und in der ersten Hälfte des 20. Jahrhunderts, der allerdings auf dem Hintergrund der wohlfahrtsstaatlichen Entwicklung nach dem Zweiten Weltkrieg in den europäischen Ländern neue Ausdrucksformen und Schubkräfte gewonnen hat. Man kann sagen, daß seit den 70er Jahren insbesondere die in ihrer Wirkung kaum zu überschätzende Bildungsexpansion, aber auch die allgemeine Reichtumsentwicklung sowie die Verinnerlichung politischer und sozialer Grundrechte (die ja immer auf Individuen zugeschnitten ist) in einer Art Vollkasko-Individualisierung die Menschen aus den Sicherheiten des Herkunftsmilieus herausgelöst und zu Autoren ihres eigenen Lebens gemacht hat – mit allen turbulenten Folgen für politische Organisation und Wählerverhalten, Familie und Ehe, Intimität und Sexualität.

Eine Art Vollkasko-Individualisierung der Menschen

Seit den 80er Jahren und mit zunehmender Beschleunigung in den 90ern wird diese lebensweltliche Individualisierung ergänzt, überlagert und konterkariert durch eine Individualisierung der Arbeit. Das heißt, das Normalarbeitsverhältnis beginnt sich sowohl biographisch als auch betrieblich aufzulösen, und an die Stelle der sozialstaatlichen Ökonomie der Sicherheit tritt eine politische Ökonomie der Unsicherheit und der Entgrenzung: Grundunterscheidungen, die als Basisselbstverständlichkeiten Individuen und Institutionen in den europäischen Gesellschaften der Ersten Moderne verbunden und getragen haben – Arbeit und Kapital, Betrieb und Markt, Selbständiger und Angestellter, Hausarbeit und Berufsarbeit, Selbstarbeit und fremdbestimmte Lohnarbeit für andere – lösen sich auf. Erwerbsarbeit wird vertraglich und zeitlich »zerhackt«, und damit zerfällt u.a. auch das Zeitrückgrat des sozialen Lebens in der Familie, Nachbarschaft und Kommune. Es entsteht also ein Handlungs- und Optionsraum, der ein prinzipielles Doppelgesicht hat: Einerseits öffnen sich neue Freiheitsräume in der Gestaltung und Abstimmung von nun »eigener Arbeit« und »eigenem Leben«; andererseits tun sich neue Falltüren der Ausgrenzung auf, und die Risiken werden von Staat und Wirtschaft auf die Individuen abgewälzt. Beiden Ansichten ist gemeinsam: Es handelt sich so oder so um prekäre Arbeitswelten, die Chancen an Risiken binden.

> **Es handelt sich so oder so um prekäre Arbeitswelten.**

»Individualisierung der Arbeit« als Hoffnungs-, das andere Mal als Verfall-Szenario sollen nun skizzenhaft gegenübergestellt werden.

Zur Charakterisierung der individualisierten Arbeits- und Beschäftigungsformen sind diverse Etikettierungen im Umlauf, die den Duft des Abweichenden, Diskriminierten oder Orchideenhaft-Subkulturellen verströmen. Dazu paßt, daß es für diese sich im Fluge ausbreitenden Arbeitsformen keine systematisch-statistischen Erhebungen, sondern nur Schätzungen gibt; ja, es ist sogar fraglich, inwieweit angesichts der Vielfalt, die normal wird, der generalisierende amtsstatistische Ordnungszugriff hier überhaupt noch greift.

»Outsourcing« ist eine dieser Etikettierungen und heißt übersetzt: Ausgründung. Gemeint ist damit also für die »Betriebe« (auch dieser Begriff verliert seine Schärfe) die Möglichkeit des entgrenzten Zusammenarbeitens. Buchhaltungen werden ausgelagert, ebenso wie Telefonzentralen oder Archive. Die ausgelagerten Betriebsteile arbeiten auf eigene Rechnung, bieten ihre Dienste zusätzlich auf dem freien Markt an. Auf diese Weise wird der Markt (früher der Gegenbegriff zum »Betrieb«) in den »Betrieb« hineingeholt und die alten, scheinbar ehernen Grenzziehungen zwischen innen und außen heben sich auf.

Das gilt auch für das »Franchising«, was bedeutet: Unternehmensnamen, Warentypen und Warenzeichen kann man kaufen. Wer das tut, ist ein »Franchisenehmer«, also weder ein Unternehmer noch ein Arbeitnehmer, sondern ein Sowohl-als-Auch in neuer Form. Er verweigert sich dem Entweder-Oder der geordneten Arbeitswelt der Ersten Moderne. »Der moderne Selbstangestellte ist sein eigener Chef, und er wird umso erfolgreicher sein, je mehr er der ideale Mitarbeiter ist«, schreibt Peter Fischer.[29]

Auch »Scheinselbständige« sind in gewisser Weise »Selbst-Unternehmer« in dem Mehrfachsinne, daß sie eine Kreuzung zwischen Unternehmer und Tagelöhner, Selbstausbeuter und eigenem Herrn verkörpern, zugleich sozial hochsensible, hochkooperative und isolierte Arbeit über Kontinente hinweg in direkter Knechtschaft am Kunden leisten. Sie arbeiten am Kunstwerk des eigenen Lebens und zugleich unter dem Diktat der Konkurrenz und der globalisierten Macht der Konzerne. Die Streuung der Tätigkeiten und Einkommensquellen verringert das Risiko. Aber man darf sich auch nicht als Alleskönner darstellen und anbieten. Man würde dadurch nur ein von allen Hunden der Konkurrenz Gehetzter. Auch das Besondere, die eigene Marktnische sowie das Kompetenz- und Vertrauenskapital in der Zusammenarbeit mit Kollegen und Kunden würde aufs Spiel gesetzt. Anders gesagt: Eine Kunst des Durchwurstelns blüht auf.

> Scheinselbständige sind eine Kreuzung zwischen Unternehmer und Tagelöhner.

»Muddling Through beschreibt eine neue Gesellschaft von Selbständigen. Diese Ein-Mann-, Eine-Frau-Unternehmen haben mit hergebrachten Vorstellungen von Unternehmertum nur bedingt etwas gemein. Unternehmerziel ist in jedem Falle viel eher die Ausgestaltung der eigenen Biographie als die Eroberung des Weltmarktes. Hat das Durchwursteln Erfolg – um so besser. Doch im Zweifelsfalle kann ein schlecht bezahlter Dienstleistungsjob genauso akzeptierter und sinnstiftender Teil der individuellen Erwerbsjob-Biographie sein. Eine solche Biographie ist dann naturgemäß auch voller Brüche und Widersprüche, Ausbildungen werden abgebrochen und neu begonnen, Mac-Jobs und Unternehmensgründungen stehen oft gleichrangig nebeneinander, alles ist zu einem ganz individuellen Geflecht von Tätigkeiten und Beschäftigungen verwoben. Eines aber ist allen diesen Lebenskonstruktionen gemein: Sie stehen jenseits der klassischen Arbeitnehmerbiographie, jenseits von ÖTV und BAT, Tarifverhandlungen und Bausparverträgen.«[30]

Und sie begründen eine neue prekäre Kultur der Selbständigkeit: »Unternehmer in eigener Sache«.

Szenario 8: Individualisierung der Arbeit – Zerfall der Gesellschaft

»Lindas neues Arbeitsleben hat Schattenseiten. Vor allem lebt sie dauernd in einer Wolke aus Angst, sie werde nicht den nächsten Job finden. In mancher Hinsicht fühlt sich Linda isoliert und verletzbar. Sie wird von der

Furcht getrieben, ausgegrenzt zu werden, beispielsweise wollte sie nicht, daß ihr Name in diesem Artikel erscheint. Aber die Freiheit, ihr eigener Boß zu sein, wiegt ihre Unsicherheit auf. Linda baut ihr Leben und ihren Alltag um die Sorge für ihren Sohn auf. Sie entwirft ihre eigenen Verpflichtungen. Und sie wird auf diese Weise zum Pionier einer neuen Arbeitswelt.«[31]

Wir sind Augenzeugen einer historischen Kehrtwende in der Evolution der Arbeitsgesellschaft: Stand die Erste Moderne unter dem Vorzeichen der Normierung und Standardisierung der Arbeit, so zeichnet sich mit der Zweiten Moderne das Gegenprinzip der Individualisierung der Arbeit ab. Dabei spielen die neuen Möglichkeitsräume der Informationsarbeitsgesellschaft eine wichtige Rolle. Die neuen Technologien – und wir stehen bekanntlich erst am Anfang einer Entwicklung, die sich dauernd selbst revolutioniert – ermöglichen zu gleicher Zeit eine Dezentralisierung der Arbeitsaufgaben und deren Koordination in Interaktionsnetzwerken in Realzeit, sei es über Kontinente, sei es über Flure hinweg. Die damit Schritt für Schritt einhergehende *innere Globalisierung* der ehemals »betrieblichen«, sprich: ortsgebundenen Organisationsstruktur der Arbeit führt zu einer schleichenden Implosion von Basisunterscheidungen und Grundselbstverständlichkeiten. Dafür stehen die neuen revolutionären Rätselwörter aus der Gesellschaftsretorte des Managements, die als »Fremdwörter« in fast allen Sprachen der Welt der Arbeitsentwicklung den Weg weisen: Lean Production, Subcontracting, Outsourcing, Offshoring, Consulting, Downsizing und Customizing.

Der auffälligste Indikator für diese Entwicklungsrichtung ist darin zu sehen, daß diese im neuen schillernden Wortsinn prekären und bunten Beschäftigungsformen diejenige Kategorie von Arbeit sind, welche die höchste Wachstumsrate aufweist. Galt immer schon für die südeuropäischen Länder wie Italien und Spanien, daß die informelle Arbeit einen erheblichen Anteil der Gesamtarbeit ausmacht – nämlich mehr als 30 Prozent –, so gilt dies nun auch für die Speerspitzen neoliberaler Reformpolitik: Großbritannien und die USA. Das Vereinigte Königreich war der Vorreiter der Standardisierung der Arbeit, heute ist es wiederum der Vorreiter der Individualisierung der Arbeit. Schon Anfang der 90er Jahre betrug der Anteil der Nichtnormarbeit fast 40 Prozent (der Großteil arbeitet Teilzeit und davon wiederum 85 Prozent Frauen); diese Destandardisierung der Arbeit hat sich seitdem noch beschleunigt.[32]

> **Dafür stehen die neuen revolutionären Rätselwörter aus der Gesellschaftsretorte des Managements.**

Beide, die OECD und die International Labour Organization (ILO), berichten, daß Teilzeit in den 80er und 90er Jahren praktisch in allen frühindustrialisierten Ländern rapide zugenommen hat, und schon Anfang der 90er Jahre zwischen 30 und 40 Prozent lag (die Sammelkategorie »flexible Arbeit« umfasst Teilzeit, geringfügige und vorübergehende Beschäftigung, Scheinselbständige usw.).

Wo Individualisierung der Lebenswelten und Individualisierung der Arbeitswelten zusammentreffen und sich wechselseitig verstärken, droht die Gesellschaft zu zerfallen. »Unter den Bedingungen der Netzwerk-Gesellschaft ist das Kapital global koordiniert, während Arbeit individualisiert ist. Der Kampf zwischen ganz verschiedenen Kapitalisten einerseits und divergenten Arbeiterklassen andererseits geht unter in dem fundamentaleren Widerspruch zwischen der reinen Logik der Kapital-Ströme und den kulturellen Werten menschlicher Erfahrung.«[33]

Vielleicht läßt sich diese durchkapitalisierte Lebensarbeitsform in einer Satire einfangen.

Abmahnung – eine Satire

Der Kapitalismus ist jung und haßt Krücken, Prothesen und Rollstühle.

»Der schlimmste Fall der sozialen Marktwirtschaft ist der Pflegefall. Er fällt zur Pflege, und d.h.: er fällt, und d.h.: er wirft zuwenig für andere ab. Der Kapitalismus ist jung und haßt Krücken, Prothesen und Rollstühle. Wer krank ist, ist ein Anti-Kapitalist und stört den Betrieb. Wer noch kränker ist, ist ein Terrorist und gefährdet Arbeitsplätze. Wer kranker als krank ist, mißbraucht das soziale Netz und den guten Willen der Unternehmer. Lohnfortzahlung im Krankheitsfall führt zum Sozialismus, Lohnfortzahlung muß weg! ...
Seit wir jünger geworden sind, sind wir leistungsfähiger. Kaum einer von uns, der nicht die Kraft der fünf Mac-Jobs hätte! Alle tragen in der Früh um 5 fünf Zeitungen aus, führen danach fünf Hunde Gassi, braten danach halbtags Hamburger, helfen danach zur anderen Hälfte des Tages im Bio-Laden aus oder in einer chemischen Reinigung, bevor sie abends noch kellnern gehen. Die Dienstleistungsgesellschaft erhält uns eben alle jung. Wer nicht flexibel ist und keine vier Beine hat, hat die Dollarzeichen der Zeit einfach nicht verstanden. Selber Schuld, Alter!
Wir sind jung, die Globalisierung steht uns offen, heißt die Parole. Ja, das macht nur noch graue Haare, und Solidarität ist wie Haarausfall und Mundgeruch auf einmal. Alle putzen sich morgens die Zähne mit Elmex, bevor sie sich abends mit Aronal die Beute von den Hauern reiben. Der Blendax des Kapitals heißt eben die Zähne zeigen.
Seit wir jünger geworden sind, haben wir die ... Demokratie, die wir ja,

> ja heißen, und den Kommunismus, den wir nein, nein schimpfen, mittlerweile sind wir uns alle nähergekommen und haben uns vernetzt und verwebt, verkabelt und verfunkt. Immer mehr Arbeitslose holen sich schnell und problemlos ihre Löhne und Gehälter per City-Banking ab. Immer mehr Obdachlose und Asylanten nehmen sich die Freiheit und schreiben sich Visa-Karten von allen Orten der Welt. Immer mehr Mitbürger gehen an die Börse oder legen ihr Geld in Aktien oder sonstwie oder auf sonstwen an. Nur wer noch kein Handy hat, legt an sich selbst ein Handy an!«[34]

Szenario 9: Die Gesellschaft der pluralen Tätigkeiten

Alle bisherigen Zukunftsszenarien bleiben – im Hoffen oder Bangen – der Zentralität der Erwerbsarbeit für Gesellschaft, Biographie und Politik verhaftet. Wenn allerdings die Annahme geteilt wird, daß das Erwerbsvolumen schrumpft, bedarf es eines Paradigmenwechsels, eines Wechsels des Bezugsrahmens, und es stellt sich die Frage: Welche Leitidee(n) können an die Stelle der auf Erwerbsarbeit zentrierten Gesellschaft treten? Oder anders formuliert: Inwieweit zeichnen sich in den Lebens- und Arbeitsbedingungen und -entwürfen der Menschen schon heute alternative Leitbilder jenseits der Vollbeschäftigungsgesellschaft ab?

Zwei solcher nacharbeitsgesellschaftlicher Szenarien, die in der Öffentlichkeit bereits kontrovers präsent sind, will ich nun kurz skizzieren: in diesem Abschnitt die Gesellschaft der pluralen Tätigkeiten, im nächsten die Freizeitgesellschaft. Einen dritten Entwurf, Europa als transnationale Bürgergesellschaft, werde ich dann in den letzten zwei Kapiteln dieses Essays ausführlich entfalten.

Im Übergang von der Arbeitsgesellschaft zur Gesellschaft der pluralen Tätigkeiten wird die Frage: Arbeit – was ist das?, neu beantwortet. Die »Tätigkeitsgesellschaft« schließt zwar auch den Bezug der Erwerbsarbeit ein, aber eben nur noch als eine Tätigkeitsform neben anderen: Familienarbeit, Elternarbeit, Selbstarbeit, ehrenamtliche Tätigkeiten, politisches Handeln. Damit wird etwas Selbstverständliches in das Blickfeld gerückt, nämlich die Tatsache, daß das alltägliche Leben und Arbeiten der Menschen auf das Prokrustesbett *pluraler* Tätigkeiten aufgespannt ist – ein Grundsachverhalt, der im Blickwinkel der auf Erwerbsarbeit zentrierten Gesellschaft meist abgedunkelt bleibt.

> Arbeit – was ist das?

Erwerbsarbeit, so schreibt Elisabeth Beck-Gernsheim, war immer schon ein »Anderthalb-Personen-Beruf«.[35] Das sogenannte Normalarbeitsverhältnis war auf den Mann zugeschnitten, der im Hintergrund eine Ehefrau hatte, die sich um das »Übrige« – Haushalt, Kinder, Essen, Waschen, Putzen, emotionale Balance, Alltagstherapie etc. – kümmerte. Insbesondere die feministische Bewegung und die Frauenforschung haben immer wieder gegen das monolithische Verständnis, demzufolge Berufsarbeit, und nur diese, alle gesellschaftliche Bedeutsamkeit auf sich vereint, heftigen Widerspruch erhoben.

Doch diese Öffnung der monogamen Arbeits- zur pluralen Tätigkeitsgesellschaft ist äußerst voraussetzungsvoll. So muß sich nicht nur in den Amtsstuben, im Recht und in der Politik, sondern vor allem auch in den Köpfen der Menschen – der Männer – einiges ändern. Die Vorstellung, daß soziale Identität und Status nur über Berufsarbeit und Karriere vermittelt werden, muß aufgebrochen und überwunden werden; auch müssen soziales Ansehen und soziale Sicherheit tatsächlich von der Erwerbsarbeit abgekoppelt werden. Dies setzt nicht nur die Bereitschaft und Fähigkeit voraus, sich vielfältig Einkommensquellen zu erschließen – z.B. neben der Erwerbsarbeit auch Einkommen aus Kapital (ein oft zynischer Ratschlag, der Obdachlosen besonders weiterhilft) –, sondern es muß auch ein System der Grundsicherung geschaffen werden, das im Kern ein Recht auf ein diskontinuierliches Arbeitsleben beinhaltet.

> **Die Rede von der »pluralen Tätigkeitsgesellschaft« hat einen beachtenswerten Doppelsinn.**

Die Rede von der »pluralen Tätigkeitsgesellschaft« hat einen beachtenswerten Doppelsinn. Einerseits könnten die Unternehmen daraus eine höhere Flexibilität der Arbeitenden für ihre Zwecke ableiten. Dies wäre beispielsweise dann der Fall, wenn sich verschiedene Betriebe zusammenschlössen, um einen gemeinsamen Kreis von Beschäftigten zu bilden, die dann einmal in diesem, einmal in jenem Betrieb eingesetzt würden. Hier erhielten die Arbeitenden auch einen »Vielfach-Arbeitsvertrag«; dieser gäbe ihnen aber keine neue Autonomie über ihre Lebenszeit, sondern lieferte sie mehr denn je der schwankenden Nachfrage und rationellsten Verwendung ihrer Arbeitsfähigkeiten in wechselnden Betrieben aus.[36] Bezeichnenderweise nimmt diese Klasse »permanenter Zeit-Arbeiter« gerade auch in den Beschäftigungsbereichen, die hohes Prestige und gute Bezahlung mit hohen technologischen Qualifikationen verbinden, rapide zu. Diese »Mehrfach-Arbeitskräfte« tun oft die gleiche Arbeit wie permanent Beschäftigte, erhalten hohe

Bezahlung, aber haben weniger soziale Sicherheit, bezahlten Urlaub etc. Dort, wo die neuen Arbeitsplätze entstehen – im High-Tech-Bereich –, bedienen sich gerade zentrale Firmen wie Microsoft, AT&T, Boeing etc. dieser Variante hochflexibler Beschäftigung. 1986 lag die Zahl der permanent zwischen verschiedenen Firmen wechselnd Beschäftigten bei 800.000. In den USA waren es 1997 bereits 2,5 Millionen oder zwei Prozent der Beschäftigten – mit steigender Tendenz. Diese Art eines »Mehrfach-Beschäftigungsvertrages« zwingt letztlich die Menschen dazu, immer mehr außerberufliche Tätigkeiten dem Zwang der Ökonomie unterzuordnen.

Andererseits schlägt eine Organisation »junger Manager« in Frankreich eine Art von Beschäftigungs-Vertrag vor, der jedem einzelnen die »Wiederaneignung der Zeit« ermöglicht. Die Verfügung über die eigene Zeit ist der »wahre Reichtum der kommenden Jahrzehnte und kann der Unterwerfung unter die ökonomischen Sachzwänge ein Ende bereiten ... Wenn man jedem Bürger die Fähigkeit, sich seines Zeit-Kapitals wieder zu bemächtigen, zurückgibt, dann muß man ihn von der Notwendigkeit befreien, diese Zeit zum Erwerb des Lebensunterhaltes festzulegen – sein Leben preiszugeben, um seinen Lebensunterhalt zu verdienen.«[37] Konkret geht es darum, daß im Rahmen einer Art ständiger (Tarif-)Verhandlung eine Arbeitszeitverkürzung vorgesehen ist, die sowohl pauschal (auf das jährliche oder mehrjährige Arbeitsvolumen bezogen) als auch individualisiert (auf die Wochen- und Monatsarbeitszeit bezogen) sein soll; diese Vertragsform soll es jedem und jeder ermöglichen, seine und ihre Zeitpläne zu wählen und zu gestalten. Das Unternehmen sichert den Arbeitenden das Einkommen und den Status, es sichert vor allem den Anspruch auf ein kontinuierliches Einkommen für ein von den Arbeiterinnen und Arbeitern selbstbestimmtes, diskontinuierliches Arbeitsleben. Diese Art Vielfach-Beschäftigungs-Vertrag geht davon aus, daß die Erwerbstätigen heute und in Zukunft einen Anspruch auf einen »frei gewählten Zeitrahmen« haben. Er ermöglicht sowohl den Betrieben eine höhere Flexibilität in der Nutzung der Arbeitskräfte als auch den Beschäftigten eine neue Art der Zeit-Autonomie, ein neues Verhältnis zur bezahlten Arbeit, weil damit zugleich die außererwerblichen Tätigkeitsfelder und der kulturelle Wert, ein »eigenes Leben« zu gestalten, anerkannt und abgesichert werden. Auf diese Weise könnte tatsächlich die Erwerbsgesellschaft von einer Gesellschaft der pluralen Tätigkeiten und Tätigen abgelöst werden.

> **Die Verfügung über die eigene Zeit ist der wahre Reichtum der kommenden Jahre.**

André Gorz fordert in seinem Buch *Arbeit zwischen Elend und Utopie* eine politische Neugestaltung der Gesellschaft. Diese Reform ist für das Überleben – oder besser: für die Wiederherstellung – einer Gesellschaft notwendig, in der sich sowohl die Personen als auch die Unternehmen durch die Nutzung der neuen Informationstechnologien entfalten können. Diese Gesellschaft sollte so eingerichtet sein, daß die Formen prekärer, diskontinuierlicher und sich radikal wandelnder bezahlter Arbeit nicht länger zum Zerfall der Gesellschaft führen, sondern neue Formen von Gesellschaftlichkeit und gesellschaftlichem Zusammenleben ermöglichen.

Im übrigen meinte schon Lord Keynes: Wir müssen »das Brot dünn auf die Butter streichen – um die Arbeit, die noch zu tun sein wird, so breit wie möglich zu verteilen. Drei-Stunden-Schichten und Fünfzehn-Stunden-Woche werden das Problem eine Weile strecken. Denn drei Stunden am Tag sollte genug sein, um den alten Adam in uns zu beruhigen.« Neue Formen, die Arbeit anders zu verteilen – die Arbeitszeitverkürzung ohne vollen Lohnausgleich, die Flexibilisierung, den Abbau von Überstunden und die Teilzeitarbeit –, werden aus folgenden Gründen nötig: Erstens sind sie die Antwort auf das zurückgehende Arbeitsvolumen angesichts des rasanten Produktivitätsfortschritts, zweitens können auf diese Weise neue Klassenspaltungen zwischen denjenigen, die zu viel, und denjenigen, die keine Arbeit haben, abgemildert oder verhindert werden. Nur wenn jede und jeder, Frauen und Männer auch ein Bein in der Erwerbsarbeit haben und das andere möglicherweise in der Bürgerarbeit, kann vermieden werden, daß der »dritte Sektor« (Rifkin) zum Armenghetto wird. Drittens antworten die Männer mit der drastischen Verkürzung ihrer Erwerbsarbeitszeit auch auf die zunehmende Erwerbsneigung der Frauen. Wie die Frauen um der Erwerbsarbeit willen aus der privaten Erziehungsarbeit aussteigen, so müssen die Männer um der privaten Kinderarbeit willen ihre Erwerbsbiographien bewußt unterbrechen und sich nicht wie Besessene an ihre Berufsarbeit klammern. Vielleicht ließe sich mit dem Prinzip »Kinderdienst statt Wehrdienst« dafür ein zusätzlicher Anreiz schaffen.

»Wir verbrennen Geigen, um Dampfmaschinen anzuheizen«, moniert Friethjof Bergmann. Um eine nicht mehr zukunftsfähige Beschäftigungsmaschinerie in Gang zu halten, werden die wertvollsten menschlichen und natürlichen Ressourcen vergeudet. Bergmann vertritt eine modifizierte Form von »Vollbeschäftigung«,

> »Wir müssen das Brot dünn auf die Butter streichen.«

denn die Idee, daß uns irgendwie die Arbeit ausgehen könnte, ist seiner Meinung nach ein Mißverständnis: Arbeit ist unendlich. Gemeint ist nicht bezahlte Arbeit, sondern die unendliche Fülle möglicher schöpferischer und sozial notwendiger Tätigkeiten.

Seine Vision: Zwei Tage in der Woche gehen jeder und jede einer bezahlten Beschäftigung nach, zwei Tage widmet man sich der Eigenarbeit, und an zwei Tagen »tun die Menschen das, was sie wirklich, wirklich wollen«. Das können handfeste Dinge sein, die sogar zu neuen, bezahlten Tätigkeiten führen. Bergmann will »das Gold in den Köpfen der Menschen« heben. Dieses Gold, glaubt er, läßt sich bei Obdachlosen und Arbeitslosen ebenso schöpfen wie bei Vielbeschäftigten.[38]

> Das Gold in den Köpfen der Menschen heben

Das Modell der pluralen Tätigkeitsgesellschaft besagt also: Nicht das Entweder-Oder, sondern das Und, der Wechsel zwischen Erwerbsarbeit, Familienarbeit, Bürgerarbeit etc. gewinnt in Zukunft an Bedeutung. Heißt das, daß das Leitbild zerrissener, widersprüchlicher Frauenarbeit zwischen den gesellschaftlich getrennten Tätigkeitsfeldern zur Norm wird?

Szenario 10: Die Freizeitgesellschaft

Bereits Friedrich Nietzsche hat in *Menschliches, Allzumenschliches* ironisch nachgezeichnet, wie das Andere der Arbeit, wie Spiel und Muße von der Arbeit und ihren Wertmaßstäben durchdrungen werden:

> »Die Arbeit bekommt immer mehr alles gute Gewissen auf ihre Seite: der Hang zur Freude nennt sich bereits ›Bedürfnis der Erholung‹ und fängt an, sich vor sich selber zu schämen. ›Man ist es seiner Gesundheit schuldig‹ – so redet man, wenn man auf einer Landpartie ertappt wird. Ja, es könnte bald soweit kommen, daß man einem Hange zur *vita contemplativa* (zum Spazierengehen mit Gedanken und Freunden) nicht ohne Selbstverachtung und schlechtes Gewissen nachgäbe.«

Das Gegenbild zur Arbeitsgesellschaft wäre demnach die Muße-, die Freizeitgesellschaft. Die Gefahr ist vorhanden, daß im hochentwickelten Westen eine neue Klassenspaltung zwischen den Aktiven und den Passiven entsteht. Die Kulturindustrien werden die aus dem Arbeitsprozeß Gestoßenen immer mehr »zu rundum betreuungsbedürftigen Zerstreuungspatienten degradieren« (Guggenberger). Daher ist es für den Weg ins 21. Jahrhundert wichtig, daß neben der Arbeits- eine Mußegesellschaft entsteht, die keine bloße Beschäftigungstherapie, kein Lückenbüßer mehr ist. Für diese gilt es, die »Kunst der Zeitverschwendung« und die »Kultivierung des Indirekten« neu zu entdecken und zu entfalten.[39]

Man sollte meinen, daß der Begriff der Muße, des *homo ludens*, sehr wohl eine Antithese zur Arbeitsgesellschaft trägt. Stimmt es nicht, daß das Spiel überall seinen Platz zurückerobert? Wohin man schaut: Die globalen Finanzmärkte haben den »Kasino-Kapitalismus« hervorgebracht, die Lotto-Spiele bewegen Millionen Menschen und Milliarden Dollar; dann die wichtigste Sache der Welt – der Sport –, der die Menschen fasziniert, ihre nationalen Aggressionsenergien bindet und sich immer wieder spektakulär in massenhaften Gewaltaktionen entlädt. Entsteht nicht mit der Verbreitung von Informationsindustrien eine neue Veralltäglichung des Spiels, und zwar nun genau umgekehrt so, daß das Spiel sich Räume in der Arbeitswelt zurückerobert?

Entscheidend bei der Muße und beim Spiel ist es wohl, daß die Dinge um ihrer selbst willen getan werden. In der Tradition wird unter dem Begriff des Spiels verstanden, was von Effizienz und Erfolg entbunden ist. Spielen setzt Zweckrationalität außer Kraft, erfolgt um des puren Vergnügens willen. Doch es gilt auch: Schon die Kids lernen heutzutage, über Computer-Spiele mit dem Computer umzugehen. Bestimmen sie sich frei im Spiel selbst oder sind sie potentielle Angestellte der Computer- und der Vergnügungsindustrie, die auch im Spiel schon harte Arbeit leisten? Der Autismus der Computer-Spiele läßt auf letzteres schließen.

Im übrigen sind Muße und Spiel ohne Arbeit (oder jedenfalls gesellschaftliche Aktivität) undenkbar. Sie bilden auf dem Cappuccino-Modell des Lebens das Sahnehäubchen und die Schokostreusel, die ohne den Kaffee des tätigen Lebens ihren Sinn verlieren. Zur Untätigkeit verdammte Zwangsmuße könnte leicht zur Höllenqual werden.

Fazit

> Selbst radikale Zukunftsentwürfe geben letztlich eine paradox-zirkuläre Antwort.

Auf die berühmte Frage Hannah Arendts, was entsteht, wenn der Arbeitsgesellschaft die Arbeit ausgeht, geben selbst radikale Zukunftsentwürfe letztlich die paradox-zirkuläre Antwort: Arbeit – statt bezahlter Arbeit Arbeit für ein Lächeln (Hausarbeit, Elternarbeit, ehrenamtliche Arbeit etc.). Alle Gegenentwürfe, die Brücken zum anderen Ufer der Arbeitsgesellschaft zu schlagen versuchen, behaupten: Es gibt kein Jenseits zur Arbeitsgesellschaft! Alles ist Arbeit, oder es ist nichts.

Dieser Wertimperialismus der Arbeit im Selbstverständnis der europäischen Moderne läßt sich an dem Abgrund von Antwortlosigkeit verdeutlichen, in den man mit dem Ende der Erwerbsarbeit zu blicken meint: Entlang welcher Koordinaten kann das Leben der Menschen geordnet werden, wenn die Disziplinierung durch Erwerbsarbeit entfällt? Ist der Verlust dieser Art von Arbeit nicht die Wurzel allen Übels: Drogenabhängigkeit, Kriminalität, Zerfall der Gesellschaft? Wie läßt sich die materielle Existenzgrundlage und der gesellschaftliche Status der Menschen sichern, wenn sie nicht mehr auf der eigenen Arbeitsleistung beruhen? Welche Vorstellungen von Gerechtigkeit, ja sogar von sozialer Ungleichheit können als Maßstäbe an die Lebensverhältnisse gelegt werden, wenn die Gesellschaft sich nicht mehr als »fleißige«, als arbeitsame »industria«-Gesellschaft versteht? Was meint Staat, wenn eine seiner wichtigsten Einnahmequellen – Erwerbsarbeit – versiegt? Wie wird Demokratie möglich, wenn diese nicht auf der Teilhabe an Erwerbsarbeit gründet? Oder: Wie bestimmt sich die soziale Identität der Arbeitsmenschen, die auf die Frage, was sie so machen, anderen und sich selbst nicht länger mit der berufsbezogenen Standardantwort antworten können? So läßt sich fast unendlich weiterfragen: Was heißt dann Herrschaft, Ordnung, Freiheit, ja Gesellschaft?

Es ist der Wunderglaube der Arbeit, des Arbeitsbürgers an sich selbst, an dem sich die Einsicht in die fortschreitende Erosion der Normalarbeit bricht. Der Bürger, der seinen Glauben an Gott verloren hat, glaubt an die Gottähnlichkeit seiner Hände Arbeit, die alles, was ihm heilig ist, schafft: Wohlstand, gesellschaftliche Stellung, Persönlichkeit, Lebenssinn, Demokratie, politischen Zusammenhalt. Man nenne mir einen Wert der Moderne, und ich mache mich anheischig nachzuweisen, daß er voraussetzt, was er verschweigt: Teilhabe an bezahlter Arbeit.

> Der Bürger, der seinen Glauben an Gott verloren hat, glaubt an die Gottähnlichkeit seiner Hände Arbeit.

Die Zukunfts-Szenarien der Arbeit und ihre Kritik

Diese in *Tab. 1* (S. 41) aufgelisteten zehn Szenarien spielen auf die eine oder andere Weise in diesem Buch eine wichtige Rolle. Gleichzeitig springen sie aber zu kurz, weil sie mehr oder weniger im Bannkreis der Arbeitsgesellschaft verharren; zugleich erscheinen sie mir auch aus weiteren wichtigen Gründen unzureichend:

Feminisierung der Arbeitswelt. Alle Positionen, welche an die Stelle der »monogamen Arbeit« (Peter Gross) Szenarien der Multi-Aktivität und Mehrgleisigkeit setzen, laufen leicht auf ein Nullsummen-Spiel geschlechtsspezifischer Arbeitsteilung hinaus. In ihnen wird aus der Not eine Tugend gemacht, indem die Schattentätigkeiten – Hausarbeit, Elternarbeit, Selbstarbeit, ehrenamtliche Tätigkeiten etc. – zur neuen Mitte und Sinnquelle jenseits der Erwerbsgesellschaft hochgejubelt werden.

> **Der Weg in die Hölle ist häufig mit guten Absichten gepflastert.**

Der Weg in die Hölle ist häufig mit guten Absichten gepflastert. Was hier als zukünftige Gesellschaft an die Wand gemalt wird, läßt sich dementsprechend auch als *prekäre Feminisierung* der Arbeitswelt kennzeichnen und kritisieren. Richtig ist, daß Männer, die nur für ihren Erwerb arbeiten müssen, bedauernswert sind. Ihnen fehlt etwas Wichtiges: Elternarbeit, Eigenarbeit usw. Zugleich aber macht die Umverteilung des Mangels, die darauf hinausläuft, das Prekäre, Diskontinuierliche, Widersprüchliche der Frauen-Arbeiten und Frauen-Lebenswelten soll nun auch für Männer gelten, wenig Sinn. Jedenfalls dann, wenn sich die Vision in dieser Umkehrung des bisherigen Gleichheitsideals erschöpft: Nicht mehr die Frauen sollen in die Norm-Arbeit integriert werden, sondern die Männer in die Nichtnorm-Arbeit der Frauen.

Heißt das nicht, alle, auch die Männer selbst, verfangen sich in der »patriarchalen Falle«, die sie mit der symbolischen Aufwertung von Haus- und Eigenarbeit aufgestellt haben? In irgendeinem Sinne mag das Private politisch sein. Aber diese neue Angleichung ans Prekäre zwischen den Geschlechtern kaschiert nicht nur einen kollektiven Abstieg, sie begräbt auch in den kollektiven Strudeln der privaten Querelen einmal mehr die politische Gesellschaft.

Rhetorik der »Vollbeschäftigung«. Viele Szenarien der dualen oder pluralen Tätigkeitsgesellschaft laufen auf eine Worttäuschung hinaus: Sie behalten das hohe Versprechen der »Vollbeschäftigung«

bei, kehren aber zugleich den Inhalt in das Gegenteil: Bezahlte, fremdbestimmte soll durch unbezahlte, selbstbestimmte Arbeit ersetzt werden.

Der schönen Rede von der »selbsttätigen Bürgergesellschaft« haftet schnell der Geruch der Notlüge an. »Selbsttätigkeit« heißt nämlich dann: kein Kündigungsschutz am Arbeitsplatz! Keine gewerkschaftlich ausgehandelten Arbeitsverträge! Mehr Eigenbeteiligung für die Kranken! Selbstversorgung im Alter! Kurz, die Rede von der »selbsttätigen Gesellschaft« ist dann nichts anderes als die größte Sparmaßnahme aller Zeiten im öffentlichen Dienst und in der privaten Wirtschaft.

> Die Rede von der »selbsttätigen Gesellschaft« ist dann nichts anderes als die größte Sparmaßnahme aller Zeiten.

Ökologische Kritik. Auch ist die Frage an die einzelnen Zukunftsmodelle zu stellen, inwieweit sie wirklich die ökologische Kritik an der Erwerbsarbeit ernstnehmen und beantworten.[40] Mit jeder Arbeit wird nicht nur Gebrauchtes und Erwünschtes, sondern eben auch Abfall erzeugt.[41] Gerade Erwerbsarbeit ist durch eine »doppelte Zweckstruktur« verfremdet. Das gegenüber dem konkreten Arbeitszweck abstrakte Eigeninteresse an Einkommen, Arbeitssicherheit, Status kann immer nur dadurch verfolgt werden, daß die Inhalte und ökologischen Folgen der Arbeit für andere ausgeblendet, im Sinne der ökonomischen Eigeninteressen der Arbeitenden zugeschnitten und »instrumentalisiert« werden. Wer beispielsweise unter diesen Bedingungen ein Problem wirklich löst, macht sich selbst arbeitslos.[42] Ökologisch ist daher Skepsis nötig, ob beispielsweise durch die Umverteilung dieser Arbeit irgend etwas verbessert wird. Nur wenn die naturzerstörerische Seite der Arbeit ins Blickfeld gerückt wird, kann sinnvoll ein »zukunftsfähiger« Grundlagenwandel der Arbeitsgesellschaft eingeleitet werden. Anders gesagt: Die zerstörerische Kraft der Arbeit wird nicht dadurch aufgehoben, daß diese nun informell, dual, plural, unbezahlt, in Eigeninitiative oder sonstwie ausgeführt wird.

Die Frage nach der inklusiven Gesellschaft. Alle Auswege aus der Arbeitslosigkeit müssen sich schließlich daran messen lassen, ob sie wirklich jenen helfen, denen sie zu helfen vorgeben: den Bedürftigen, den von Ausschluß Bedrohten? Wenn beispielsweise von »Freizeitgesellschaft« und »Mußegesellschaft« die Rede ist, dann mag das für die Weltwohlfahrtsnische Deutschland gelten und dort auch nur für den kleiner werdenden Kreis der wohldotierten und dauerhaft Beschäftigten, nicht aber für die Masse der »Prekären«. Entscheidend ist letztlich aber die Frage: »Wer ist an Bord, und wer ist nicht an Bord?« – wie Ralf Dahrendorf formuliert. Was wird getan, um jede(n) einzuschließen in die Chancen, die diese Gesellschaft bietet? Was muß also politisch geschehen, damit alle diejenigen, die jenseits der klassischen Karrieren etwas tun – sei es auf eine gewisse Zeit, sei es unter prekären Vertragsbedingungen, sei es ohne jeglichen Vertrag –, dennoch volle Bürger bleiben oder werden? Wie kann also das Grundrecht, an den Grundrechten der Moderne teilzuhaben, angesichts der Deregulierung und dem Ausfransen der Arbeitsgesellschaft erneuert werden?

Was muß politisch geschehen, damit das Grundrecht, an den Grundrechten teilzuhaben, erneuert wird?

Das Risikoregime: Wie die Arbeitsgesellschaft zur Risikogesellschaft wird

Die öffentlichen Debatten beherrschen immer dieselben Krisen, dieselben Erklärungen, dieselben Vorschläge, diese zu bewältigen. Vollbeschäftigung ist möglich, heißt es, wenn die Weichen auf Wirtschaftswachstum umgestellt werden: Löhne und Lohnnebenkosten senken, Arbeitslosengeld und Sozialhilfe senken, Steuern senken, Anreize zur Investition schaffen, bürokratische Regelungen abschaffen, Ausbildung verbessern, Risikokapital bereitstellen. Billigjobs staatlich subventionieren. Wenn es richtig ist, daß ein hoher Grad von Standardisierung die Voraussetzung für Automation ist, dann kann diese Argumentation bald menschenlos von Computer-Stimmen abgespult werden. Und doch, sie steht und fällt mit einer Prämisse, die hier systematisch bezweifelt werden soll.

Es wird nämlich oft selbstverständlich davon ausgegangen, daß die bevorstehenden Rationalisierungswellen zwar zu drastischen Veränderungen im, aber nicht des Erwerbsarbeitssystems führen. Man argumentiert und handelt auf der Basis einer Kontinuitätsprämisse in den kategorialen Grunddimensionen und Leitideen des Beschäftigungssystems (Betrieb, Arbeitsplatz, Beruf, Lohnarbeit, Wirtschaftswachstum, Gegensatz von Arbeit und Kapital etc.). Es wird ausgeschlossen, daß in den aktuellen oder bevorstehenden (informationstechnologischen, aber auch sozialen und rechtlichen) Modernisierungsschüben eine Verfassungsänderung des Beschäftigungssystems in Gang gesetzt wurde und gehalten wird.

Im Paradigma der Zweiten Moderne steht dagegen genau dieser Systemwandel der Erwerbsarbeit im Zentrum. Auch auf die Gefahr übergroßer Vereinfachung hin schlage ich folgende Unterscheidung vor: Die anhaltende Debatte um Aufstieg und Fall fordistischer Massenproduktion, des Massenkonsums und standardisierter Vollbeschäftigung sowie – dementsprechend – das Bild der formierten Gesellschaft und die politische Rezeptur des Keynesianismus gehört dem Paradigma der Ersten Moderne an. In der Zweiten Moderne hingegen regiert das Risikoregime – und zwar in allen Feldern: Wirtschaft, Gesellschaft und Politik. Die angemessene Unterscheidung ist also nicht die zwischen industrieller und postindustrieller oder fordistischer und postfordistischer Wirtschaft, sondern die zwischen den Sicherheiten, Gewißheiten, den klaren Grenzen der Ersten Moderne und den Unsicherheiten, Ungewißheiten, Entgrenzungen der Zweiten Moderne.

In der Zweiten Moderne regiert das Risikoregime.

Es ist sinnvoll zu unterscheiden zwischen der kognitiven und prekären Unsicherheit, die aus Unsicherheiten des Urteils und der Konturlosigkeit der Übergangsgesellschaft resultieren, und dem (relativ) sicheren Urteil, daß die Zukunftsgesellschaft vom Risikoregime geprägt ist. Vom Risikoregime zu sprechen bedeutet nicht ein Übergangsphänomen im Auge zu haben. Gemeint ist das absehbare und begrifflich klar bestimmte Unschärfe-Prinzip, welches das Bild von Arbeit, Gesellschaft und Politik in der Zweiten Moderne prägt – auch wenn die damit verbundenen Sozialstrukturen oder individuellen, gesellschaftlichen und politischen Antworten heute noch nicht wirklich absehbar, geschweige denn ablesbar ausgeprägt sind.

Dem Fordismus entsprach eine normierte Gesellschaft. Mit dem Risikoregime werden den Menschen individuelle Lebensentwürfe, Mobilität und Formen der Selbstversorgung zugemutet. Die neue Mitte wird zur prekären Mitte. Armut wird »dynamisiert«, d.h.: in Lebensabschnitte zerhackt und quer verteilt. Sie wird zu einer »normalen«, immer öfter nicht mehr nur vorübergehenden Erfahrung auch der gesellschaftlichen Mitte. Beruhten der Fordismus und die Politik des Keynesianismus auf den Grenzen des Nationalstaates, also dem Verständnis und den Steuerungspotentialen einer nationalen Politik und Gesellschaft, so wird im Risikoregime dieses Ordnungsbild aufgehoben und durch den Zwang ersetzt, sich am Weltmarkt und in der Weltgesellschaft zu verorten und zu behaupten.

Der Risiko-Begriff und entsprechend auch das Risikoregime

schillern ambivalent, Risiko kann verstanden werden als Aktivierungsprinzip, welches das zivilisatorische Abenteuer preist – nach dem Motto: »Am Rande des Vulkans zu tanzen ist die schönste Metapher, die ich für Risiko kenne. Und den Mut zum Risiko aufzubringen ist das großartigste Motiv von allen zu tanzen.« (Maurice Béjart) Risiko meint aber im Gegenextrem auch die schleichende oder galoppierende Selbstgefährdung der menschlichen Zivilisation und Zivilität, die katastrophische Möglichkeit also, daß Fortschritt in Barbarei umschlägt. Es aktiviert, so gewendet, ein Vorsorge- und Moratoriumsprinzip. Wenn man auch dafür eine Metapher sucht, kann man sagen: Die Weltrisikogesellschaft balanciert jenseits der (privaten) Versicherungsgrenze, welche die erste Moderne zur Kontrollierbarkeit unvorhersehbarer Entscheidungsfolgen errichtet hatte. Die (Versicherungs-)Wirtschaft und nicht etwa soziale Bewegungen der Technik- und Ökologiekritik betätigt mit dem Urteil »nicht versichert/versicherbar« den Schlagbaum zu unkontrollierbaren Folgen und Gefahren alter und neuer Technologien, beispielsweise der Kernenergie/Atomkraftwerke, die nur staatlich und gemessen an ihrem Zerstörungspotential völlig unzureichend versichert sind; aber auch Biotechnologie und Humangenetik, wo, was die Folgen betrifft, letztlich alle im Nebel wissenschaftlich erzeugter Ungewißheit herumstochern, ohne daß die Versicherungsfrage bislang wirklich aufgeworfen wurde. Es gilt aber auch: Risiken, die öffentlich wahrgenommen werden, politisieren, denn sie wirbeln die Frage nach der Verantwortung auf und zwar gerade auch dort, wo diese Frage, gemessen an den geltenden Regeln der Zurechnung in Ethik, Recht und Wissenschaft, schwer oder gar nicht zu beantworten ist.

Derartige Ambivalenzen des Risikoregimes möchte ich dazu nutzen, zwei Entwicklungspfade der Gesellschaft jenseits der Vollbeschäftigung zu unterscheiden, die auch, mindestens untergründig, politische Kontroversen bestimmen. Auf der einen Seite wird die »Entsicherung« des fordistischen Normalarbeitssystems als naturwüchsiger Prozeß begrüßt und politisch forciert. Diese paradoxe Abschaffung von Politik und Gesellschaft durch Politik und Gesellschaft bezeichne ich hier als Brasilianisierung des Westens. Ich werde sie in den folgenden Abschnitten entfalten und ausmalen. Es handelt sich um die Nebenfolgen des *american way,* der nach dem Zusammenbruch des Ost-West-Gegensatzes eine Leitbildfunktion für die Modernisierung in allen Teilen der Welt übernommen hat.

> **Die Weltrisikogesellschaft balanciert jenseits der (privaten) Versicherungsgrenze.**

Auf der anderen Seite gibt die Dominanz des Risikoregimes zu der Frage Anlaß, wie der Verlust an Sicherheit umgemünzt werden kann in eine Entfaltung sozialer Kreativität, wie jenseits der Vollkasko-Gesellschaft Sicherheit und politische Freiheit neu aufeinander abgestimmt werden können. Diese Utopie der politischen Bürgergesellschaft kann der europäische Weg in die Zweite Moderne sein, der die Ursprungsidee von Politik und Demokratie neu ausbuchstabiert. Beide Entwicklungsvarianten verweisen auch auf den Grundzug der neuen Arbeitsvielfalt in der Zweiten Moderne: Die Antwort- und Arrangementmöglichkeiten auf betrieblicher, individueller, gesellschaftlicher und politischer Ebene multiplizieren und pluralisieren sich. Entsprechend laufen die Arbeitsprofile, die historisch entstehen, auf das genaue Gegenbild der quasi-naturalistischen Vision von der postindustriellen Dienstleistungsgesellschaft hinaus, die letztlich auf einem amerikanischen Ethnozentrismus beruht.

> Wie kann der Verlust an Sicherheit in eine Entfaltung sozialer Kreativität umgemünzt werden?

Das Risikoregime besagt: Die Zukunft der Arbeit wird durch mehr als eine Entwicklungsrichtung zwischen und innerhalb verschiedener Dimensionen gekennzeichnet sein. Die Vorstellung, daß eine einzige dominante wirtschaftliche Dynamik – etwa die Digitalisierung oder die Flexibilisierung der Produktion – in der Lage ist, die globale Wirtschaft nach einem einheitlichen Schema und auf ein einheitliches Ziel hin zu transformieren, gehört der Vorstellungswelt der Ersten Moderne an, die von der wirtschaftlichen Dynamik längst überrollt worden ist. Risikoregime meint also den Zwang zur Entscheidung, meint Individualisierung und Pluralisierung – allerdings auf dem Hintergrund fabrizierter Unsicherheiten und Ungewißheiten.

Die Dimensionen des Risikoregimes

Risikoregime sind vernetzte, Sektoren- und Fachgrenzen durchkreuzende Regime, welche die Frage nach der Gesellschaft neu stellen. Dies ist daher der Fall, weil »auf den ersten Blick ›arbeitsmarktferne‹ Entwicklungen für die Zukunft der Arbeit u.U. von weit größerer Bedeutung sein werden als die bereits seit langem absehbaren, demographischen Verwerfungen oder die ebenso absehbaren Krisen veralteter Industrien.«[43]

Das Risikoregime – d.h. die politische Ökonomie der Unsicherheit, Ungewißheit und Entgrenzung – kann in den folgenden Dimensionen entfaltet und untersucht werden: Globalisierung, Ökologisierung, Digitalisierung, Individualisierung und Politisierung der Arbeit.

Globalisierung. Während im fordistischen Regime nur ortsgebunden gearbeitet und produziert wurde, setzt das Risikoregime eine in ihren Folgen heute noch gar nicht absehbare soziale Enträumlichung von Arbeit und Produktion in Gang. Die Dialektik von Globalisierung und Lokalisierung habe ich bereits erwähnt. Man hat das auch durch das Adjektiv »virtuell« zu fassen versucht: das virtuelle Unternehmen, das virtuelle Produkt, die virtuelle Arbeit und Kooperation. »Virtuell« ist aber nicht im Sinne von »fiktiv« zu verstehen, sondern im Sinne einer neuartigen, ortsübergreifenden sozialräumlichen Organisation von Produktion und Arbeit. Ein Globalisierungsrisiko kommt u.a. nicht nur darin zum Ausdruck, daß die Folgen dieser ortsdiffusen Arbeitsweise unvorhersehbar sind, sondern daß die Risiken transnationaler Kapitalströme absehbar die in ihrem Schwergewicht kulturell-ortsgebundene Arbeit treffen, damit aber Gesellschaft und Staat in ihren Grundlagen gefährden! Millionen neuer Arbeitsloser und Armer in Indonesien und anderen südostasiatischen Ländern sprechen diese Sprache. Auch ist es unmöglich, sich gegen diese ökonomischen Globalisierungsrisiken (staatlich oder privat) zu versichern.

Ökologisierung. Wo im risikosensiblen Westen technologische und ökologische Risiken öffentlich ausgemalt werden, zerbrechen Märkte, wird Kapital entwertet, sehen sich Experten und ganze Berufsgruppen auf die öffentliche Anklagebank versetzt. Konkret: Ökologierisiken verwandeln sich in Kapital-, in Arbeitsmarkt- und in Berufsrisiken. Zugleich aber bewirken sie eine Umverteilung von Marktchancen für Kapital und Arbeit. So entstehen neue Berufsbilder, Arbeitsplätze, Produktionszweige, Produkt- und Dienstleistungsketten, die Risikodefinitionen in neue Märkte verwandeln – vom Müllsortierer und Landschaftsplaner über den Exportschlager Umwelttechnologien bis zu mehr oder weniger »grünen« Lebensmitteln, Baustoffen, Möbeln, also Ein- und Ausrichtungen des alltäglichen Lebens.

Ökologisierung und Globalisierung bedingen und verschärfen sich wechselseitig. In den vergangenen zwei Jahrzehnten hat sich

> Ökologierisiken verwandeln sich in Kapitalkrisen.

die freie Weltmarktideologie über den Globus verbreitet, mit der Folge: Die Umweltzerstörungen haben sich im Siegschatten des Neoliberalismus in etwa so ausgebreitet, wie dies für die sowjetische Zentralplanungswirtschaft in Zeiten des Kalten Krieges galt. Auf dem Hintergrund freier Handelszonen, wie sie mit GATT und NAFTA geschaffen wurden, ist der Konsum in den reichsten Ländern praktisch außer Kontrolle geraten. Er hat sich in weniger als 25 Jahren versechsfacht, wie die UNO berichtet. Mit anderen Worten: Die reichsten 20 Prozent der Menschen konsumieren grob sechsmal so viel an Nahrungsmitteln, Energie, Wasser, Verkehr, Öl und Mineralstoffen, wie dies ihre Eltern taten.

Digitalisierung. Auch sie erzwingt, ja ermöglicht Globalisierung (und Individualisierung). Die entstehende globale Wirtschaft ist nicht zu verwechseln mit dem »Weltsystem«, von dem Fernand Braudel und Immanuel Wallerstein sprechen. Die globale Digitalisierung und Vernetzung der Wirtschaft zielt auf eine Wirtschaft, die über die Kapazität verfügt, als Einheit in Realzeit in planetarischer Reichweite zu arbeiten. Digitalisierung ist am Ende mit einer neuen Art von Alphabetisierung gleichzusetzen: Wer die Computersprache nicht beherrscht, sieht sich aus dem Kreis gesellschaftlicher Kommunikation ausgeschlossen. Zugleich prägt nicht nur die »Grammatik« der Digitaltechnik die Weltauffassung. Diese bestimmt auch die Reichweite und Ziele der Flexibilisierung, Virtualisierung und Rationalisierung der Arbeit. Es entsteht ein neuer Wissensarbeiter-Typus des »High-Tech-Nomaden« oder besser vernetzten Arbeits-Nomaden. Diese entwickeln durch die neue Technologie die Fähigkeit, zugleich hier und dort zu sein, die Schwerkraft des Raumes aufzuheben. Für sie gilt nicht mehr das Entweder-Oder, sondern das Und. Sie sind gleichzeitig am Arbeitsplatz und zuhause, isoliert und arbeiten doch mit anderen zusammen und für andere – im entfernungslosen Raum über Grenzen und Kontinente hinweg, aber doch im Hier und Jetzt konkret vernetzt.

> Wer die Computersprache nicht beherrscht, sieht sich aus dem Kreis gesellschaftlicher Kommunikation ausgeschlossen.

Individualisierung der Arbeit. Das ist vielleicht die zentrale Folge der Flexibilisierung der Arbeit. In ihr trifft dreierlei zusammen: Der lebensweltliche Prozeß der Enttraditionalisierung, d.h., die Normalbiographie wird zur Wahl- oder Bastelbiographie. Die Arbeit wird zeitlich und vertraglich »zerhackt«, der Konsum wird individualisiert. Es entstehen individualisierte Produkte und Märkte.

Politisierung. Hier ist es erforderlich, zwei Gesichtspunkte und Entwicklungslinien zu unterscheiden. Zum einen geht es um die Subpolitisierung von Wirtschaft und Arbeit. Diese entsteht daraus, daß durch die eben genannten Dimensionen des Risikoregimes die Grundselbstverständlichkeiten des bisherigen Arbeitens und Lebens in Frage stehen; aber auch daraus, daß in Fragen der Gestaltung von Produktion und Arbeit niemand mehr auf eindeutige Lösungen pochen kann. In diesem Sinne führt also die wissenschaftlich erzeugte und gewußte Ungewißheit ebenso wie die Tatsache, daß praktisch in allen Handlungsfeldern alternative Lösungsmodelle und Expertenmeinungen miteinander konkurrieren, zu einer Subpolitisierung von Wirtschaft und Arbeit. Denn:

> »Die Vervielfältigung der Möglichkeiten bei gleichzeitig wachsender Vernetzung von Strukturen und Effekten bedeutet immer mehr auch einen Zuwachs an Unsicherheiten und Uneindeutigkeiten. Weil immer mehr Möglichkeiten und eventuelle Nebenfolgen berücksichtigt werden müssen, wird es immer schwerer, bestimmte Ziele und bestimmte Lösungen rein positiv zu bestimmen und als unabweisbaren ›Sachzwang‹ darzustellen ... So ist bei vielen Innovationsprojekten umstritten, ob sie nicht mehr Schaden bringen als Nutzen stiften und mehr Probleme aufwerfen als lösen.« [44]

Zum anderen schloß der »fordistische Konsens« den wirtschaftlich-politischen Kompromiß des »Arbeitsbürgers« ein. Dieser gab im Glauben an den steigenden Lebensstandard die klassenkämpferische Rhetorik an der Garderobe zur Arbeit ab und befleißigte sich eines (dosierten) demokratischen Engagements außerhalb der Arbeit in den Arenen der Politik (Wahlbeteiligung). Dieser fordistische Arbeitsbürger verliert nun aber im Zuge der Globalisierung und Individualisierung der Arbeit materiell den Boden unter den Füßen und wird auf diese Weise politisiert. Die Schlüsselfragen lauten: Wie wird Demokratie jenseits der Vollbeschäftigungsgesellschaft möglich? Wie muß das Recht auf diskontinuierliche Erwerbsarbeit beschaffen sein und sozial abgesichert werden? Wie und wie weit kann die Entfaltung und Grundfinanzierung einer selbstverantwortlichen Bürgergesellschaft bislang staatlich-politisch monopolisierte Aufgaben ergänzend oder ganz übernehmen? In diesem Buch soll sie im Felde der Arbeit ausbuchstabiert und wenigstens in Ansätzen in seinen biographischen, gesellschaftlichen und politischen Folgen durchdacht werden: zunächst die Brasilianisierung des Westens, dann die politische Gesellschaft in weltbürgerlicher Absicht.

In Fragen der Gestaltung von Produktion und Arbeit kann niemand mehr auf eindeutige Lösungen pochen.

Offene Arbeitsorganisation, plurale Erwerbsarbeit

Kein Zweifel, das Risikoregime bestimmt und kennzeichnet wirtschaftliches Handeln unter Bedingungen weltweit offener Märkte und Konkurrenz: Ob sich der Dollarkurs ändert, die Zinssätze steigen oder fallen, die ostasiatischen oder südamerikanischen Banken und Märkte schwanken, ob Greenpeace interveniert und die Konsumenten ökologisch rebellieren, ob die Regierungen die Benzinpreise und Grenzwerte hochsetzen, ob die Unternehmen neue Produkte auf den Markt bringen, fusionieren, sich teilen oder plötzlich verschwinden – die Auftragslage, Investitionsentscheidungen, Managementstrategien ändern sich von einem Jahr zum anderen, von einem Quartal zum anderen, von einer Woche zur nächsten. Das Risikoregime der Wirtschaft meint: Im Prinzip ist alles möglich und nichts vorhersehbar und kontrollierbar. In dieser Welt globaler Risiken wird das fordistische Regime standardisierter Massenproduktion auf der Grundlage starrer, segmentierter, hierarchischer Arbeitsteilung zu einem zentralen Hindernis der Kapitalverwertung. Wo die Nachfrage unvorhersehbar ist, und zwar in quantitativer und qualitativer Hinsicht, wo die Märkte weltweit diversifiziert und damit unkontrollierbar sind, wo Informationstechnologien zugleich neuartige dezentrale und globale Produktionsweisen ermöglichen, entfallen die Grundlagen standardisierter Produktion und Arbeit, wie sie in der »wissenschaftlichen Betriebsführung« von Taylor ausformuliert und von Lenin für die sowjetische Arbeitsphilosophie und -organisation übernommen wurden. Denn die Rigidität des fordistischen Regimes treibt die Kosten hoch.

> Im Prinzip ist alles möglich und nichts vorhersehbar und kontrollierbar.

Wenn die Nachfrage steigt, müssen die Betriebe teure Sonderschichten fahren. In der Flaute müssen die überzähligen Produkte – z.B. Autos – zu Zehntausenden auf Werkparkplätzen abgestellt werden und sind danach nur noch zu Niedrigpreisen zu verkaufen. Oder die Firmen drosseln die Produktion durch Kurzarbeit und Entlassungen. In langwierigen Verhandlungen müssen teure Sozialpläne geschmiedet werden. Neue Produkte bedeuten neue Betriebsorganisationen, also Schließungen und Neugründungen. Dies kann vermieden bzw. minimiert werden, wenn es gelingt, das Risikoregime offener Weltmärkte zu übertragen und zu übersetzen in die Regulationsrisiken offener Arbeitsorganisation und Beschäftigungsverhältnisse. So wird die Rechts- und Biographieform der Arbeit von normierter Sicherheit auf dereguliertes Risiko umgestellt.

Das in den vergangenen 100 Jahren in Europa z.T. durch heftige soziale Konflikte entstandene Beschäftigungssystem beruhte auf hochgradigen Standardisierungen des Arbeitsvertrages und Arbeitseinsatzes – und zwar sowohl in den zeitlichen als auch in den räumlichen Normierungen. Mit der Risikoregulation entsteht nun ein entstandardisiertes, fragmentiertes, plurales »Unterbeschäftigungssystem« mit hochflexiblen, arbeitszeitlich und räumlich dezentralen, deregulierten Einsatzformen von Erwerbsarbeit.

> **Die Grenzen zwischen Arbeit und Nicht-Arbeit beginnen zu verschwimmen.**

Die Folgen u.a.: Die Grenzen zwischen Arbeit und Nicht-Arbeit beginnen sowohl in der Zeit- als auch in der Orts- und Vertragsdimension zu verschwimmen, Erwerbsarbeit und Arbeitslosigkeit diffundieren und werden daher von ihren Rändern her mehr und mehr gesellschaftlich unsichtbar. An die Stelle der in Hochhäusern und Fabrikhallen zusammengeballten Betriebsförmigkeit der Arbeit tritt die ortsdiffuse, nach außen und innen nicht mehr eindeutig in Märkte, Produkte, Kunden, Arbeitnehmer, Unternehmer abgrenzbare und insofern unsichtbare Betriebsorganisation. Dasselbe gilt für die Arbeitslosigkeit. Auch sie wird unsichtbar, weil sie im Niemandsland zwischen Beschäftigung und Nichtbeschäftigung »versickert«. Letztlich geschieht damit nichts wesentlich Neues. Es wird »nur« die Unsichtbarkeit der Kapitalverflechtung auf die Ebene der Arbeitsorganisation übertragen – mit übrigens ähnlichen Gewinnen an verdeckten Organisations- und Neuvernetzungsmöglichkeiten für das betriebliche Management.

Arbeitszeitflexibilisierung: weniger Geld, aber souveräner

Die Abstimmung des wirtschaftlichen Risikoregimes mit der Risikoregulation der Beschäftigung läßt sich eindrucksvoll an den Arbeitszeitmodellen verdeutlichen, mit denen die schwankende Auftragslage der Unternehmen und der Zeithaushalt der Beschäftigten aufeinander abgestimmt werden sollen. Als Daumenregel kann gelten: Es gibt inzwischen fast so viele Arbeitszeitmodelle wie Unternehmen. Keines ist wie das andere, aber alle orientieren sich am Leitbild der Lunge, die je nach Auftragslage und Beschäftigungswünschen ein- und ausatmet.

»Die Kölner Ford-Werke z.B. atmen mit Hilfe sogenannter Zeitkonten. Die Beschäftigten arbeiten 37,5 Stunden, obwohl im Metall-Tarifvertrag 35 Stunden stehen – und bekommen dafür pro Woche 2,5 Stunden auf ihrem

Zeitkonto gutgeschrieben. Daneben können sie noch für weitere 70 Stunden pro Jahr zusätzlich ans Band oder ins Büro gerufen werden, die ebenfalls auf das Konto fließen. Wenn es weniger zu tun gibt, buchen die Mitarbeiter Zeit von ihrem Konto ab, als wäre es Geld – und erhalten freie Tage. ›So können wir auf Schwankungen der Arbeitsmenge optimal antworten‹, sagt Richard Goebbels, Personalleiter bei Ford in Köln ...
Steigt heute bei Opel in Rüsselsheim die Zahl der Aufträge oder sinkt sie, so bewegt sich die Arbeitszeit reibungslos mit. Zeitkorridor, nennt Opel sein Modell. Die Arbeitswoche kennt keine feste Stundenzahl. Sie liegt irgendwo zwischen 31 und 38,75 Stunden. Die Auftragslage gibt den Takt an. Ähnlich bei Audi: Dort heißt das Instrument reguläre Samstagsarbeit. Nehmen etwa im Frühjahr die Bestellungen zu, werden vier Samstage zusätzlich eingeschoben, ohne daß Audi zusätzlich bezahlen muß. Als Ausgleich gibt es im Herbst, wenn die Nachfrage erfahrungsgemäß sinkt, vier Freitage frei ...
Bei IBM heißt die jüngste Errungenschaft Vertrauensarbeitszeit. Es gibt keine Zeitkonten und keine Korridore mehr. Jeder kontrolliert seine Arbeitszeit selbst. Den Mitarbeitern wird für einen bestimmten Zeitraum eine Gesamt-Arbeitszeit zugeteilt – wie jeder einzelne Mitarbeiter sich die Zeit einteilt, ob er tagsüber arbeitet oder nachts, daheim oder in der Firma, ist seine Sache ...
Neu an den flexiblen Arbeitszeiten ist, daß die Arbeitgeber für die Produktionsanpassung nicht mehr zahlen müssen. Umgekehrt heißt das: Die Arbeitnehmer erhalten keine Zuschläge für zeitweise Mehrarbeit.«[45]

Viele vermuten, daß mit der Flexibilisierung der Arbeitszeiten tiefgreifende Rückwirkungen auf das gesellschaftliche Leben und Zusammenleben verbunden sind, daß nun die Individuen flüchtig und bindungslos vagabundieren. Doch das historische Experiment, das VW in Wolfsburg mit der Einführung der Vier-Tage-Woche in Form gleitender Arbeitszeiten gemacht hat, bestätigt diese Befürchtungen nicht. Zwar löst sich die »wunderschöne Maschine«, die aus Wolfsburg eine Gemeinschaft der Gleichversorgten und Gleichgesinnten macht, im Rhythmus der flexiblen Arbeitszeiten auf. Aber die Vorstellung, daß überall »flexible Menschen« auf Inline-Skates durch die Stadt schwirren, das Vereinsleben verwaist und am Ende die Vier-Tage-Woche sich gar als »Ehe-Killer« betätigt, wird von den ersten sozialwissenschaftlichen Studien nicht bestätigt.

Das historische Experiment von VW bestätigt diese Befürchtungen nicht.

»Die Vier-Tage-Woche, sagt der Eheberater, lag schon auf meiner Couch. Die Leute hätten mehr Zeit gehabt und anfangs mehr Probleme. Schwelende Konflikte seien in traditionellen Ehen ausgebrochen: Der Mann will plötzlich mitreden bei der Kindererziehung, im Haushalt. Die Frau verteidigt ihr Reich. Es kommt zum Machtkampf. Kürzere Arbeitszeiten erfordern Anpassung, sagt der Eheberater. Aber daß mehr Scheidungen die Folge sind, kann ich nicht erkennen. Im Gegenteil: Wer sich erst daran gewöhnt hat, stellt fest, daß er mehr Zeit für Familie und Hobbys hat.«

Die Skeptiker vermuten Einbrüche in der Freizeitbranche. Doch für das VW-Experiment gilt das Gegenteil: jedes Jahr zweistellige Zuwachsraten. Der Reiseunternehmer berichtet:

»Für wohlbestallte Frührentner bucht er Mallorca, für die Flex-Arbeiter Fernreisen, manchmal sechs Wochen lang. Die haben jetzt mehr Freizeit und können sie blocken. Wo gibt's das sonst? Der Reiseverkäufer beugt sich über den Tisch und flüstert: Bangkok läuft weiter wie früher. Ich will das nicht werten, ist ja unser Geschäft.«

Vielleicht schlägt sich die flexible Arbeitszeit in Leseunlust nieder?

»Natürlich hatten wir erwartet, daß es bei uns bald aussehen könnte wie im Ruhrgebiet, sagt der Inhaber des größten Wolfsburger Buchgeschäfts Jens Großkopf. Ist aber nicht passiert. Als Buchhändler hat er gelernt, an den Sortimenten zu erkennen, was sich in der Gesellschaft tut. Die Vier-Tage-Woche stärkt die Warengruppen 5 und 10. 5, das ist Reise; 10 ist Gesundheit, Do it Yourself und Hobbys. Früher gingen Fontane und Böll, sagt Großkopf, heute Asthma und Teneriffa.«[46]

Kosten statt Köpfe: Flexibilisierung als Umverteilungspolitik. Selbstverständlich muß weder die zeitliche und räumliche noch die vertragliche Entstandardisierung der Erwerbsarbeit für alle Teilbereiche des Beschäftigungssystems einheitlich, parallel und gleichzeitig erfolgen. Auch kann heute noch nicht abgesehen werden, wo diese Entstandardisierung auf sachliche und/oder politische Grenzen trifft, welche Funktionsbereiche (und damit Berufsgruppen, Branchen, Abteilungen) also von ihr unberührt bleiben. Schon jetzt läßt sich aber sagen, daß die arbeitszeitliche Flexibilisierung nicht einkommensneutral erfolgen kann. Das heißt: Mit der Teilung der Arbeitszeit (die ja nicht dem Ziel einer Über-, sondern einer Generalisierung der Unterbeschäftigung, dem Abbau der Arbeitslosigkeit dient) geht eine Umverteilung des Einkommens (der sozialen Sicherung, der Karrierechancen) nach unten einher, im Sinne eines kollektiven Abstiegs. Arbeitszeitpolitik ist immer auch Umverteilungspolitik und schafft neue soziale Unsicherheiten und Ungleichheiten. Hierin liegt auch wesentlich sowohl der Widerstand der Gewerkschaften als auch das Vorpreschen vieler Unternehmen begründet. Dies gilt auch dann, wenn flexible Formen der Unterbeschäftigung auf großes Interesse bei (insbesondere jüngeren) Frauen und Männern treffen, weil so mehr Zeitautonomie gewonnen und Erwerbsarbeit und Familienarbeit, Arbeit und Leben besser und neu aufeinander abgestimmt werden können.

> Arbeitszeitpolitik ist immer auch Umverteilungspolitik.

Man kann diese Umverteilungspolitik wiederum am Vorzeigeexperiment VW-Wolfsburg verdeutlichen. Als Anfang der 90er Jahre sich die Krisensymptome verstärkten, die Kosten explodierten und gleichzeitig immer weniger Menschen einen VW haben wollten, waren plötzlich 15.000 Menschen zu viel beschäftigt. Doch die Konzernspitze beschloß, nicht mit dem Prinzip zu brechen: VW entläßt nicht. So schmiedete man Pläne, Arbeit durch Umverteilung zugleich billiger zu machen und rentabler einzusetzen: »Kosten statt Köpfe«, lautete die Devise. Das bedeutete volle Auslastung der Betriebskapazitäten, die VW-Beschäftigten arbeiteten 20 Prozent weniger und verdienten 15 Prozent weniger. Da gab es viel Streit, Angst und Sorge. Die einen fürchteten um ihren Lebensstandard, die anderen, Gewerkschaften und Betriebsräte, um ihren Einfluß. Doch am Ende ist die Angst Episode geblieben. »Die Lohnkürzung war schon irgendwie in Ordnung«, sagt ein Arbeiter heute. »Wir klagen über Einbußen, aber auf hohem Niveau.« Seit der Kürzung verdient man bei VW noch so viel wie anderswo, allerdings in vier statt in fünf Tagen. Daher ist dieses Realexperiment auch nicht übertragbar.

Nach der bisher umfassendsten Untersuchung hat die Belegschaft von VW die neue Arbeitswelt weitgehend akzeptiert.[47] Nur 16 Prozent der Befragten äußerten sich »unzufrieden« oder »sehr unzufrieden«. Überraschenderweise sind ausgerechnet in der untersten Einkommensgruppe die Arbeitenden sehr angetan vom neuen Arbeitsmodell. Die Unzufriedenheit wächst mit steigendem Einkommen. Niedrigqualifizierte, folgern die Sozialforscher, schätzen die Sicherung des Arbeitsplatzes, während hochqualifizierte Angestellte darüber klagen, daß sie in weniger Zeit mehr arbeiten müssen – »Leistungsverdichtung« wird das genannt. Die Annahme, die Einkommenseinbuße sei das zentrale Problem der 28,8-Stunden-Woche, bestätigt sich nicht. Das Fazit lautet: Je attraktiver die Arbeitszeitmodelle, desto größer die Bereitschaft zu radikalen Arbeitszeitverkürzungen. Frauen – insbesondere mit Kindern – sind deutlich zufriedener als Männer, jüngere akzeptieren die neue Arbeitswelt leichter als ältere Arbeitnehmer.

Mit der räumlichen Dekonzentration können allerdings die Souveränitätsgewinne der Arbeitenden über ihre Arbeit mit einer Privatisierung der gesundheitlichen und psychischen Risiken dieser Arbeit einhergehen. Arbeitsschutznormen entziehen sich in dezentralen Arbeitsformen öffentlicher Kontrolle, und die Kosten für

Die Unzufriedenheit wächst mit steigendem Einkommen.

ihre Übertretung oder Einhaltung werden auf die Arbeitenden abgewälzt (ebenso übrigens wie die Betriebe die Kosten für die zentrale Organisation der Erwerbsarbeit von den Gebäudekosten bis zur Wartung des elektronischen Geräteparks einsparen).

Akademische Billigjobs. Zur Auflösung der Arbeitszeit und des Arbeitsortes kommt die Auflösung des Normalarbeitsvertrages. Diese vertragliche Individualisierung, die Einführung prekärer Billigjobs, vollzieht sich nicht nur auf der untersten, sondern auch auf der obersten Stufe der Qualifikationshierarchie, wie das folgende Beispiel illustriert:

»Keith Hoellers akademischer Karriere schien nichts mehr im Wege zu stehen. Als er 1982 seinen Doktortitel in Philosophie an Land zog, hatte er es bereits zu zehn wissenschaftlichen Veröffentlichungen gebracht, ein Stipendium der französischen Regierung ergattert sowie ein Jahr als Gastdozent an der Universität von Seattle gearbeitet. Sogar im Aufsichtsgremium einer renommierten Fachzeitschrift saß er, was meist nur Professoren vergönnt ist. Doch der Durchbruch des Aufsteigers blieb aus. Über die letzten 16 Jahre schlitterte er von einem befristeten Arbeitsverhältnis ins nächste. Seine vorläufig letzte Station: ein College im US-Bundesstaat Washington, wo er zwölf Vorlesungen pro Jahr hält – auf Teilzeitbasis. Nur 26.000 Dollar pro Jahr bringt ihm der Job ein. Der Traum vom Lehrstuhl wird nie in Erfüllung gehen, ahnt der 50jährige. Noch nicht mal ein eigenes Büro wird ihm zugestanden. Denn Teilzeitdozenten sind willkommene Billiglohnkräfte für Amerikas Hochschulen, die unter sinkenden Bildungsetats und starker Konkurrenz leiden. Rund 45 Prozent der Hochschullehrer teilen Hoellers Schicksal, doppelt so viele wie in den 70er Jahren.
Die Colleges sparen gleich mehrfach: beim Gehalt, das etwa 40 Prozent des Vollzeit-Professors beträgt. Lästige Renten- und Krankenversicherungsbeiträge entfallen. Und noch einen Vorteil bieten die Teilzeitkräfte, der sie auch für die US-Wirtschaft so attraktiv macht: Sie können – anders als der Professor auf Lebenszeit – geheuert und gefeuert werden. Das ermöglicht den Hochschulen, schnell und flexibel auf wechselnde Vorlieben ihrer Kunden, der Studenten, zu reagieren.
Ein feiner Deal für die Universitäten, doch er spaltet die Fakultäten des Landes in zwei Klassen. ›Unterbezahlt und überarbeitet‹ fühlt sich Keith Hoeller. Honoriert wird nämlich nur seine Anwesenheit im Hörsaal. Für das Korrigieren von Prüfungen und die Unterrichtsvorbereitung sieht er keinen Cent. Auch die Spritkosten zahlt er aus eigener Tasche – wie soviele Teilzeitdozenten, die täglich zwischen drei oder vier Unis pendeln.«48

> Auch die Spritkosten zahlt er aus eigener Tasche.

Diese Möglichkeiten werden – zumindest für die private Wirtschaft – in Deutschland durch das »Beschäftigungsförderungsgesetz« (das zunächst als Provisorium gedacht war) gratifiziert. Mit ihm wird die rechtliche Grundlage für eine Deregulierung des Arbeitsmarkts und des Arbeitsrechts (Zeitverträge, Job-Sharing, Arbeit auf Abruf, Leiharbeit) geschaffen. Damit ist das Instrumentarium vorhanden, um die Individualisierung der Erwerbsarbeit rechtlich zu perfektionieren.

Daß *downsizing* Niedrig- wie Hochqualifizierte trifft, geht auch aus der 50/50-Regel hervor, die mittlerweile in der Wirtschaft der USA gilt: Diejenigen, die über 50 Jahre alt sind und über 50.000 Dollar im Jahr verdienen, sind die ersten, die es trifft, wenn Arbeitsplätze zerstückelt oder vernichtet werden.

Downsizing trifft auch Hochqualifizierte.

McJobber. Was heißt das eigentlich, wenn man so wenig verdient, daß man nur mit mehreren Jobs überlebt?

»Vor Ursula Münch liegt ein langer Tag: zwei Arbeitsstellen, mit einmal acht, einmal zwei Stunden, dazwischen vier Busfahrten, insgesamt gute drei Stunden mit zwölfmal umsteigen, dazu Einkaufen, Putzen, Kochen für die Kinder. Sie ist immer in Eile, meistens rennt sie zur Bushaltestelle. Um die 800 DM bleiben ihr netto in der Steuerklasse V aus ihrem Vollzeitjob bei einem McDonald's-Restaurant in Wiesbaden, wo sie 150 Stunden im Monat arbeitet. 610 DM verdient sie sich im Nebenjob als Reinigungskraft in einer Wiesbadener Behörde. Ihr Mann bringt 2.200 DM netto als Industriekaufmann nach Hause, so kommen sie über die Runden.
Ursula Münch ist auffällig ernst. Sie lacht nicht oft. ›Es geht uns gut‹, sagt sie in jedem Gespräch. Doch das, was man so betont, ist eines ganz gewiß nicht: selbstverständlich. Würden Herr und Frau Münch nur in Vollzeit arbeiten, läge ihr Einkommen unter Sozialhilfe-Niveau. Es stünde ihnen eine monatliche Hilfe zum Lebensunterhalt zu, rechnet das Wiesbadener Sozialamt auf Anfrage vor. Das haben Münchs aber noch nie beantragt. Da gehe sie lieber putzen – auch wenn sie schon mal während einer Busfahrt im Stehen einschläft. Frau Münch sieht ihren Mann unter der Woche nur nachts, wenn er schon schläft. Morgens, wenn sie aufsteht, ist er bereits weg. Wenn er nach Hause kommt, steht sie bei McDonald's hinter der Theke. Sie leistet sich den ausgedehnten Arbeitstag eines Spitzenmanagers, um diesen einen Satz sagen zu können: ›Wir haben alles, was wir brauchen.‹ Dabei geht es um Miete, Auto und Kleidung.
Ausflug in eine Arbeitswelt, von der viele nichts wissen. Im Hochlohnland Deutschland existieren Branchen, in denen Beschäftigte trotz Vollzeit-Tätigkeit unter Sozialhilfe-Niveau geraten. Vor allem dann, wenn Kinder zu ernähren sind. Die Erfolgsgeschichte einer Firma wie McDonald's Deutschland, die binnen 27 Jahren 850 Restaurants aufbaute, wurde erst möglich durch niedrige Stundenlöhne – derzeit fangen sie bei 10,72 DM an. Thomas Heyll, Geschäftsführer des Bundesverbandes der System-Gastronomie, dem Pizza Hut, Burger King und McDonald's angehören, empfahl Arbeitnehmern mit einem Nettogehalt von 1.500 DM: ›Entweder mehr Stunden arbei-

ten als die Regelarbeitszeit oder noch ein oder zwei weitere Jobs suchen.‹ Das findet auch der schwäbische Dienstleistungs-Unternehmer Peter Dussmann, der 37.000 Mitarbeiter weltweit beschäftigt, normal.«[49]

> **Die höchste Zuwachsrate überall auf der Welt haben flexible Arbeit und prekäre Beschäftigung.**

Die höchste Zuwachsrate überall auf der Welt haben flexible Arbeit und prekäre Beschäftigung. Das gilt auch für Deutschland. Von 1980 bis 1995 sank der Anteil von abhängig Beschäftigten in Normalarbeitsverhältnissen hierzulande von 80 auf etwa 68 Prozent. Noch Anfang der 70er Jahre standen einem Nicht-Normbeschäftigten fünf Normbeschäftigte gegenüber. Anfang der 80er Jahre lag das Verhältnis bei 1:4, Mitte der 80er Jahre bereits bei 1:3, Mitte der 90er Jahre bei 1:2. Bei Fortschreibung dieses Trends wird das Verhältnis in 15 Jahren bei 1:1 liegen. Nur die Hälfte der abhängig Beschäftigten hätte dann noch dauerhafte arbeits- und sozialrechtlich abgesicherte Vollarbeitsplätze.

Das Institut für Arbeitsmarkt und Berufsforschung schätzte für 1995 1,5 Millionen Scheinselbständige. Ein Drittel davon ist im Nebenberuf, also zusätzlich zu einer regulären Beschäftigung, tätig.[50] Schreibdienste, Kurierdienste, Versicherungsmakler, Lastwagenfahrer werden immer häufiger aus der Festanstellung entlassen und arbeiten auf eigenes Risiko, aber dennoch in Abhängigkeit vom »alten« Arbeitgeber.

Die Schätzungen über den Umfang von Schwarzarbeit liegen noch höher. Der Ökonom Friedrich Schneider beziffert für 1990 den Umsatz im Bereich der Schattenwirtschaft auf 560 Milliarden DM.[51] Die Vermutungen über die Verteilung der Schwarzarbeit auf Beschäftigte und Arbeitslose gehen auseinander. Aber oft wird unterstellt, daß der größte Teil der Schwarzarbeit aus dem Heer der Arbeitslosen stammt. So ergab eine Stichprobe, daß 63.000 von 70.000 überprüften Arbeitslosen nebenher schwarzarbeiten.[52] Diese Entwicklung, die die Kommission für Zukunftsfragen der Freistaaten Bayern und Sachsen für Deutschland dokumentiert hat, scheint im großen und ganzen typisch auch für andere frühindustrialisierte Länder zu sein. Zwar liegen für die USA keine exakten, konsistenten Zeitreihen für Beschäftigte in Nicht-Normarbeitsverhältnissen vor. Nach Angaben der OECD waren jedoch Mitte der 90er Jahre knapp ein Viertel der Beschäftigten in den USA teilzeit- oder prekär beschäftigt, während es 1982 noch ein Fünftel war.[53] Interessant ist, daß offenbar gerade im High-Tech-Bereich viele Unternehmen auf Nicht-Normarbeitsverhältnisse zurückgreifen, nämlich auf sogenannte *permanently temporary* – »permanent Prekäre«. Im Jahre 1986 betrug deren Anzahl in den USA 800.000, sie ist auf 2,5 Millionen im Jahr 1997 angewachsen. Das sind ungefähr zwei Prozent der Erwerbstätigen. Schätzungen bestätigen, daß diese »permanent Prekären« inzwischen zehn Prozent der Beschäftigten bei einem Fünftel der Konzerne ausmachen, nämlich bei den Spitzenfirmen im High-Tech-Bereich (wie Microsoft, AT&T).[54]

Die Möglichkeit, Arbeit zu zerstückeln und zu verknüpfen im Hinblick auf besondere Aufgaben und Ziele, und zwar an jedem Ort zu jeder Zeit, hat einen Machtraum virtueller Unternehmen geschaffen. Dieser entfaltet längst auch dort seine Wirksamkeit und Wirklichkeit, wo noch die alten institutionellen Schutzwälle der Vollbeschäftigungsgesellschaft intakt zu sein scheinen. Doch die Bedrohung der Virtualität ist überall gegenwärtig. Die grenzenlose Mobilität des Kapitals trifft auf »institutionelle« und kulturelle »Rigiditäten« der Arbeit, die in verschiedenen Ländern unterschiedlich ausgeprägt und rechtlich abgesichert sind. Damit ist die Entwicklungsrichtung vorgegeben: Durch die Auflösung von Arbeitszeit, Arbeitsort und Arbeitsvertrag wird in einem laufenden Realexperiment die Flexibilität der Arbeit bis an ihre Grenzen und darüber hinaus vorangetrieben und ausgetestet. Nicht, daß die Gesellschaft in Gewinner und Verlierer aufgespalten wird, ist also das Besondere des Risikoregimes. Galt dies doch für alle Gesellschaften in allen Epochen. Entscheidend ist vielmehr, daß selbst die Regeln, wie man gewinnt und verliert, für die arbeitenden Individuen unscharf und unfaßbar werden. Das Flexibilitätsregime heißt letzten Endes: Freue dich, dein Können ist veraltet und niemand kann dir sagen, was du lernen mußt, damit du in Zukunft noch gebraucht wirst!

> Doch die Bedrohung der Virtualität ist überall gegenwärtig.

Das Risikoregulativ verallgemeinert nicht nur die soziale Unsicherheit, sondern auch die kognitive und moralische Regel-Ungewißheit. Und es entstehen neue Dilemmata: Niemals war die Kreativität der Individuen so wichtig wie heute, wo die Produktinnovation von der schöpferischen Anwendung wissens- und informationstechnologischer Neuerungen abhängt. Aber niemals waren die Arbeitenden – unabhängig von ihren Fähigkeiten und Bildungsabschlüssen – verletzlicher als heute, wo sie individualisiert, ohne kollektive Gegenmacht und abhängiger denn je in flexiblen Netzen arbeiten, deren Sinn und Regeln für die meisten von ihnen unentzifferbar geworden sind.

Augen-zu-Politik und Kriminalisierung

Die neue Vielfalt des prekären Arbeitens ist politisch hochexplosiv. Es bleiben einer Politik, welche die Normalarbeitswelt wiederherzustellen versucht, letztlich nur drei Wege: Augen zu, kriminalisieren oder kanalisieren. Die Augen-zu-(Nicht)-Politik hat die alte Bundesregierung unter Kanzler Kohl praktiziert und *ad absurdum* geführt. Doch Dammbrüche werden durch Wegsehen bekanntlich nicht rückgängig gemacht. Gerade wenn politisch nichts geschieht, geschieht viel. Binnen zehn Jahren ist etwa die Zahl der sogenannten geringfügig Beschäftigten von 2,8 Millionen auf 5,6 Millionen hochgeschnellt. Die Folgen liegen auf der Hand: Wo die Ausnahme der nicht sozialpflichtigen Minijobs zur Regel geworden ist, gibt das alte Sozialversicherungssystem seinen Geist auf. Das heißt: Die Augen-zu-Politik nimmt billigend den schleichenden Exodus des Sozialstaates in Kauf.

Wer »nun erst recht« auf Vollbeschäftigung setzt, greift angesichts der Überflutung durch »abweichende« Beschäftigungsformen schnell zur Politik der Kriminalisierung. »Schauen Sie sich an, was alles in Unordnung ist. In Berlin gibt es ungezählte Schwarzarbeiter, Lohndumping und Scheinselbständigkeit. Die Leute verabschieden sich aus dem Versicherungssystem, obwohl sie arbeiten ... Das sind keine bunten Formen, das sind Gesetzesverstöße, die man auch Ausbeutung nennen kann«, schimpft die neue Familienministerin Christine Bergmann. Entsprechend sollen »illegale« Beschäftigung verboten, die Scheinselbständigkeit gestoppt, der »Mißbrauch« der 620-DM-Jobs verhindert, die Sozialversicherungspflicht für alle, gerade auch für die Billigjobs eingeführt werden. So hat es die neue Bundesregierung zum Programm erhoben. Arbeitsminister Riester setzt auf eine Kombination von Kriminalisieren und Kanalisieren, also eine Zuckerbrot-und-Peitsche-Politik. »Es geht nicht darum, zum alten Normalarbeitsverhältnis zurückzukehren«, sagt Riester. »Wir können nicht tatenlos zuschauen, wenn die alten Systeme nicht mehr funktionieren und ihre Regeln sogar gezielt mißbraucht werden. Gerade die Vielfalt braucht Regeln.« Welche? In der Beantwortung wird meist die »soziale Rationalität« verkannt, die dem Abschied vom Normalarbeitsverhältnis zugrundeliegt. Diese muß man als »Informalisierungszirkel« begreifen, d.h. als sich selbst verstärkende Bewegung und Bedeutung informeller Arbeit und Ökonomie unter Bedingung des Risikoregimes.

> »Die Leute verabschieden sich aus dem Versicherungssystem, obwohl sie arbeiten ...«

Die Gerechtigkeitslücke der Solidargemeinschaft

Die Preisfrage lautet: Wie kann Arbeit billiger werden, damit mehr Arbeitsplätze entstehen, zugleich die Solidargemeinschaft der sozialen Sicherheit erneuert und die Kosten (oder Einsparungen) sozial gerecht verteilt werden? Was liegt näher, als endlich die Sozialversicherungspflicht einzuführen. Das aber hat paradoxe Folgen, weil die Billigjobs damit das einbüßen, was sie in den Augen der Arbeitgeber so attraktiv macht – geringe Kosten und große Verfügbarkeit. Wenn man den Spieß umdreht und diese Jobs von der Pauschalbesteuerung (20 Prozent) freistellt, um dafür Sozialversicherungsbeiträge einzuziehen, dann fordert man zum einen den Protest derjenigen heraus, die die Steuer im wesentlichen kassieren – in Deutschland sind das die Landesregierungen. Zugleich aber muß man sich der Frage stellen: Was hat eine Nichtbesteuerung, welche die alleinerziehende McJobberin ebenso begünstigt wie die Unternehmergattin, die sich etwas dazuverdienen will, mit Gerechtigkeit zu tun? Oder warum sollen, wenn nun schon Sozialversicherungsbeiträge gezahlt werden, diejenigen, die dies tun, nicht auch entsprechende Rentenleistungen beanspruchen können? Davor sei der Teufel, wehrt die Regierung ab. Damit würde die Solidargemeinschaft überstrapaziert, weil geringe Eigenleistungen am Ende zu teuren Gegenleistungen berechtigen. Warum aber, muß man weiterfragen, sollen viele Beschäftigte bei voller Sozialversicherungspflicht für einen Schutz zahlen, den sie gar nicht brauchen, weil sie – wie Rentner oder Studenten – anderweitig abgesichert sind?

> Davor sei der Teufel, wehrt die Regierung ab.

Die Regel ist die Ausnahme. Die Arbeitswirklichkeit – und das ist pure Untertreibung – wird immer unübersichtlicher. Der ordnende Zugriff des Staates aber bedarf klarer Kategorien. Wie läßt sich das verbinden? Indem man die Ausnahme zur Regel macht. Das heißt Schaumschlägerei – viel Aktionismus ohne Aktion, ein Paradebeispiel symbolischer Politik, von der man bestenfalls noch sagen kann, daß sie aus Ahnungslosigkeit und in guter Absicht betrieben wird. Sicher, die Materie ist verhext, da sich hinter den scheinbar gleichen Arbeitskategorien gegensätzliche Wirklichkeiten verbergen, die niemand auf einen Nenner bringen kann. In der Gastronomie, beim Putzservice und im Einzelhandel regiert inzwischen weitgehend die prekäre Arbeit. Wer sie abschafft, gefährdet diese Wirtschaftszweige und Arbeitsplätze, die er eigentlich schaffen will.

Nach einem der Pläne des Arbeitsministeriums zahlen Minijobber mit mehr als 300 Mark in die Krankenkasse ein – aber nur, wenn sie, etwa über die Familie, ohnehin schon versichert sind. Ist man das nicht und verdient zwischen 300 und 620 Mark, muß der Arbeitgeber seinen Obulus an die Krankenkasse abführen – ein Versicherungsschutz resultiert aber nicht daraus. Gleiches gilt für die Arbeitslosenversicherung. Saisonkräfte sind von alledem nicht betroffen, über Ausnahmen für eine ganze Reihe von Berufsgruppen wie Zeitungsboten wird noch beraten. Alles klar? Der Versuch, die Regellosigkeit der Nicht-Normarbeit in Regeln zu gießen, schlägt in Realsatire um.

> Der Versuch, die Regellosigkeit der Nicht-Normarbeit in Regeln zu gießen, schlägt in Realsatire um.

Paradoxe Koalitionen / Koalisionen. Man kann auf die neuen Billigjobs mit besten Argumenten schimpfen, man kann sie sogar als Ausbeutungsstrategie des global agierenden Kapitals verteufeln, man darf sich jedoch nicht wundern, wenn diejenigen, die man schützen will, einem die Augen auskratzen. Billigjobs sind vor allem Frauenjobs (in Deutschland über 80 Prozent) – in ganz unterschiedlichen Lagen: alleinerziehende Mütter, die ihr Leben um die Sorge für ihre Kinder aufgebaut haben; oder verheiratete Mütter, denen zuhause die Decke auf den Kopf fällt, die einfach mal rauskommen und Anerkennung suchen, etwas für sich tun wollen und die vielleicht sogar den Zuverdienst in die dann notwendige Kinderbetreuung stecken. So oder so handelt es sich exakt um die Bilderbuch-Wählerinnen der Sozialdemokratie, die mit dem Etikett der »abweichenden« Arbeitsformen kriminalisiert werden – die kleinen Leute, die neue prekäre Mitte. Eine regelungswütige Politik bekommt es schnell mit dem paradoxen Phänomen zu tun, daß die Beschützten ihre Beschützer angreifen, damit aber – das ist die andere Seite der Medaille – ihre »Ausbeuter« schützen. Dabei kann die »perverse« Koalition von »Ausbeutern« und »Ausgebeuteten« leicht der Solidarität unsolidarischen Handelns überführt werden. Brechen sie nicht in stillschweigendem Einverständnis die Regeln der Solidargemeinschaft und versündigen sich damit nicht gegen diejenigen, die normkonform auf der Seite der Arbeitgeber wie der Arbeitnehmer ihre Sozialabgaben unter Ächzen und Stöhnen einzahlen?

Doch alle Politik, die willentlich oder absichtlich Billigjobs abschafft, schafft damit noch lange nicht den Bedarf nach dieser Art von Arbeit ab, weder auf Seiten der Wirtschaft noch auf Seiten der Bevölkerung. Das heißt: Die Politik der Kriminalisierung kommt einer sich selbstbestätigenden Prophezeiung gleich. Sie verstärkt das Abtauchen in die Schwarzarbeit und informellen Ökonomie, die sie als kriminell brandmarkt.

Verbilligung von Dienstleistungen für Bevölkerungsgruppen mit sinkendem Einkommen. Formelle Dienstleistungen (auch durch hohe Belastung und Steuer) sind teuer und werden für Bevölkerungsgruppen, deren Einkommen sinken, die aber ihren Lebensstandard halten wollen, unerschwinglich. Das Ausweichen auf die informelle Ökonomie kommt insofern dem Spargroschen gleich, mit dem einkommensschwache Gruppen ihren Lebensstandard zu halten versuchen.

Informalisierung als betriebliche Rationalisierungsstrategie. Die Ausweitung von Leiharbeit, Scheinselbständigkeit, Permanent-Prekären entspricht einer betrieblichen Rationalisierungsstrategie, in der sich für die Betriebe zentrale Vorteile verbinden: Verringerung von Lohnkosten, Erhöhung der Flexibilität und nicht zuletzt das Abwälzen von Risiken auf die Beschäftigten.

Abstiegsfallen und Zwickmühlen. Mit der Ausbreitung von Nicht-Normarbeit und Unterbeschäftigung wächst der individuelle Zwang, die Einkommenseinbußen durch mehr Arbeit auszugleichen. Entsprechend müssen Nebenjobs (schwarz, scheinselbständig oder teilzeitbeschäftigt) ausgeübt werden. Unterbeschäftigung und informelle Arbeiten erweitern also die Nachfrage nach Unterbeschäftigung und informeller Arbeit. Zugleich ist dieses Verhalten jedoch, auf alle bezogen, kollektiv schädigend. Denn auf diese Weise wird das Angebot an flexibler, prekärer Arbeit größer und die Position des einzelnen in diesem grauen Markt geschwächt, was weitere Einkommenseinbußen zur Folge hat. »Fehlen Mechanismen, die der Unterbieterkonkurrenz der Arbeitskraftanbieter ein unteres Limit setzen, entsteht die Gefahr von sich selbst verstärkenden Armutsprozessen.«[55] Übrigens: durch Arbeit. Was sich früher ausschloß, verbindet sich nun: Arbeit und Armut – *working poor.*

> Was sich früher ausschloß, verbindet sich nun: Arbeit und Armut.

Arbeitslosigkeit, Nicht-Arbeit, Schwarzarbeit. Arbeitslose haben viel Zeit und sind finanziell hochgradig unsicher. Paradoxerweise ver-

> **Paradoxerweise verpflichtet der Empfang von Arbeitslosengeld zum Nichtstun.**

pflichtet der Empfang von Arbeitslosengeld zum Nichtstun. Übertragen gedacht heißt das: Ein Verdurstender muß sich verpflichten, keinen Tropfen Wasser zu trinken, weil er täglich ein Glas Wasser zur Linderung seiner trockenen Kehle amtlich zugeteilt bekommt. Tut er dies nicht, gilt er als »Sozialbetrüger«, der sich am Niedergang des Gemeinwesens versündigt.

Diese sich zirkulär verstärkenden Prozesse – unauflösbar widersprüchliche Regelungsvielfalt, paradoxe Koalitionen, hohe Kosten wichtiger Dienstleistungen, Einkommenseinbußen, Informalität als betriebliche Rationalisierungsstrategie, Zeitüberfluß und hohe finanzielle Unsicherheit Arbeitsloser – begünstigen und beschleunigen die Ausbreitung der informellen Arbeit und Ökonomie.

Ohne Entkriminalisierung der informellen Ökonomie lassen sich also die Probleme am Arbeitsmarkt kaum erfolgreich bearbeiten. Dann aber brechen möglicherweise die Dämme. Die Entweder-oder-Politik – entweder Arbeit und Lohn oder arbeitslos – führt dazu, daß die neuen Risiken der Informalität auf die Arbeitenden abgewälzt werden. Umgekehrt kann es allerdings auch nicht darum gehen, daß sich der Staat angesichts des Dammbruchs der Normalarbeit zurückzieht und auf diese Weise die Auflösung der Normalität und der mit ihr verkoppelten sozialen Sicherungssysteme vielleicht sogar noch auf seine Fahnen schreibt. Das heißt: Die Politik gerät in die Zwickmühle zwischen Kriminalisierung und Anerkennung informeller Arbeit.

Ein Strukturpessimist könnte folgern: Das Dilemma einer Politik, die den Dammbruch der Normarbeit verhindern will, liegt darin, daß letztlich alle drei Alternativen – Wegsehen, kriminalisieren oder kanalisieren – auf ein und dasselbe hinauslaufen: Die Zukunft der Arbeit liegt in der Vermehrung der Billigjobs. Daß dies keineswegs der Fall sein muß, werde ich später zeigen. Hier nur eine erste Andeutung: Diese Schlußfolgerung gilt nämlich nur so lange, wie an der lebenslänglichen Vollzeit-Norm festgehalten wird. Es gibt aber auch ein Leben jenseits von Erwerbsstreß und Massenarbeitslosigkeit. Ein Bündnis für Arbeit »müßte erweitert werden zu einem Bündnis zur freiwilligen Nicht-Erwerbsarbeit« (Martin Kempe), will es erfolgreich sein. Das heißt: Es muß ein Recht auf diskontinuierliche Arbeit geschaffen werden, das es Frauen wie Männern erlaubt, zwischen den verschiedenen Praxisfeldern – Erwerbsarbeit, Familienarbeit, Bürgerarbeit – in eigener Regie zu wechseln.

Fazit

Wer ausschließlich die offene Arbeitslosigkeit skandalisiert, übersieht das eigentlich neue Phänomen, das zu einer paradoxen Annäherung zwischen den sogenannten »hochmodernen« und »vormodernen« Ländern führt: die Ersetzung von Norm- durch Nicht-Normarbeit. Das Wirtschaftswachstum unter den heutigen Weltmarktbedingungen macht die Vorstellung klassischer Vollbeschäftigung, also Arbeitsplätze auf Lebenszeit mit Karriere und allem, was dazu gehört, obsolet. Dies geschieht ganz offensichtlich in der Industrieproduktion, aber – was meist verheimlicht wird – gerade auch dort, wo viele Hoffnungsschwangere die neuen, attraktiven Arbeitsplätze für alle entstehen sehen: im Dienstleistungssektor der Wissensgesellschaft. Gerade im Brennpunkt des technologischen Fortschritts wird automatisiert, umgebaut, zerlegt, ins Ausland verlagert, laufen immer neue Rationalisierungswellen mit unabsehbarem Ausgang an. Alle Beschwörungen der guten alten Vollbeschäftigungsgesellschaft und ihrer Tugenden werden daran nichts ändern, ganz egal, was Politiker versprechen.

Doch der öffentlich zelebrierte Glaube an die Wiedergewinnung der Vollbeschäftigung leistet viel. Er entlastet die Öffentlichkeit und die Wissenschaft von unerträglich großen Fragen und die Politik davon, nicht nur handeln zu müssen, sondern das gesellschaftliche Zusammenleben auf neue Grundlagen zu stellen. Wer dagegen ein neues Job-Wunder à la USA, abgesegnet vom Modellplatonismus einer wirtschaftswissenschaftlichen Orthodoxie, verordnet, sagt letzten Endes: Schluckt doch endlich die bittere, neoliberale Medizin, und alles wird gut.

> Doch der öffentlich zelebrierte Glaube an die Wiedergewinnung der Vollbeschäftigung leistet viel.

Tausend prekäre Arbeitswelten – oder: Warum Europas Zukunft der Arbeit in Brasilien besichtigt werden kann

»Die Frage ist also: Was tun Menschen mit ihrer Zeit, woher kriegen sie ihren Lebensunterhalt und ihr Selbstbild? Das wird in den nächsten 100 Jahren anders aussehen als in den letzten 100 Jahren. Vor 100 Jahren gab es keine Arbeitslosigkeit, sie ist eine Erfindung des späten 19. Jahrhunderts. Vorher hatten Menschen kompliziertere Leben. Auch die Industriearbeiter hatten meist noch eine Beziehung zum Land oder zu anderen Lebenstätigkeiten. Jetzt kommt eine Zeit, in der wir wieder in andere Lebensformen hineinkommen – nicht alle, aber eine wachsende Zahl. Diese Lebensformen werden eher denen ähneln, die Frauen in den letzten Jahrzehnten gekannt haben, als denen der Männer, d.h., es werden nicht Karrieren sein, sondern Kombinationen von Teilzeit, gelegentlichen Arbeitsverträgen, von unbezahlter Arbeit und freiwilliger Tätigkeit für den Allgemeinnutzen, von einer ganzen Fülle von Dingen. Das Entscheidende ist: Dieser fundamentale Wandel sollte von der Politik erleichtert und nicht erschwert werden. Hier versagen die Politiker. Ihr Diskurs hält sich völlig in antiquierten Bahnen, während tatsächlich die Menschen schon längst auf anderen Wegen sind. Die Arbeitslosen sitzen ja nicht einfach herum oder stehen am Arbeitsamt Schlange, sondern sie suchen das, was man ein Portefolio an Tätigkeiten nennen könnte. Einige davon sind bezahlt, andere nicht. Es ist eine ganz verrückte Welt, in die wir da hineingeraten, gemessen an den starren Maßstäben der alten Arbeitsgesellschaft. Aber das ist der Übergang, und der tut manchen weh, solange er dauert, vor allem den Männern, die sich nicht daran gewöhnen können, daß der rigide Karrieregedanke einer Chance auf Lebenszeiten nicht mehr zukunftsträchtig ist.«[56]

> **Der Fahrstuhleffekt nach unten trifft keineswegs alle gleichermaßen.**

Doch der Fahrstuhleffekt nach unten, der Abstieg ins Prekäre trifft keineswegs alle gleichermaßen. Nach wie vor gilt international: Die Zunahme von ungesicherten und prekären Beschäftigungsformen bei Frauen übertrifft weiterhin die der Männer. Unter den *working poor* stellen Frauen den weit überwiegenden Anteil. Der Systemwandel der Erwerbsarbeit, der die Grauzone zwischen Arbeit und Nichtarbeit öffnet, vollzieht sich als Abstieg in die Armut, insbesondere für Frauen. Die wachsende Zahl auch von Männern, die sich mit unsicheren und fragmentierten Berufsbiographien konfrontiert sehen, hat ihrerseits keinerlei positive Auswirkung für eine Entkrampfung des Geschlechterkonflikts. Im Gegenteil, in dem Maße, in dem das »Regime der kurzfristigen Zeit« (Richard Sennett) auch die Grundlagen von Partnerschafts-, Liebes-, Ehe-, Elternschafts- und Familienbeziehungen untergräbt, leiden daran Männer wie Frauen, und das öffentliche Leben erlischt.

Wie kann man begreifen, was sich tut? Es vollzieht sich ein Wandel nach dem Modell der »vertauschten Köpfe«: Länder der sogenannten »Vormoderne« mit ihrem hohen Anteil an informeller, multiaktiver Arbeit können den sogenannten »spätmodernen« Ländern des Kernwestens das Spiegelbild ihrer Zukunft vorhalten. Das meine ich mit der »Brasilianisierung des Westens«: die Umkehrung der prognostischen Aussagekraft von Gesellschaftsbildern in der offen gewordenen, nicht mehr in der Schematik von Zentrum und Peripherie zu begreifenden Welt. Eine solche Zuspitzung weckt

Modell Bürgerarbeit

Tab. 2 Teilzeitarbeiter in verschiedenen Beschäftigungssektoren, 1992

	Landwirtschaft		Industrie		Dienstleistungen		Gesamt	
	in 1.000	Davon Frauen in %	in 1.000	Davon Frauen in %	in 1.000	Davon Frauen in %	in 1.000	Davon Frauen in %
EUR 15	1.196	6,2	2.874	75,8	17.063	85,1	21.113	83,5
B	7	71,4	42	78,6	416	91,4	466	89,7
DK	27	40,7	79	64,6	484	79,6	592	75,8
D	217	76,5	962	87,9	4.067	90,2	5.245	89,3
GR	67	65,7	30	33,3	78	68,0	175	61,7
E	81	58,0	80	70,0	567	80,6	727	77,0
F	208	71,2	275	79,6	2.305	85,5	2.791	83,8
IRL	9	44,4	12	50,0	84	78,6	104	72,1
I	254	63,0	242	57,9	743	73,9	1.239	68,5
L	–	–	–	–	10	90,0	11	90,9
NL	70	64,3	234	50,9	1.755	76,9	2.284	72,9
A	2	94,7	48	83,9	220	90,6	270	89,1
P	93	54,8	55	65,5	181	75,7	329	68,4
FIN	23	42,4	20	50,3	127	70,7	170	64,5
S	28	62,0	131	61,8	859	86,3	1.022	82,1
GB	110	61,8	665	79,9	5.168	86,4	5.954	85,2

Quelle: Myrtha B. Casanova, Frauenarbeit in Europa, unveröff. Manuskript, Barcelona 1999.

den Verdacht eines umgekehrten Eurozentrismus, der westliche Wertmaßstäbe und Entwicklungsideen mit Hilfe einer Negativschablone – Brasilianisierung – dekonstruiert. Diese Aussage setzt sich auch den schier unlösbaren Problemen des Kulturvergleichs aus. Vor allem aber wird eine solche Hypothese nur dann diskutierbar (und kritisierbar), wenn sie inhaltlich anhand von Merkmalen idealtypisch ausgemalt und ausargumentiert wird. Was also meint »Brasilianisierung« (als Idealtypus)?

Es mag selbstkritisch und selbstironisch angemerkt werden, daß die Brasilianisierungsthese auf den ersten Blick das romantische Bild dieses Landes, negativ gewendet, erneuert. Pilgerten die Europäer im 19. Jahrhundert in das »Paradies Brasilien«, so findet sich heutzutage »in deutschen Tageszeitungen jedes Jahr die fast schon rituelle Nachricht, wieviele Tote es während des Karnevals in Rio de Janeiro gegeben hat. Daß ein Großteil davon aber ›profane‹ Verkehrstote sind, die während des Reiseverkehrs umgekommen sind – die Karnevalszeit ist zugleich Urlaubszeit –, wird meist zu erwähnen vergessen.«[57]

»Brasiliens Entwicklung ist vielfach gebrochen und voller Widersprüche: Die wirtschaftliche Entwicklung koinzidiert nicht mit der sozialen; die einzelnen Regionen und Bundesstaaten haben ihre je eigene Geschichte und sind in sich auch wieder alles andere als homogen; der Diskurs der brasilianischen Politik hat oft nicht viel mit der Realität zu tun; Wunschdenken, Wunderglauben und Erlösungssehnsucht können hier problemlos mit ›moderner‹ sozial- und wirtschaftswissenschaftlicher Terminologie bemäntelt und ›verkauft‹ werden. Kein Stabilisierungsprogramm ohne professorale Rechtfertigung, keine Wahl ohne neuen Erlöser.«[58]

> Mit der Brasilianisierungsthese soll über die »Unordnung des Fortschritts« aufgeklärt werden.

Doch mit der Brasilianisierungsthese soll gerade der Stereotypbildung entgegengewirkt und über die »Unordnung des Fortschritts« aufgeklärt werden.

Abschied vom westlichen Universalismus der Arbeitsgesellschaft

Weist die Entwicklung der Erwerbsstruktur in allen Gesellschaften gemeinsame, gleichsam universelle Grundzüge auf? Oder variiert diese je nach kulturellen Kontexten? Die Rede von der Brasilianisierung vollzieht einen Abschied von der Annahme, daß die Durchsetzung der westlichen Arbeitsgesellschaft (mit ihren Graden der Formalisierung und Verrechtlichung und der Hierarchie der Wirtschaftssektoren) ein universeller Prozeß ist. Denn der Industrialisierungsprozeß legt keineswegs fest, in welches Sozialgefüge er eingebettet ist und mit welchen politischen Folgen er einhergeht. Will sagen: Weder die Art der Beschäftigungs- und Einkommensstruktur noch die Form der Mobilität, der Regulierung von Arbeit und der Organisation von Interessen sind automatisch festgelegt. Diese sind vielmehr von den kulturellen Bedingungen und Akteuren abhängig, die die Industrialisierung ausgestalten.[59] Wie zuvor dargelegt, verstärkt sich diese Pluralisierung von Modernisierungspfaden unter den Bedingungen des Risikoregimes.

Das Theorem der Brasilianisierung scheint zunächst den Abschied vom westlichen Universalismus umzukehren in einen Universalismus des Südens, wird doch scheinbar die Informalisierung der Arbeit nun wiederum als allgemeine Entwicklungstendenz ausgerufen. Das wäre indes ein eklatantes Mißverständnis. Die kulturellen Kontexte und Bedeutungen informeller Arbeit in Europa und Südamerika sind in ganz zentralen Dimensionen völlig unterschiedlich in so zentralen Dimensionen wie Familienbindungen und -versorgungen der Rolle des Staates sowie der historischen Erfahrungen im Umgang mit Lohnarbeit.

Im übrigen liegen der überraschenden Gleichheit des Prekären zwischen sogenannter erster und sogenannter dritter Welt jeweils ganz andere historische Hintergründe, gegenwärtige Ursachen und Dynamiken zugrunde. Was als gleich erscheint, bedeutet in Europa Abbau von Arbeitsrechten, Lebensstandard und sozialen Sicherheiten. Ohne diese Grundsatzfragen des interkulturellen Vergleichs hier wirklich aufrollen zu können, wird mit dem Theorem der Brasilianisierung jenseits von Universalismus oder Relativismus der Übergang von der – wie Wolf Lepenies dies ausdrückt – Belehrungs- in die Lerngesellschaft vollzogen. Die damit behauptete Offenheit der Zukunft in allen Regionen der Welt beruht auf der Annahme: Es gibt viele Wege in die Moderne – übrigens ebenso viele, sie zu verfehlen. Damit werden zwei Arten von Erscheinungen besonders interessant: einerseits Entwicklungsunterschiede und Entwicklungsgegensätze, die nicht länger evolutionär aufgelöst werden können, sondern als Ausdrucksformen »divergenter Modernen« (Shalini Randeria) studiert und anerkannt werden müssen; andererseits aber auch solche Entwicklungen, die trotz gegensätzlicher Kulturentwicklungen überraschende Ähnlichkeiten zeigen. Diese Qualität der paradoxen Gleichheit heteronomer Kulturentwicklungen und Modernitätsvorstellungen beansprucht die These von der Brasilianisierung der USA und Europas.

> Es gibt viele Wege in die Moderne – ebenso viele, sie zu verfehlen.

Vielleicht muß sich Europa nach einer historisch gesehen sehr kurzen Phase einer relativ stabilen Gesellschaftsentwicklung von den liebgewonnenen Vorstellungen »sozialer Ordnung« und ihren Schwarz-Weiß-Unterschieden des guten und des schlechten Lebens verabschieden? Wenn wir in Deutschland die Ausnahme der Normalität eines halben Jahrhunderts kollektiven Sozialaufstiegs einzusehen lernen, argumentiert Pries,

»dann fällt es auch leichter, Wege und Visionen von Erwerbsarbeit in einem südamerikanischen Land nicht in erster Linie aus ›folkloristischer Neugierde‹ zu studieren, sondern aus dem Wissen heraus, daß deren Kenntnis als Steinbruch benutzt werden kann, um die eigenen Wege und Visionen von Arbeit besser verstehen, erklären und entwickeln zu können. Angesichts der aktuellen Relativierung des ›Normalerwerbsverlaufs‹ und der ›Normalerwerbsbiographie‹ ist es allemal sinnvoll, sich mit sozialen Verflechtungszusammenhängen zu beschäftigen, in denen Arbeit und Einkommen, Identität und Versorgung auf eine andere Weise verwoben sind.«[60]

In diesem Sinne muß man sich die Fragen stellen: Wie verhält sich die anarchische Armut Südamerikas einschließlich der gesellschaftlichen Brutalität, mit der die Schwächsten und Ärmsten sich selbst überlassen werden, zu den bürokratisch erzeugten Schicksalen der sozialstaatlich etikettierten und kasernierten Armut und Arbeitslosigkeit in dem »ehernen Gehäuse wohlfahrtsstaatlicher Hörigkeit«? Ist diese das Ziel, in der jene »überwunden« wird? Oder sind es nicht zwei Erscheinungsformen des Übels, die voneinander lernen müssen, damit nicht Rück-Fortschritte und Fort-Rückschritte einander ablösen? Ist der Wunsch, aus der Lohnarbeiterdisziplin auszubrechen und auch in der Arbeit »sein eigener Herr« zu werden, wirklich nur Illusion, nur eine vormoderne Restgröße, die mit fortschreitendem Modernisierungsalter einer Gesellschaft vergeht, wie die pubertäre Aufmüpfigkeit mit dem Erwachsenwerden? Oder äußern sich hier widerständige Träume? Alltagsutopien im übrigen, die im Westen, dem die Fiktionen der Vollbeschäftigung verlorengehen, jetzt überall als »Kultur der Selbständigkeit« den Lohnarbeiter-Kulturen neu eingeredet, in großen Umschulungsprogrammen »eingepflanzt« werden sollen?

Die Tradition der Zukunft des Informellen

> Die im Westen angebrochene Zukunft des Informellen hat in Südamerika eine lange Tradition.

Ausschlaggebend für die These von der Brasilianisierung des Westens ist, daß – bei allen kulturellen Gegensätzen und Unvergleichbarkeiten – die im Westen angebrochene Zukunft des Informellen in Südamerika eine lange Tradition hat und daher hier in allen ihren Ambivalenzen besichtigt werden kann.

Das brasilianische Gesicht des Risikoregimes zeigt sich in den radikalen Transformationen der Arbeit, die seit den 80er Jahren und intensiviert in den 90er Jahren unter dem Einfluß zunehmender Globalisierung die Produktionsformen entörtlicht und den

Arbeitsmarkt für die politische Ökonomie der Unsicherheit geöffnet haben.

»Einige der positiven Entwicklungen, die an den lateinamerikanischen Arbeitsmärkten in den 30 Jahren zuvor (1950-1980) ablesbar waren, wurden zu einem großen Teil in den 80er Jahren zurückgenommen, die gekennzeichnet sind durch eine Zunahme der Arbeitslosenrate, einen erheblichen Einbruch der Löhne, ein signifikantes Anwachsen informeller und marginaler Jobs sowie einer eklatanten Krise der traditionellen Formen der Arbeiterorganisation und kollektiver Verhandlungssysteme.«[61]

Auch die Abkoppelung des Wirtschaftswachstums und der Gewinnsteigerung der Unternehmen von der Verbesserung der Arbeits- und Einkommenssituation der Beschäftigten hat seine Parallele in Brasilien. Die relative Stabilisierung und der Aufwärtstrend der brasilianischen Wirtschaft in den 90er Jahren hatte keine Verbesserung auf den Arbeitsmärkten zur Folge – wie die Berichte der International Labour Organization (ILO) aus den Jahren 1994 bis 1996 belegen. Zwar fiel die Arbeitslosigkeitsrate zwischen 1990 und 1994, aber diese Entwicklung konnte nicht fortgesetzt werden und schlug in drei Abwärtstrends um, welche die Zukunft der Arbeit in dieser Weltregion kennzeichnen dürften:

- Die Zunahme informeller und prekärer Jobarrangements, also geringwertiger Arbeit – »gering« im Hinblick auf Produktivität, Arbeitsbedingungen, Arbeitsverträge, sozialer Sicherheit und Rechtsschutz. Der Anteil der kleinen Selbständigen und Heimarbeiter stieg von 40 Prozent im Jahre 1980 auf ungefähr 57 Prozent im Jahr 1995 an, während parallel die Beschäftigung im öffentlichen Sektor von 15,7 auf 13 Prozent und in den großen privatwirtschaftlichen Unternehmen von 44 auf 31 Prozent fiel; von 100 Jobs, die zwischen 1990 und 1994 geschaffen wurden, entstanden 81 Jobs im informellen Sektor und in kleinen Unternehmen. 1995 stieg der Anteil sogar noch einmal auf 84 an, wie die ILO (International Labour Organization) zu berichten weiß. Knapp 35 Prozent der wirtschaftlich aktiven Bevölkerung sind demnach durch irgendeine Art sozialer Sicherheit geschützt. Dies spiegelt sich in der geringen Kapazität der nationalen Wirtschaften Lateinamerikas wider, produktive und attraktive Arbeitsplätze zu schaffen.
- Schließlich ist die Deregulierung der Arbeitsbeziehungen intensiviert worden und hat zu Flexibilisierungsformen geführt, die

Knapp 35 Prozent der wirtschaftlich aktiven Bevölkerung sind in irgendeiner Art sozialer Sicherheit geschützt.

sich der gewerkschaftlichen Verhandlungsmacht entziehen und diese strategisch schwächen. Die Zahl der Menschen, die in »abweichenden«, flexiblen Arbeitsformen beschäftigt sind, ist in Argentinien auf 34, in Bolivien auf 30, in Kolumbien und Mexiko auf 20, in Peru sogar auf über 50 Prozent angestiegen.

Zum Verständnis dieser Indikatoren ist es allerdings zentral, den europäischen Blick, der die Arbeitssektoren scharf trennt und hierarchisch ordnet, zu relativieren und zu öffnen für die besonderen Bedeutungsfärbungen dieser Informalisierung der lateinamerikanischen Arbeitswelt. Die Unterscheidungen formell-informell, modern-traditionell oder die Sektorengliederung Landwirtschaft – Industrie – Dienstleistungen sind Erkenntnishindernisse, die für die intersektorale, zwischenkategoriale Arbeitsvielfalt, die für Lateinamerika typisch ist, blind machen.

»Sein eigener Herr sein« in einer globalen Welt undurchschaubarer Abhängigkeiten

> Etwa die Hälfte der Bevölkerung bildet eine Unterklasse der Ausgeschlossenen.

Schätzungen gehen davon aus, daß in Brasilien und Mexiko in etwa die Hälfte der Bevölkerung eine Unterklasse der Ausgeschlossenen bildet, während die gesellschaftliche Mitte, die im Westen von allen Politikern umworben wird, hier in einem politisch nennenswerten Ausmaß kaum ausgebildet ist. So schreibt der mexikanische Politiktheoretiker Jorge Castaneda:

»Selbstverständlich gibt es auch in Mexiko eine Mittelklasse, aber sie bildet eine Minderheit: irgendwo zwischen einem Viertel und einem Drittel der Bevölkerung. Die Mehrheit – arm, urban, braun und meistens ausgeschlossen von den Charakteristika des modernen Lebens in den Vereinigten Staaten und anderen industrialisierten Ländern (öffentliche Erziehung, einigermaßen ausreichender Gesundheitsvorsorge und Wohnung, formale Beschäftigung, soziale Sicherheit, das Recht zu wählen oder gewählt zu werden oder als Geschworener tätig zu sein usw.) – ist mit ihrem eigenen Überleben beschäftigt. Diese Mehrheit der Menschen lebt, arbeitet, schläft und betet getrennt von der kleinen Gruppe der sehr Reichen und der größeren, aber dennoch begrenzten Mittelklasse ... Die Jahrzehnte nach der Mexikanischen Revolution – während der 50er Jahre vielleicht – gab es etwas Aufwärtsmobilität, etwas Verbesserung, sicherlich entstand eine neue ökonomische Elite und die Hoffnung auf eine Mittelklasse. Aber um 1980 herum war Mexiko wieder das Land der drei Nationen: die Cribollo-Minderheit der Elite, die in demonstrativem Wohlstand und Stil lebt, die riesige, arme

Mestizo-Mehrheit und die hoffnungslos unterdrückte Minorität derjenigen, die während der Kolonialzeit ›die Republik der Indianer‹ genannt wurde – die indigene Bevölkerung der Chiacas, Oaxaca, Nichoakan, Goerrero, Puebla, Chehuahua und Sonora, alle diejenigen also, die heute als el Mexico profundo bezeichnet werden: tiefes Mexiko.«[62]

Und Ludger Pries berichtet: Wenn man etwa in Puebla, mit ungefähr twa zwei Millionen Einwohnern die viertgrößte Stadt Mexikos,

»in einem Taxi fährt und mit einem Chauffeur ins Gespräch kommt, kann man für westliche Ohren merkwürdige Lebensgeschichten erzählt bekommen. Gar nicht untypisch, daß der Taxifahrer vorher in einem formalen Beschäftigungsverhältnis als LKW-Fahrer oder aber als illegaler Wanderarbeiter in den USA, vielleicht sogar auch als Automobilarbeiter am Fließband bei Volkswagen de Mexico sein Geld verdient hat. Er gibt dann diese oder jene Gründe an, warum er ›freiwillig‹ aus diesem Arbeitsverhältnis ausgeschieden ist, sich von der ihm zustehenden Abfindung einen gebrauchten VW-Käfer gekauft hat, um ›auf eigene Rechnung‹ als Taxifahrer zu arbeiten. Warum scheidet ein nicht schlecht verdienender Fachangestellter des Finanzministeriums nach 15 Jahren freiwillig aus und eröffnet eine kleine Werkstatt als Elektromechaniker? Weder von dem Taxifahrer noch von dem Ex-Angestellten des Finanzministeriums, der nun Elektromaschinen repariert, wird man hören, er bereue diesen Schritt und würde lieber wieder in einem Unternehmen formal beschäftigt arbeiten. Eine Standardantwort ist dagegen oft: ›Ich möchte nicht in einem Betrieb eingesperrt, sondern lieber mein eigener Herr sein.‹«[63]

»Sein eigener Herr sein« – das ist eine gerade auch unter der Mehrheit der nach westlichen Maßstäben Unterprivilegierten eine verbreitete Utopie, an der sich die Strukturen und Werte »normaler« Erwerbsarbeit brechen. Wer so argumentiert, sieht sich schnell dem Vorwurf ausgesetzt, in einer postmodernen Romantik die Bedingungen informeller Beschäftigung schönzufärben oder aber der neoliberalen Propaganda aufzusitzen. Doch Ludger Pries kommt – zu seiner eigenen Überraschung – zu dem Schluß, daß das Verhältnis zwischen formeller Arbeit und dem großen fortbestehenden »informellen urbanen Sektor« in der Perspektive der Erwerbstätigen durchaus offen bewertet wird, daß jedenfalls keine eindeutige Hierarchie und Abhängigkeit zwischen beiden besteht. »Wir registrierten auch überproportional viele freiwillige Wechsel von abhängiger in selbständige Beschäftigung und ein entsprechend relativ stabiles biographisches Muster, so daß wir den informellen urbanen Sektor kaum hinreichend als Warteschleife für den formellen Sektor interpretieren können.«[64]

> Wir registrieren viele freiwillige Wechsel von abhängiger in selbständige Beschäftigung.

Doch vielleicht ist dieses Ergebnis gar nicht so überraschend, wenn man die Prämisse des Normalarbeitsverhältnisses als Leitidee der regulären Arbeitsgesellschaft in den Ländern des Nordens fallen läßt. Die kulturelle Verinnerlichung abhängiger Erwerbsarbeit ist auch in den Ländern Europas erst über Jahrhunderte hinweg in einem schmerzvollen und konfliktreichen Prozeß verwirklicht worden. Dafür war der Aufbau eines Rechts- und Sozialstaates, der die Familie entlastet, ebenso wichtig wie die Erfahrung geregelter Arbeitsbeziehungen mit komplementärer Freizeit. Nur eine kleine Minderheit aller Erwerbstätigen in Ländern wie Brasilien und Mexiko kann in diesem Sinne auf mehrere Generationen Arbeiterleben oder abhängiger Erwerbsarbeit zurückblicken. Stabile, formalisierte Lohnarbeit (als Arbeiter oder Angestellter) bleibt in Südamerika eine Minderheitserfahrung. Da ein öffentliches System sozialer Sicherung (z.B. Kranken-, Renten-, Arbeitslosenversicherung) für die Mehrheit der Menschen in den Ländern Lateinamerikas nicht existiert, behalten großfamiliale und betrieblich-paternalistische Fürsorge- und Abhängigkeitsbeziehungen einen großen Stellenwert. Von »Normal-«Arbeit, die man als Maßstab an formelle und informelle Arbeitssektoren anlegen könnte, kann in diesen Regionen der Welt gar nicht sinnvoll die Rede sein.

> Stabile Lohnarbeit bleibt in Südamerika eine Minderheitserfahrung.

Jenseits der Sicherheit der Erwerbsgesellschaft

In Lateinamerika existieren tausend prekäre Arbeitsverhältnisse. Für den westlichen Beobachter erscheint der Job des Straßenverkäufers oder der ambulanten Verkäuferin besonders fremdartig. Aber auch innerhalb der lateinamerikanischen Gesellschaften selbst sind die tatsächlichen Lebens- und Erwerbsbedingungen, die Motive, Beschwernisse, Hoffnungen dieser Menschen weitgehend unklar. Denn ihre Gemeinsamkeit definiert sich durch ein Nicht: Sie haben kein Gebäude, keinen Marktstand, um ihre Waren oder Dienste anzubieten (man muß hinzufügen: auf die legalerweise Anspruch erhoben werden kann). Sie tun ihren Job nicht nur auf der Straße, nicht nur an bestimmten Plätzen, die sie auch gegen die Konkurrenten und Konkurrentinnen verteidigen müssen. Sie gehen ebenso von Haus zu Haus und versuchen nicht selten, ihre »Kostbarkeiten« in einem festen Netzwerk von Abnehmern, das sie sich geknüpft haben und erhalten müssen, dauerhaft einträglich zu verkaufen. Auch wenn sie im formellen Sinne weder Besitz- noch Nutzungsrechte geltend machen können, so verteidigen sie doch oft symbolisch, und in ihrem Kontext durchaus legitim, einen »Verkaufsraum«.

»Die Anforderungen und Risiken sowie die Verdienstchancen in dieser Erwerbsgruppe variieren enorm. Am einen Extrem finden wir den jungen, abhängigen Selfmade-Man, der teure Elektro- und Elektronikgeräte in einem halbwegs festen Stand (Metallkonstruktion mit Sonnen- bzw. Regendach) verkauft und unter Umständen halbtägig eine weiterführende Schule besucht, einen festen Beitrag an eine informelle Interessenorganisation der vendedores ambulantes einer Straße abführt und so gegen Kontrollen und Übergriffe relativ geschützt ist. Am anderen Ende befindet sich die ältere Frau mit Kleinkind, die an einer nichterlaubten Stelle auf einer Holzkiste Obst anbietet und augenblicklich mit Kontrollen durch Bedienstete der Stadtverwaltung rechnen muß. Sie hat nicht nur ein vergleichsweise niedriges Einkommen, sondern trägt zu den sonstigen Risiken auch das der Verderblichkeit ihrer Waren.«[65]

Wir müssen gerade auch in Europa jenseits der Vollbeschäftigungsfiktion in ganz neuer Weise entdecken, herausfinden, wovon die Menschen jenseits der Sicherheit der Erwerbsgesellschaft leben. Wer von vornherein formale Arbeit als Fluchtpunkt und informelle Arbeit als minderwertig (scheinbar nur analytisch) gegenüberstellt, bleibt tatsächlich fixiert auf das Modell »normal-formeller Wirtschaft und Beschäftigung« und sieht entsprechend alles und alle anderen als »ausgegrenzten Rest« an.

»Die informelle Ökonomie ist also keine individuelle Bedingung, sondern ein Prozeß der Einkommenserzeugung, der durch ein zentrales Merkmal bestimmt ist: Er ist nicht durch die Institutionen der Gesellschaft geregelt und findet in einem legalen und sozialen Kontext statt, in dem vergleichbare Aktivitäten reguliert sind.«[66]

Informelle Arbeitsweisen sind also in jedem Fall unorthodoxe Arten der Einkommenssicherung – oft auch in der Grauzone zwischen »legal« und »illegal«, was ja nicht zuletzt eine Frage des Hinguckens und der »sozialen Konstruktion« zwischen Menschen in konkreten Augenblicken ist. Auf Europa übertragen kann man sagen, daß der vielbekämpfte »Betrug am Sozialsystem« in diesem Sinne genau eine Quelle der Stabilität ist. Er erlaubt denen, die sonst keinen Zugang hätten zu irgendwelchen Einkommensquellen, wenigstens irgendwo ein bißchen etwas zu bekommen und

> Der vielbekämpfte »Betrug am Sozialsystem« ist hier eine Quelle der Stabilität.

dann vieles andere zu tun, wofür sie kein Einkommen erhalten. Es ist in gewisser Weise die vorweggenommene Grundsicherung des multiaktiven Bürgers, für den Erwerbsarbeit nur noch eine unter mehreren Quellen der materiellen Existenzsicherung ist.

»Viele junge Leute könnten gar nicht leben, wenn sie sich nicht eine staatliche Wohnungsbeihilfe erschleichen würden oder sonst etwas von den vielen Anrechten, die nicht für sie gedacht sind. Es ist ja eine verrückte Welt darum, weil das gesamte soziale System noch eingestellt ist auf die alte Arbeitswelt, die aber vielen entgleitet. Und diese vielen müssen versuchen, in einer noch nicht neu strukturierten Welt irgendwie zurechtzukommen, und das geht zum Teil nur, indem sie so tun als ob. Im Rahmen der alten Arbeitswelt sehen sie nach ihren Anrechten und verschaffen sich ein Grundeinkommen.«[67]

Vom Zynismus der Statistik: mehr Hoffnungslose, weniger Arbeitslose

Wenn man von Europa, wo sich am westlichen Horizont das »Job-Wunder« der USA abzeichnet, nach Südamerika blickt, fällt auf, wie radikal doppeldeutig das Gegenbild der »Arbeitslosigkeit« ist. Nicht (mehr) »arbeitslos« zu sein, kann beides heißen: einen Arbeitsplatz oder gar keine Chance auf einen Arbeitsplatz zu haben. Wem der Wiedereinstieg in ein formalisiertes Arbeitsverhältnis gelingt und wer aus der Gesellschaft herausfällt, gilt als nicht arbeitslos.

Entsprechend gibt es zwei Strategien, Arbeitslosigkeit zu beseitigen: entweder mit dem ganzen wirtschaftspolitischen Hokuspokus Arbeitsplätze schaffen oder aber die Falltüren der Gesellschaft öffnen, also entmutigen, abschrecken, »in die Freiheit entlassen«. Der geschulte Blick, der um die statische Konstruktion der Arbeitslosigkeit (und ihrer statistischen Beseitigung) weiß, erkennt, daß auch die Schaffung von Bedingungen, in denen immer mehr Menschen von der Gesellschaft ausgeschlossen werden, zugleich indirekt eine hocheffektive Strategie der Beseitigung von Arbeitslosigkeit ist. Mit anderen Worten: Arbeitslose im europäischen Wortsinn befinden sich immer noch in der Sicherheit eines möglichen Arbeitsplatzes, ja sogar eines Anrechts auf formale, bezahlte Arbeit, wovon die Mehrheit der Nichtarbeitslosen im brasilianischen Sinne Lichtjahre entfernt ist.

Erst so wird verständlich, daß in Lateinamerika, wo große Bevölkerungskreise als Unterklasse von der Gesellschaft ausgeschlossen

Arbeitslose im europäischen Wortsinn befinden sich immer noch in der Sicherheit eines möglichen Arbeitsplatzes.

sind, zugleich die offene Arbeitslosigkeit relativ niedrig ist – in den drei Jahrzehnten von 1950 bis 1980 lag sie zwischen drei und fünf Prozent. Das aber heißt: Das »Job-Wunder« muß hochgerechnet werden auf die »Beseitigung« der Arbeitslosigkeit durch Exklusion – das »Arbeitslosigkeitswunder«. Der informelle Sektor verändert nicht nur das Verständnis von Arbeit, sondern auch von Arbeitslosigkeit. Die Aussage, in den lateinamerikanischen Ländern herrsche eine relativ geringe »offene Arbeitslosigkeit«, ist in einem sehr grundsätzlichen Sinne mehrdeutig: Einerseits verweist sie auf die enorme Fähigkeit der informellen Ökonomie, Arbeitswillige zu integrieren und ihnen Erwerbschancen – in welcher Form auch immer – zu eröffnen. Die Fähigkeit dieser Länder, angesichts eines enormen Bevölkerungswachstums und einer anhaltenden Landflucht Menschen zu absorbieren, ist beachtlich. Andererseits ist das Etikett »nicht arbeitslos« in einer Weltregion, in der die Mehrheit der ausgeschlossenen Unterklasse nicht mehr als »arbeitslos« gilt und statistisch erfaßt wird, zynisch.

Mit Blick auf die westliche Skandalkategorie Arbeitslosigkeit läßt sich dieser Zynismus sogar politisch wenden: Die Entkriminalisierung und Anerkennung einer informellen Ökonomie könnte – zumindest was die statistische Konstruktion der Wirklichkeit betrifft – manchem geradezu als Königsweg aus der Arbeitslosigkeit erscheinen.

Die Entkriminalisierung einer informellen Ökonomie könnte manchem als Königsweg erscheinen.

Vergleicht man die Wachstumsraten der Beschäftigung, dann sticht die Dynamik der informellen Ökonomie ins Auge. Die Landwirtschaft ging zurück, der nicht-landwirtschaftliche Bereich weitete sich beträchtlich aus, aber hier expandiert der Anteil des informellen Sektors mehr als doppelt so schnell (Steigerung von 120 Prozent) wie der formelle Sektor (Steigerung von 50 Prozent). Prognosen zur Beschäftigungsentwicklung in Lateinamerika bis zum Jahr 2000 schätzen den Anteil der informellen Beschäftigung zum Jahrtausendwechsel auf 40 Prozent.

Askriptive Arbeitslosigkeit, zugewiesene Ausgrenzung

Aber: Was heißt das eigentlich – »arbeitslos« sein? Offiziell herrscht in Europa der »Kampf gegen die Arbeitslosigkeit«. Tatsächlich aber, schimpft eine Berliner Arbeitslosen-Initiative, ist das ein Kampf gegen die Arbeitslosen: »Zu diesem Zweck werden Statistiken

Wer ist warum vom Ausschluß aus Arbeit und Gesellschaft bedroht?

gefälscht, Pseudo-Arbeitsplätze beschafft und schikanöse Kontrollen durchgeführt. Da solche Maßnahmen immer unzureichend sind, wird behauptet, der Arbeitslose habe seine Situation selbst verschuldet. Man macht aus den Arbeitslosen ›Arbeitssuchende‹, um die Realität zu zwingen, sich der Propaganda anzupassen...«[68] Doch das darf nicht über die Frage hinwegtäuschen: Wer ist warum vom Ausschluß aus Arbeit und Gesellschaft bedroht?

»Die Hauptgefahr, mit der die USA des 21. Jahrhunderts konfrontiert sind«, schreibt Michael Lind, »ist nicht die Balkanisierung, sondern, was man die Brasilianisierung nennen könnte. Mit Brasilianisierung meine ich nicht die Trennung der Kulturen durch Ethnizität, sondern die Trennung der Ethnizitäten durch Klassen.«[69] In dieser Verbindung von Ethnizität und Klassenzugehörigkeit spiegelt sich die Kolonialgeschichte Lateinamerikas wider. Silvio Zavalla, wohl der bedeutendste mexikanische Arbeitshistoriker, betont:

»Auf diese Weise kamen die Sklaverei, die feudale Hörigkeit, die Zwangsarbeit und Schuldknechtschaft von Europa in die Neue Welt ... Die Bedingungen in dem indianischen Umfeld waren denen nicht ähnlich, die in der europäischen Geschichte vorherrschten, wo diese Arbeitsform entstanden war. Die hauptsächlichen Funktionen, die diese in Amerika hatten, waren, die europäischen Siedler oder ihre Nachkommen mit Arbeitskräften zu versorgen, um die mineralischen, agrarischen und industriellen Ressourcen der Kolonien auszubeuten oder für die Annehmlichkeiten des städtischen Lebens zu sorgen.«[70]

Ähnliches läßt sich – übertragen – auch in Europa beobachten: Die Folgen des deregulierten Arbeitsmarktes sammeln sich entlang askriptiver Merkmale bei den traditionell benachteiligten Gruppen, den Frauen und den Ausländern. Vieles deutet darauf hin, daß die Verwandlung von Norm- in Nicht-Normarbeitsverhältnisse entlang der Ungleichheitslinien Geschlecht und Ethnie verlaufen, also den Prozeß sozialer Ausgrenzungen in all seiner Dramatik fortsetzen wird.

Zeitarmut, Habenichtse und die Revolution der zivilen Gesellschaft

Die Stabilität der Nachkriegsordnung im wohlfahrtsstaatlichen Europa beruhte wesentlich auf dem Versprechen und der Erfahrung einer kollektiven Aufwärts-Mobilität, dem »fordistischen Konsens«: Fabrikarbeit und -Disziplin wurden vergolten und hingenommen

Modell Bürgerarbeit

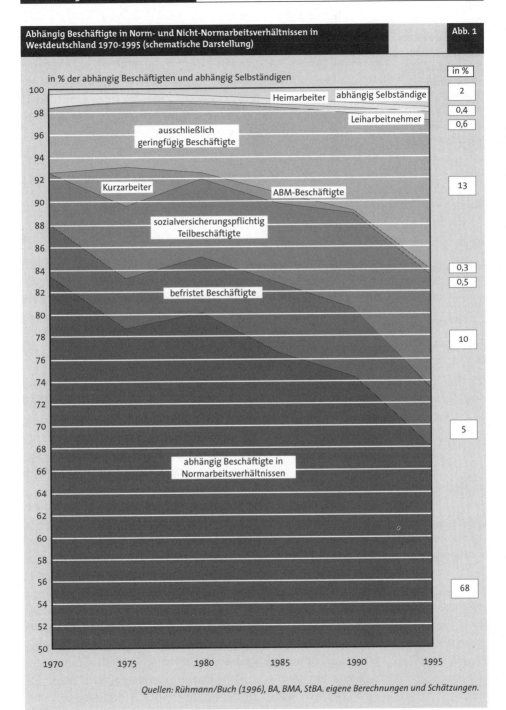

Abb. 1: Abhängig Beschäftigte in Norm- und Nicht-Normarbeitsverhältnissen in Westdeutschland 1970-1995 (schematische Darstellung)

Quellen: Rühmann/Buch (1996), BA, BMA, StBA. eigene Berechnungen und Schätzungen.

> Die Festigung der gesellschaftlichen Mitte wird durch die Brasilianisierung des Westens umgedreht.

durch ein Mehr an Einkommen, sozialer Sicherheit und Freizeit. Diese Festigung der gesellschaftlichen Mitte, die zugleich als Voraussetzung für das Funktionieren der parlamentarischen Demokratie und einer reformorientierten Politik gelten kann, wird – das ist die These – durch die Brasilianisierung des Westens umgedreht. Schreibt man diesen Trend in die Zukunft fort, dann wird es künftig in den westlichen Gesellschaften vier Gruppen von Menschen geben[71]:

- *Die »Kolumbus-Klasse« des globalen Zeitalters:* Das sind die Globalisierungsgewinner, die Eigner des global agierenden Kapitals, und deren Helfer auf den Führungsebenen. Dank eingesparter Arbeitskräfte, gedrückter Löhne und gestutzter Sozialleistungen steigt das Einkommen dieser Minderheit exponentiell. Sie sind – vergleichbar Kolumbus – diejenigen, die aufbrechen, den globalen Raum zu erobern und ihren wirtschaftlichen Zwecken zu unterwerfen. Sie sind die Geld- und Wissenseliten, die den »Stein der Reichen« entdeckt haben: Wie kann man mit immer weniger menschlicher Arbeit immer mehr Reichtum aufhäufen? Sie verfügen über die technischen und materiellen Ressourcen der Globalisierung. Der Preis für diese Verfügung über den globalen Raum ist allerdings hoch, und er heißt: Zeitarmut. Den globalen Eliten mangelt es an dem, was die an den Ort gebundenen Ärmsten und Ausgestoßenen im Überfluß haben: Zeit. Allerdings ist auch unter den Reichen – wie zahlreiche Untersuchungen belegen – ein großes Kommen und Gehen. Wer heute noch reich ist, muß es morgen und übermorgen nicht mehr sein.
- *Prekäre Hochqualifizierte:* Sie verdienen gut, müssen aber ständig am Ball bleiben, um nicht von den Konkurrenten ins Abseits gedrängt zu werden. Es sind Zeitarbeiter und Zeitarbeiterinnen, Scheinselbständige, Selbstunternehmer etc. in hochdotierten Positionen, die entsprechende Bildungspatente voraussetzen. Was sich früher ausschloß: gute Ausbildung, guter Verdienst und Drahtseil-Biographie, fällt hier zusammen. Unterbeschäftigung und Mehrbeschäftigung sind dabei oft zwei Seiten einer Medaille – von einem 8-Stunden-Tag kann nicht die Rede sein. Freizeit wird zum Fremdwort, soziale Absprache – »Festzeit« – zum endemischen Problem. Wer nicht immer und überall erreichbar ist, gefährdet sich selbst. Diese »Selbstverantwortlichkeit« entlastet

die öffentlichen und betrieblichen Kassen und macht den einzelnen zum »Schmied seines eigenen Glückes«.
- *Working poor:* Die Arbeitsplätze der sogenannten Gering- und Unqualifizierten sind direkt durch die Globalisierung bedroht. Denn sie sind ersetzbar entweder durch Automatisierung oder durch Arbeitsangebote anderer Länder. Diese Gruppe kann sich letzten Endes nur dadurch über Wasser halten, daß sie mehrere Beschäftigungsverhältnisse gleichzeitig eingeht. Auf sie trifft also das zu, was viele ängstigt: Freiheit macht arm! Durch Ausweitung, die nicht einhergeht mit einem Bürgergeld für alle, verwandelt sich der informelle Sektor in ein Armenghetto.
- *Lokalisierte Armut:* Auf einen wesentlichen Unterschied zu den Armen früherer Epochen weist Zygmunt Bauman hin: Die lokalisierten Armen des globalen Zeitalters werden nicht mehr gebraucht.[72] Ihre Lage läßt sich im Raum-Zeit-Diagramm komplementär zu der Lage der globalisierten Reichen begreifen. Die lokalisierten Armen haben Zeit im Überfluß, aber sind an den Raum gefesselt.

> **Die lokalisierten Armen des globalen Zeitalters werden nicht mehr gebraucht.**

In den USA wird diese in den letzten 20 Jahren erheblich vergrößerte Gruppe der Ausgeschlossenen mit dem Begriff der »Unterklasse« (Jencks, Katz, Wilson, Lash/Urry) gefaßt und erforscht. Armut ist ein herausragendes und in jedem Fall notwendiges Merkmal für diejenigen, die aus der Gesellschaft herausrutschen, aber die meisten Beobachter glauben nicht, daß Armut auch ein hinreichendes Merkmal ist. Zu der sichtbaren Armut hinzukommen muß, daß die Unterklasse sich aus Menschen zusammensetzt, die jegliche Hoffnung, in die Gesellschaft zurückzukehren, aufgegeben haben und insofern Grundregeln des menschlichen Zusammenlebens verletzen. Viele sprechen in diesem Sinne von »antisozialem« Verhalten dieser Gruppe isolierter Sehr-Armer, die zur wichtigsten sozialen Herausforderung Amerikas geworden ist. In den Quartieren der Metropolen, wo die Nachfrage nach Arbeitsplätzen für Unqualifizierte sinkt und die zugleich von den wohlhabenden, mobilen Mittelschichten verlassen werden, breiten sich die Habenichtse der Unterklasse aus, die chronisch arbeitslos sind und von wohlfahrtsstaatlichen Almosen oder kriminellen Beutezügen oder beidem leben. Bis heute hat es noch keine Sozialpolitik vermocht, für diese wachsende Gruppe der Ausgeschlossenen, die zugleich jenseits der Gesellschaft und in dieser leben, eine Antwort zu finden.

Diese Ausgrenzung wird meist selbstverständlich mit politischer Apathie gleichgesetzt. Doch das trifft nicht zu – weder in Lateinamerika noch in den USA. In Süd- und Nordamerika wird lebhaft über die »Revolution der zivilen Gesellschaft« (Javier Gorostiaga) debattiert. Diese Kontroverse kreist um die Frage, wie die Beziehung zwischen der gesellschaftlichen Selbstorganisation – »Zivilgesellschaft« –, den sozialen Bewegungen, Kirchen, Gewerkschaften usw. einerseits und den politischen Parteien, Regierungen, Staaten andererseits in der Vergangenheit aussah, gegenwärtig aussieht und in Zukunft aussehen könnte oder sollte:

> In Lateinamerika wird »zivile Gesellschaft« oft mit »sozialer Bewegung« gleichgesetzt.

»In Lateinamerika wird heute von maßgeblichen Persönlichkeiten des politischen Lebens ›zivile Gesellschaft‹ mit ›sozialer Bewegung‹ gleichgesetzt. So meint der aus Panama stammende Jesuit Javier Gorostiaga, daß es gerade die zivile Gesellschaft sei, die, bestehend aus Bauern-, Arbeiter- und Frauenorganisationen, aus der Umweltschutzbewegung und den christlichen Basisgemeinden, die neue demokratische Bausubstanz bilde. Als Beispiel für eine Demokratiekonsolidierung durch die zivile Gesellschaft nennt er Haiti, wo die Lavalas-Bewegung Aristide den überwältigenden Wahlsieg eingebracht hatte. Gorostiaga bezeichnet die Lavalas-Bewegung als ›geballte Kraft der Organisationen und Institutionen der zivilen Gesellschaft‹. Die weitere Entwicklung der Lavalas-Bewegung wurde durch die militärische Machtergreifung jäh unterbrochen.«[73]

Das europäische Verständnis von Zivilgesellschaft und Direktdemokratie setzt den Begriff des »Bürgers«, der »Bürgerin« durchaus auch im Sinne der ständisch-materiellen Statusbindung voraus, die in der deutschen Sprache jedenfalls nicht wegzudenken ist. Insofern stehen sich die Begriffe von »Armut« und »Exklusion« einerseits und die von »Zivil-« und »Bürgergesellschaft« andererseits wie Feuer und Wasser gegenüber. Und die Rede von der Bürgerdemokratie sieht sich im kontinentaleuropäischen Kontext sehr schnell mit dem Vorwurf des Mittelschichtbias konfrontiert.

Völlig falsch, antwortet der amerikanische Demokratietheoretiker und Politikwissenschaftler Benjamin Barber, der einem Forschungszentrum für »Kultur und Politik der Demokratie« vorsteht:

»Bei uns in Amerika ist die Mittelklasse recht zufrieden und beteiligt sich weniger; die Armen engagieren sich mehr – nicht so sehr bei Wahlen, wohl aber in lokalen Aktivitäten. Auch früher schon: Die Bürgerrechtsbewegung organisierte sich ganz ohne Unterstützung von Stiftungen oder anderen Institutionen ...
Selbstverständlich sind die sozial Benachteiligten zur Aktivität fähig. Schon

die Abstinenz bei Wahlen ist hin und wieder ein aktives Tun: ein Zeichen des Protests. Und sehen Sie sich Organisationen wie die Black Muslims an – ob Sie diese Bewegung mögen oder nicht: Ihre Selbstorganisation ist eine Tatsache. Sie sind organisationsfähig, sogar im Gefängnis.
Forschungen an der Universität Chicago haben gezeigt, daß die gebildeten Mittelschichten die Organisationsform der Armen vielfach gar nicht wahrnehmen. Die Kollegen aus Chicago haben die Bewohner von über 20 Wohnblocks im Ghetto der Innenstadt gefragt, ob sie einer Gemeinschaft oder einem Verein angehören. Und in diesen Blocks, in denen angeblich die Hoffnungslosigkeit regiert, haben sie 320 Organisationen ausgemacht. Aber nicht solche, die wir gut kennen; die Hälfte wurde z.B. von schwarzen Baptistengemeinden unterstützt. Die finden Sie kaum auf der Landkarte der Stadtsoziologen wieder. Da heißt es einfach: ›In den Ghettos regieren nur die Gangs‹ – fertig.«[74]

Barber beantwortet, entkräftet also den Vorwurf des Mittelschichtbias in der Rede von der »Zivilgesellschaft« mit der Gegenkritik, daß der Forschung über die soziale Selbstorganisation von Ausgeschlossenen ein Mittelschichtbias zugrundeliegt.

Das große Vorbild? Arbeit und Demokratie in den USA

In diesem Abschnitt soll die These der Brasilianisierung des Westens am Beispiel der USA illustriert und diskutiert werden. Warum an diesem Fall und nicht an einem innereuropäischen Vergleich, möglicherweise auch Japan oder den südostasiatischen Ex-Tigerstaaten? Meine Antwort lautet: Nach dem Zusammenbruch der bipolaren Weltordnung, die auf dem Kommunismus-Kapitalismus-Gegensatz beruhte, ist das amerikanische Modell zum Maßstab der »westlichen Modernisierung« mit weltweiter Ausstrahlung, ja Dominanz geworden. Es repräsentiert zugleich das Leitbild des flexiblen Arbeitsmarktes, das vielen europäischen Ländern, insbesondere den europäischen Konzernen und Wirtschaftsvertretern als Vorbild dient, und gegen das sich selbst ein europäischer Weg, wenn es ihn dann gäbe, abgrenzen müßte. Zugleich kann man am Beispiel der US-amerikanischen Entwicklung die sozialen und politischen Folgen der Flexibilisierung von Arbeitszeit, Arbeitsort und Arbeitsvertrag, also des Risikoregimes, in seinem fortgeschrittensten Stadium studieren. Allerdings ist es gerade für diese Zwecke

> Das amerikanische Modell ist zum Maßstab der westlichen Modernisierung geworden.

notwendig, zunächst auf die »Gegensätzlichkeit desselben« hinzuweisen, die aus der Verschiedenheit der kulturellen Wert- und Wahrnehmungshorizonte entsteht.

Freiheit oder Gleichheit? The Clash of Cultures

Die Informalisierung und Individualisierung der Erwerbsarbeit betrifft alle westlichen Länder in ähnlicher Weise. Aber dieser epochale Wandel wird im Horizont unterschiedlicher Wertkulturen unterschiedlich wahrgenommen und bewertet. Je nach Toleranz gegenüber sozialer Ungleichheit, je nach Leitideen der Solidarität, je nach Verständnis von und Bekenntnis zu Freiheit und Demokratie wird die schleichende Brasilianisierung der Arbeitsgesellschaft anders gesehen, bewertet, bekämpft, gepriesen. In der Geschichte des 20. Jahrhunderts hat die Weltwirtschaftskrise, die 1929 begann, diese Unterschiede schlagend vor Augen geführt. In Deutschland wurde die Massenarbeitslosigkeit, die sie auslöste, der Demokratie als »Systemversagen« angelastet. Die braune Bewegung des deutschen Nationalsozialismus schwoll fast über Nacht zur Massenbewegung an und ermöglichte schließlich Hitler und die Machtübernahme. Nirgendwo kam es zu vergleichbaren Reaktionen. In Großbritannien und den USA erreichte die Arbeitslosigkeit ähnliche oder sogar noch größere Ausmaße, und die sozialen Folgen waren besonders in Amerika einschneidender, weil sozialstaatliche Maßnahmen unter dem Druck der Arbeitskrise erst improvisiert werden mußten. Aber die demokratischen Institutionen zerbrachen nicht, sondern hielten ohne Beschädigung stand.

Der amerikanische Liberalismus, schreibt Michael Walzer, »bekennt sich in der größten, denkbar entschiedensten Weise zu den Rechten des Individuums und, fast in Form einer Deduktion von diesem Prinzip, zu einem rigoros neutralen Staat, das heißt, einem Staat ohne kulturellem oder religiösem Projekt oder, in der Tat, ohne jegliche Art kollektiven Ziels jenseits der persönlichen Freiheit und dem physischen Schutz, der Wohlfahrt und der Sicherheit seiner Bürger.«[75] Dabei anerkennen und leben die US-Amerikaner durchaus so etwas wie eine *national community* (von der sich die deutsche »Gemeinschaft« unterscheidet, weil sie nicht den Beisinn von Wahl-Gemeinschaft hat, den der amerikanische Begriff der *community* beinhaltet), nämlich das, was Gunnar Myrdal den

»amerikanischen Glauben« genannt hat und andere, anlehnend an Rousseau, eine »Zivilreligion«. Darin ist das gelebte Bekenntnis zur Demokratie und zu politischer Freiheit aufgehoben, in der – dem Ideal entsprechend – die Unterschiede und Gegensätze von Hautfarben, Religionszugehörigkeit, Einkommen, Geschlecht, politischer Überzeugung außer Kraft gesetzt sind. Man spricht zwar immer von einer Amerikanisierung Deutschlands nach dem Zweiten Weltkrieg, aber gerade in diesem kulturellen Kern kann davon nicht die Rede sein.

Dies geht aus einer vergleichenden Befragung zur Werthaltung in westlichen Demokratien hervor, über die *The Economist* unter dem verräterisch eurozentristischen Titel »An Odd Place: America« berichtet. Die Frage: Welches Gut bewerten Sie höher: »Freiheit« oder »Gleichheit«? wurde von Deutschen und Amerikanern bemerkenswert unterschiedlich beantwortet. In den USA votierten 72 Prozent der Befragten für Freiheit, nur 20 Prozent für Gleichheit. In Deutschland waren es 37 Prozent, die Freiheit wählten, aber knapp 40 Prozent entschieden sich für Gleichheit.

> Die Fragen wurden von Deutschen und Amerikanern bemerkenswert unterschiedlich beantwortet.

Die Interviewer hakten nach und fragten: Sind Sie dafür, daß die Regierung eingreift, um die Spreizung der Einkommen auszugleichen, welche durch das System der freien Wirtschaft entsteht? Eine überwältigende Mehrheit von 80 Prozent der Amerikaner sagte nein, aber knapp 60 Prozent der Deutschen stimmten zu. Von den ebenfalls befragten Italienern und Österreichern plädierten sogar 80 Prozent dafür, daß der Staat die durch den freien Markt erzeugte Ungerechtigkeit der Armut ausgleicht. [76]

In der Wahrnehmung und Bewertung von Freiheit und Gleichheit kommt es zwischen den USA und Kontinentaleuropa (entgegen aller Amerikanisierung) auch heute noch zu einem clash of cultures: Was in Europa die zentrale Aufgabe des Staates ist, nämlich die Angleichung von Ungleichheiten, die der entbändigte Markt erzeugt, wird in der klassischen Definition des amerikanischen Freiheitsverständnisses von Isaiah Berlin – »freedom from interference of the state« und »freedom to do our own thing« – zum exakten Gegenprinzip.

Die universelle Mission des freien Marktes als Glaube Amerikas an sich selbst

> Die Utopie des freien Marktes ist zur globalen Mission der USA geworden.

Mit dem Zusammenbruch der Berliner Mauer im Jahre 1989 und dem Kollaps des sowjetischen Imperiums danach ist die Utopie des freien Marktes zur globalen Mission der USA geworden, die auf keinen ebenbürtigen Gegenspieler mehr trifft. »Das heutige Projekt eines einzigen globalen Marktes ist Amerikas universelle Mission, die sich mit dem neokonservativen Siegeszug durchsetzte. Die Utopie des freien Marktes ist zum Bestandteil des amerikanischen Glaubens an sich selbst geworden, nämlich ein einzigartiges Land zu sein, das das Modell für eine universelle Zivilisation darstellt, von dem alle anderen Gesellschaften lernen können, wie man die Probleme meistert.«[77]

Diese Überzeugung, daß am freien Markt die Welt genesen kann, ist zum inoffiziellen Glaubenssatz der amerikanischen Zivilreligion geworden. Wenn die Autorität der amerikanischen Institutionen tatsächlich universal ist und der freie Markt zum Herzen dieser Institution gehört, dann muß die Geltung des freien Marktes global sein. Mit anderen Worten, nicht viele Kapitalismen, sondern der American-way-Kapitalismus gibt die Ziele und Maßstäbe vor, an denen die anderen Länder sich ausrichten und messen lassen müssen. Um so wichtiger ist die Frage: Welche Folgen und Nebenfolgen hat die ja keineswegs moderne, sondern eher archaische Ideologie des freien Marktes in ihrem zivilreligiösen Ursprungsland selbst ausgelöst? Wie haltbar ist die These vom »Job-Wunder« und welche Schattenseiten sind damit verbunden?

Sorgenseiten im Paradies

Mitte der 90er Jahre wurde in den USA ein Bruttoinlandsprodukt erwirtschaftet, das – gemessen in Kaufkraftparitäten von 1991 – pro Kopf der Bevölkerung ein Fünftel höher war als in Deutschland. Zugleich war der Erwerbstätigenanteil – ebenfalls bezogen auf die Grundbevölkerung – mit rund 48 Prozent gegenüber 43 Prozent – reichlich ein Zehntel höher. Allerdings lag die Stundenproduktivität in den USA ein Zehntel unter der in Deutschland. Besonders auffällig ist der geringe Produktivitätszuwachs pro Erwerbstätigem. Während sich von 1970 bis 1994 das Bruttoinlandsprodukt pro Erwerbstätigem in Japan verdoppelt und in Westdeutschland um zwei Drittel erhöhte, stieg es in den USA um nur etwa ein Fünftel. Das war einer der niedrigsten Anstiege in der ganzen OECD-Welt – und die Kehrseite der Zunahme des amerikanischen Erwerbstätigenanteils.

Hier zeigt sich die Sorgenseite des Paradieses: Die vielen neuen Jobs liegen nämlich im niedrigproduktiven Wirtschaftsbereich. Die meisten sind entstanden im Handel, Gaststättengewerbe sowie in den kleinen sozialen Diensten. In diesen Bereichen waren Mitte der 90er Jahre in den USA 55 Prozent der Erwerbstätigen beschäftigt gegenüber nur 45 Prozent in Deutschland. Mit diesem Unterschied ist bereits das gesamte Beschäftigungsgefälle zwischen den USA und Deutschland erklärt. Würde Deutschland in dem Bereich der kleinen Dienstleistungen gleichziehen, wären hier mehr beschäftigt und weniger arbeitslos als in den USA.

> Würde Deutschland im Bereich der kleinen Dienstleistungen gleichziehen, wären hier weniger arbeitslos als in den USA.

Der erste Schatten, der auf den »amerikanischen Weg« fällt, gibt sich also als niedrige Arbeitsproduktivität in diesen Bereichen zu erkennen. Diese liegt noch weit unter dem Durchschnitt. Mehr als die Hälfte der in diesem Arbeitsmarktsegment Beschäftigten gehört in den USA in den Bereich der Niedriglohnempfänger, in Deutschland sind es vergleichsweise nur ein Viertel. Das aber bedeutet, daß jenes Zehntel, um das der amerikanische Erwerbstätigenanteil insgesamt höher ist als der deutsche, aus wenig produktiven und niedrig bezahlten Arbeitsplätzen besteht.

Hinzu kommt, daß die Einkommen in diesem Beschäftigungsbereich offenbar noch fallen. Zunehmende Einkommensungleichheit führte in den USA zu Millionen arbeitender Armer. Zwischen 1973 und 1993 fiel der reale Stundenlohn von Amerikanern ohne Hochschulabschluß von 11,85 Dollar auf 8,64 Dollar. In den frühen 70er Jahren verdienten Haushalte der oberen fünf Prozent der Einkommenspyramide zehnmal mehr als jene in den unteren fünf Prozent; heute erreichen sie beinahe fünfzigmal soviel. Dieser traurige Zustand tritt nun auch in Westeuropa zutage. Vergleichbare Trends sind in Großbritannien offensichtlich und sogar in Schweden, dem am stärksten auf Gleichheit ausgerichteten Land.[78]

Erosion der Mittelklasse

Amerika ist kein Land, in dem eine wohlhabende Mehrheit mit Unbehagen auf eine Unterklasse blickt, die hoffnungslos arm und ausgeschlossen ist. Nein, Angst und ökonomische Unsicherheit regieren in der Mehrheit. Die USA sind das einzige fortgeschrittene Land, in dem die Produktivität in den vergangenen 20 Jahren ständig gestiegen ist, während die Einkommen der meisten Amerikaner – acht von zehn – stagnieren oder gefallen sind. Der durchschnittliche Wochenverdienst von acht Prozent der erwerbstätigen Amerikaner ist zwischen 1973 und 1995 um etwa 18 Prozent gesunken, und zwar von 315 Dollar auf 258 Dollar in der Woche. In demselben Zeitraum, zwischen 1979 und 1989 schnellte das reale Gehalt der führenden Manager um 19 Prozent hoch.

Diese neue Unsicherheit der Mehrheit Amerikas wird von Luttwak kommentiert:

»Indem ganze Industrien viel schneller als jemals zuvor aufsteigen und fallen, indem Firmen expandieren, schrumpfen, verschwinden, sich aufteilen, ›downsize‹ und sich restrukturieren an unvorhersehbaren Orten, ändert sich die Situation der Beschäftigten bis hinauf zu den obersten Etagen dramatisch: Man geht zur Arbeit, ohne zu wissen, ob man noch seinen Job hat. Das gilt für die ganze Beschäftigungssituation der Mittelklasse, eingeschlossen die professionellen Hochqualifizierten. Ihnen fehlen die formalen Rettungsringe europäischer Beschäftigungsgesetze oder die vertraglich zugesicherten Abschlagszahlungen bei Entlassung; sie haben keine funktionierenden Familien, auf die der Rest von Menschlichkeit zählen kann, um in harten Zeiten zu überwintern; sie haben keine substantiellen verfügbaren Ersparnisse, über die alle ihre Mittelklasse-Partner in anderen entwickelten Ländern verfügen; kurz gesagt, die meisten der Amerikaner sind vollständig auf ihren Job angewiesen, um die elementare ökonomische Sicherheit ihrer Lebensführung zu gewährleisten; und alles dies summiert sich zu der Grundtatsache: Die Mittelklasse der Vereinigten Staaten lebt jetzt unter chronisch akuter Unsicherheit.«[79]

Die meisten Amerikaner sind vollständig auf ihren Job angewiesen.

Die Utopie des freien Marktes, ergänzt John Gray, ist nicht nur ein konservatives Projekt, »es ist das Programm einer wirtschaftlichen und kulturellen Konterrevolution«, die mit dem missionarischen Eifer Amerikas die ganze Welt beglücken will.

Verfall des sozialen Kapitals

Mit der ökonomischen Unsicherheit schreitet die politische Verwahrlosung voran. Die Schlüsselworte dieser Jahre in der politischen Diskussion gerade auch in den USA, aber auch in Europa, Japan, Südkorea etc. sind: »düstere Stimmung«, »Hang zu Protest«, »Reformstau«, »Politikversagen«, »Niedergang der politischen Parteien«, »Erosion von Gemeinschaftsbindungen und staatsbürgerlichem Engagement«.[80]

In seiner klassischen Untersuchung *Über die Demokratie in Amerika* hat Alexis de Tocqueville betont: Es könne kein Zufall sein, daß das demokratischste Land der Welt gerade jenes Land sei, dessen Bürger die Kunst beherrschten, gemeinsam Ziele zu verfolgen, die dem Gemeinwohl entsprechen. Diese Einsicht, die an der Wiege der europäischen Moderne stand, gewinnt heute überall neue Bedeutung in der Erklärung der Unzufriedenheit, welche für entwickelte westliche Demokratien charakteristisch geworden zu sein scheint.

Einerseits belegen neue Untersuchungen eindrucksvoll diese Tocquevillesche Einsicht[81], daß nämlich politische Institutionen ebenso wie wirtschaftliches Handeln nur in dem Maße erfolgreich sind, wie sie auf Normen und Netzwerken bürgerlichen Engagements zurückgreifen. Sie zehren von diesem »sozialen Kapital«, zehren es allerdings auch auf. Zugleich nehmen die Meldungen zu, daß diese Normen und Netzwerke in den letzten Jahren erodieren. In besonderem Maße gilt dies für das »Job-Wunderland« USA.

Die Wahlbeteiligung ist von einem relativ hohen Stand in den frühen 60er Jahren um fast ein Viertel gesunken; sie lag bei den Wahlen zum US-Senat und Repräsentantenhaus im September 1998 bei 36 Prozent, und das galt entgegen den vorherigen Befürchtungen der Wahlforscher, die eine Beteiligung von etwas über 30 Prozent voraussagten, als hoch. Da stellt sich die Frage: Ist eine Demokratie mit 30 Prozent Wahlbeteiligung noch eine Demokratie?

Zudem ist die Zahl der Amerikaner, die an öffentlichen Versammlungen für Gemeinde- oder Schulangelegenheiten teilgenommen haben, im Verlauf der letzten 20 Jahre um mehr als ein Drittel zurückgegangen. Ähnliche Rückgänge sind bei anderen Formen politischen Engagements zu verzeichnen; beispielsweise gehen die schriftliche Kommunikation der Bürger und Kongreßabgeordneten

> Ist eine Demokratie mit 30 Prozent Wahlbeteiligung noch eine Demokratie?

> Jedes Jahr verabschieden sich zwei Millionen Menschen aus der öffentlichen Willensbildung.

oder die Mitarbeit im Komitee eines Ortsverbandes zurück. Jedes Jahr verabschieden sich zwei Millionen Menschen aus der öffentlichen Willensbildung – übrigens nicht nur aus dieser allein, sondern auch aus den Gottesdiensten und der Mitarbeit in Kirchengruppen, die seit 1960 ebenfalls etwa um ein Fünftel abgenommen hat. Parallele Meldungen kommen aus den Gewerkschaften, deren Mitgliederzahl seit den 50er Jahren um mehr als die Hälfte gesunken ist; ebenso nimmt die freiwillige Mitarbeit in großen Organisationen wie dem Roten Kreuz ab und so weiter und so fort.[82]

Erklärbar wird diese Entwicklung, wenn man sich vor Augen hält, daß mit der Ausbreitung informeller Arbeit die politische Gesellschaft verwahrlost. Gerade das sogenannte Job-Wunder zwingt viele Amerikaner dazu, mehr Arbeitsplätze anzunehmen und auszufüllen, um den Lebensstandard der Familie zu halten, der früher durch einen Arbeitsplatz gesichert wurde. Die Folge ist, daß Millionen praktisch nicht mehr zu Hause, sondern an ihrem Arbeitsplatz wohnen und dementsprechend die Zeit und die Energie fehlt, die früher für freiwilliges Engagement verfügbar war. Im »Zirkel informeller, prekärer Arbeit« (siehe oben), der die davon Betroffenen zwingt, mehr-für-weniger-zu-arbeiten, geht der Demokratie die Zeit und damit die Luft aus.

Das »Gefängnis-Wunder« – oder: Ethnizität als Klasse

Ach, Amerika! Wer dein Jobwunder preist, darf von deinem Gefängniswunder nicht schweigen. Wie die amerikanischen Wirtschaftssoziologen Bruce Western und Catherine Beckett in einer ausführlichen Studie zeigen[83], hat sich die Zahl der Inhaftierten von 1980 bis 1996 verdreifacht. 1,6 Millionen meist junge, überwiegend Schwarze sitzen ein und fallen aus dem Arbeitsmarkt heraus. Die US-Inhaftierungsrate war am Jahresende 1994 viermal so hoch wie die Kanadas, fünfmal so hoch wie die Großbritanniens und vierzehnmal so hoch wie die Japans. Nur das postkommunistische Rußland hatte mehr seiner Bürger hinter Gittern. In Deutschland kommen nur 80 Gefängnisinsassen auf 100.000 Erwachsene, während es in den USA über 500 sind. Dabei ist das Risiko eines Schwarzen, im Gefängnis zu landen, siebenmal so hoch wie das eines Weißen.

»Die Unterschiede zwischen den Ländern sind sogar noch größer, wenn man nur Afro-Amerikaner in Betracht zieht. Ihre Inhaftierungsrate ist mehr als zwanzigmal so hoch wie in Europa, und diese Werte entsprechen hohen absoluten Zahlen. ... Es könnte der Einwand erhoben werden, daß der Ausbau des Strafrechts in den Vereinigten Staaten eher eine unvermeidliche Reaktion auf hohe oder steigende Kriminalität als eine aktive Politik der Intervention war, doch laut der nationalen Opferstatistik sind die Verbrechensraten seit 1980 stetig gefallen. Im Gegensatz zur Kriminalitätsstatistik, die auf Polizeiberichten des FBI basiert und in bestimmten Phasen dieser ganzen Periode steigende Kriminalitätsraten verzeichnet, zeigt diese thematische Analyse dieser und anderer Daten jedoch, daß der Tatbestand der Kriminalität in den 80er Jahren konstant blieb. ... Eine jüngst erschienene komparative Analyse von Daten aus einer Vielzahl unterschiedlicher Quellen kommt jedenfalls zu dem Schluß, daß ›die Vereinigten Staaten nicht die am stärksten von Kriminalität betroffene industrielle Demokratie ist‹. Zugegebenermaßen ist die Mordrate der Vereinigten Staaten im internationalen Vergleich sehr hoch, doch Verurteilungen wegen Tötungsdelikten sind die Ursache für weniger als fünf Prozent der Gesamtzahl der Inhaftierungen, so daß die hohe Mordrate in den Vereinigten Staaten nicht die hohe Inhaftierungsrate erklärt. Die scheint vielmehr Resultat aggressiverer Strafverfolgungspraktiken, härterer Verurteilungsstandards und stärkerer Kriminalisierung drogenspezifischer Delikte zu sein.«[84]

Diese beispiellose Inhaftierungsrate relativiert zusätzlich das Job-Wunder, es steht für immense öffentliche Kosten, die chronisch unterschlagen werden, und erzählt eine traurige Geschichte über den inneren Zustand der Gesellschaft. Trotz der Behauptung einer Eurosklerose einerseits, einer erfolgreichen Deregulierung des US-amerikanischen Arbeitsmarktes, andererseits liegt die Arbeitslosenrate amerikanischer Männer für den Zeitraum von 1975 bis 1994 über der durchschnittlichen Quote für Europa, wie die Autoren errechnet haben. Und der amerikanische Arbeitssoziologe Jeremy Rifkin bilanziert bitter: »Wir haben auch ein soziales Netz. Es ist nur viel teurer als das deutsche: es heißt Gefängnis.« Die US-Arbeitslosenstatistik muß bereinigt um zwei Prozentpunkte nach oben korrigiert werden. Auf lange Sicht, argumentieren die Autoren, erhöht überdies der Gefängnisaufenthalt die Arbeitslosigkeit, indem er die Berufsaussichten ehemaliger Strafgefangener verschlechtert.

> Auf lange Sicht erhöht der Gefängnisaufenthalt die Arbeitslosigkeit.

Besonders anschaulich zeigt die um ein Vielfaches höhere Inhaftierungsrate von schwarzen gegenüber weißen Männern an, wie weit die Brasilianisierung in den USA schon fortgeschritten ist. Ethnizität und die Zugehörigkeit zur Unterklasse verstärken sich wechselseitig. Die Gesellschaft spaltet sich nicht mehr nur entlang verschiedener ethnischer und religiöser Identitäten, sondern das ethnische Merkmal der Hautfarbe entscheidet über Innen und Außen, Einbeziehung in die oder Ausschluß aus der Gesellschaft.

John Gray kritisiert, daß insofern die These vom *clash of civilizations* (Huntington) genau das ist, was man in der Psychologie eine Projektion nennt: eine inner-amerikanische, sich in den Metropolen und Ghettos abzeichnende Gefahr; Bürgerkrieg der inneramerikanischen Teilkulturen wird auf die Welt projiziert. Gray, der Sozialphilosophie an der London School of Economics lehrt und früher zu den intellektuellen Köpfen des Thatcherismus gehörte, geht sogar noch einen Schritt weiter:

> »Es ist nicht länger realistisch, von den Vereinigten Staaten als einer unzweideutig ›westlichen‹ Gesellschaft zu reden. Es gibt viele Anzeichen, die darauf hindeuten, daß – in einer Generation oder mehr – dieses Land zu einem der entstehenden nachwestlichen Länder der westlichen Welt gehören wird. Demographische Trends legen nahe, daß es in etwas mehr als einer Generation eine Fast-Mehrheit von Asiaten, Schwarzen und spanischen Amerikanern geben wird. Um das Jahr 2050, zieht man die Daten des amerikanischen Amtes für Bevölkerungsentwicklung heran, werden die spanischen Amerikaner die Zahl der Schwarzen insgesamt übersteigen. Die asiatischen Amerikaner und amerikanischen Indianer und nicht-spanischen Weißen werden von 73 Prozent der Bevölkerung im Jahre 1996 auf 52 Prozent zurückgegangen sein. Die Konsequenz dieses demographischen Wandels wird sein, daß die Vereinigten Staaten sich deutlich unterscheiden von anderen Ländern in Amerika wie beispielsweise Chile und Argentinien, die eindeutig europäisch in ihrer ethnischen Mischung und kulturellen Tradition bleiben. ...Die alte Ostküsten-Elite, deren Weltblick durch den Zweiten Weltkrieg und den Kalten Krieg geschärft wurde und deren kulturelle Verbündete Atlantiker waren, sind jetzt schon in ihrer politischen Bedeutung marginal geworden.«[85]

Die alte Ostküsten-Elite ist in ihrer Bedeutung marginal geworden.

Kritik der Chicagoer Orthodoxie: Neoliberalismus dient der Abschaffung der Gesellschaft

Wer behauptet, er hätte ein Patentrezept für die Lösung der Weltprobleme, und dieses bestünde darin, den Markt aus seinen kulturellen Einbettungen und staatlich-rechtlichen Regulierungen herauszulösen, sagt die Unwahrheit. Was als Programm zur Schaffung des Arbeitsparadieses auf Erden verkündet und rigoros politisch umgesetzt wird, ist – oft ungewollt und ungesehen – ein Programm zur Abschaffung der Gesellschaft.

Der »fordistische Deal«, die Steigerung der Wohlfahrt für alle, schlägt um in eine Politik zur Abschaffung der Mittelschicht. Die gesellschaftliche Mitte wird zerrieben. Das »soziale Kapital«, das beides: wirtschaftliches und demokratisches Handeln überhaupt erst ermöglicht, zerfällt. Die politische Ökonomie der Unsicherheit regiert im Zentrum der Gesellschaft, auch dort, wo nach wie vor Hierarchien in Ausbildung und Einkommen fortbestehen. Der Drahtseilakt wird zum Paradigma der Biographie und der gesellschaftlichen Normalität. Lebenskünstler oder Absturz – so lautet die Alternative, die sich überall stellt und sich noch nicht einmal ausschließt. Die Nachkriegsgesellschaft der sozialen Sicherheit wird zur Risikogesellschaft, zur Gesellschaft »riskanter Freiheit«, welche das Gleichheitsprinzip als Gleichheit des Absturzes für alle umdefiniert. Karl Marx' politisch gemünzte Zukunftsprognose der Gesellschaftsspaltung bewahrheitet sich in neuer Form: Die reiche Minderheit wird immer reicher und immer kleiner und die große Nicht-Klasse der Ausgeschlossenen wächst.

Karl Marx' Zukunftsprognose der Gesellschaftsspaltung bewahrheitet sich in neuer Form.

Das neoliberale Politik-Paradigma agiert einen immanenten Widerspruch aus: Die Macht des Staates und seiner Institutionen wird skrupellos erobert und ausgespielt, um sie zu brechen. Dies aber in einer Welt, in der der Zusammenbruch nationalstaatlicher Institutionen in den 90er Jahren zu den wirklich schweren menschlichen Tragödien und Bürgerkriegen geführt hat – in Somalia, Westafrika, Jugoslawien sowie Teilen der ehemaligen Sowjetunion; ähnliches droht nun auch mit der Finanzkrise in Südostasien, beispielsweise in Indonesien. Auch wenn die Schwächung staatlicher Zentralmacht nicht alleine auf die neuen Einflüsse globaler Märkte zurückgeführt werden kann, so zeichnet sich doch ab, daß auf diese Weise ein verdecktes staatliches Macht- und Legitimationsvakuum verschärft und offen hervorbrechen kann.

Auch im Kleinen kann man studieren, wie die neoliberale Revolution ihre eigenen Grundlagen aufhebt. Überall dort, wo sie »erfolgreich« war – Beispiel USA und das Vereinigte Königreich – haben ihre Effekte dazu geführt, daß die politischen Koalitionen, die sie getragen haben, auseinandergebrochen sind und der Opposition der Weg an die Regierung geebnet wurde.[86] Offenbar haben die Neoliberalen noch nicht bemerkt, daß die Welt demokratisch geworden ist, die Wähler aber wohl kaum bereit sind, einer Politik, die den sozialen Abstieg oder Absturz auf ihre Fahnen geschrieben hat, das Mandat zu erteilen.

Die Utopie der neoliberalen Marktfreiheit ist eine Art Marxismus ohne Marx. Sie verwirklicht nach dem Zusammenbruch des Kommunismus die Marxsche Diagnose der Spaltung und Zerstörung der Gesellschaft ohne jegliche Hoffnung auf Befreiung im Sozialismus. Sie begünstigt damit umgekehrt einen Neo-Marxismus der Hoffnungslosigkeit aus eben demselben Grund: weil der gesellschaftliche Zusammenbruch ohne politische Alternative droht. Gleichzeitig beginnt Europa aus dem Schock zu erwachen, in den ihn vielleicht der einzige Glücksaugenblick seiner langen, unglückseligen Geschichte, der friedliche Zusammenbruch der kommunistischen Gewaltherrschaft, versetzt hat. Die Frage nach dem Politischen wird neu entdeckt: Was sind die Ziele einer politischen Union Europas, die nach der Herstellung des gemeinsamen Währungsraums, des Euro-Experiments auf der Tagesordnung stehen? Wie kann das politische Vakuum ausgefüllt werden, das der Abschied vom »Arbeitsbürger« als politisches Leit- und Konsensbild der Nachkriegsära hinterläßt? Wie läßt sich das soziale Netz jenseits der Vollbeschäftigung erneuern? Wie kann verhindert werden, daß immer mehr Menschen in der Gesellschaft von der Gesellschaft ausgeschlossen werden?

Wie wird es möglich, die globalen ökologischen Krisen in Formen und Notwendigkeiten einer transnationalen Erweiterung von Politik und Demokratie umzumünzen? Das »eigene Leben« ist die Leitfigur unserer Zeit. Wie kann der Wunsch auf Selbstverwirklichung und Selbstbestimmung neu verbunden und abgestimmt werden auf die Notwendigkeiten demokratischer Institutionen auf Mitwirkung und Zustimmung? Mit anderen Worten: Das Erbe der bipolaren Weltordnung tritt die Frage nach der Wiedergewinnung des Politischen an. Je weniger die alten Begriffsruinen den Blick verstellen, desto klarer wird, daß die Welt vor der Alternative: Zerfall oder politische Selbsterneuerung steht.

> Das »eigene Leben« ist die Leitfigur unserer Zeit.

Zukunftsvision I: Das Europa der Bürgerarbeit

Die große Chance, die mit dem Zusammenbruch der bipolaren Weltordnung im Jahre 1989 entstanden ist, liegt darin, daß sich niemand nirgendwo mehr gegen andere Kulturen, Religionen, Ideen abschließen kann. Dieser geteilte Raum, in dem die alten, territorial gebundenen Identitäten und Kulturen ebenso wie die nationalstaatlich kontrollierten Grenzen und Identitäten nun plötzlich ungeschützt aufeinandertreffen, macht den Globalisierungs-Schock verständlich, unter dem vor allem die zentraleuropäischen Länder, insbesondere auch Deutschland, nach dem Fall der Berliner Mauer immer noch stehen. Die andere Seite der Tatsache, daß wir in einer offeneren Welt leben, ist die Einsicht, daß es nicht nur *ein* Modell des Kapitalismus, *ein* Modell der Modernität gibt. Es gibt viele Kapitalismen, viele Modernen, die allerdings zueinander in Beziehung gesetzt werden müssen.

Multiple Modernen und der Spiegel der eigenen Zukunft

Die Selbsttransformation des westlichen Modells und seines Monopolanspruchs auf Modernität öffnet zugleich den Blick für Geschichte und Lagen divergenter Modernen in allen Teilen der Welt. Der kategoriale Rahmen der Weltgesellschaft, die Unterscheidung zwischen hochentwickelten und Entwicklungsländern, erster und dritter Welt, Tradition und Moderne brechen zusammen. Im globalen Zeitalter teilen die nicht-westlichen Gesellschaften mit dem Westen denselben Raum und Zeithorizont. Mehr noch: Ihre Lage als »Provinzen« der Weltgesellschaft leitet sich auch aus denselben Herausforderungen der Zweiten Moderne her, welche in unterschiedlichen kulturellen Kontexten und Orten unterschiedlich wahrgenommen, bewertet und bearbeitet werden.

In der Ersten Moderne wurden die nicht-westlichen Gesellschaften durch ihre Fremdheit und Andersheit, ihren »traditionalen«, »außer-modernen«, »vormodernen« Charakter definiert. In der Zweiten Moderne, in der alle sich im identischen globalen Raum verorten müssen und mit ähnlichen Herausforderungen konfrontiert sind, tritt an die Stelle der Fremdheit das Erstaunen über die Ähnlichkeit. Damit ist ein Schritt der Selbstkritik des westlichen Modernitätsprojekts verbunden, das weder die Spitze des Fortschritts noch den Monopolanspruch auf Modernität länger behaupten kann. Die außereuropäische Welt wird auf der Grundlage ihrer eigenen Geschichte und ihres Selbstverständnisses definiert und nicht länger als das Gegenteil oder die Abwesenheit der Modernität betrachtet. (Bis heute jedoch glauben viele europäische Sozialwissenschaftler, daß man nur die vormodernen westlichen

In der Zweiten Moderne tritt an die Stelle der Fremdheit das Erstaunen.

Gesellschaften studieren muß, um über die Lage und Probleme nicht-westlicher Gesellschaften sinnvolle Aussagen treffen zu können!) In der Zweiten Moderne befinden sich unterschiedliche Kulturen und Regionen der Welt auf unterschiedlichen Wegen zu unterschiedlichen Ideen von Modernität, die sie auch auf unterschiedliche Weise verfehlen können. Der Übergang zur Zweiten Moderne wirft also das Problem des Kulturvergleichs innerhalb der verschiedenen weltregionalen (»nationalen«) Bezugsrahmen radikal auf und zwingt dazu, auf der Grundlage der Anerkennung multipler Modernen den Dialog zwischen diesen zu beginnen.

Damit wird es beispielsweise falsch, nicht-westliche Länder aus dem Analyserahmen westlicher Gesellschaften auszuschließen. Dies gilt sowohl für die Geschichte als auch für die Gegenwart Europas. Shalini Randeria dreht die evolutionäre Fortschrittshierarchie zwischen westlichen und nicht-westlichen Ländern um: »Wenn man Marx' Urteil vom Kopf auf die Beine stellt, kann man sagen, daß in vielerlei Hinsicht die ›Dritte Welt‹ heute Europa den Spiegel seiner eigenen Zukunft vorhält«[87]. Ausgeführt bedeutet dieser Gedanke, daß der Westen zuhören sollte, wenn nicht-westliche Länder von folgenden historischen Erfahrungen berichten:

> **Der Westen sollte gut zuhören, wenn nicht-westliche Länder berichten.**

- Wie kann das Zusammenleben in multi-religiösen, multi-ethnischen und multi-kulturellen Gesellschaften gelingen?
- Westliche Gesellschaften können realistische, nicht-utopische, also enttäuschungssichere Antworten auf die Frage gewinnen: Wie wird Toleranz im Zusammenleben auf engem Raum bei gewaltanfälligen, kulturellen Unterschieden und Differenzen möglich?
- »Hochentwickelt« sind nicht-westliche Länder auch im Umgang mit legalem und rechtlichem Pluralismus.
- Schließlich erweist sich auch ein bisheriger »Mangel« als Vorzug: Nicht-westliche Länder sind erfahren im alltäglichen Umgang mit multiplen Souveränitäten, wie sie z.B. auch für das multinationale Europa mit einheitlichem Währungsraum typisch sein werden.

Auf der anderen Seite beginnen westliche Gesellschaften, sich auch an nicht-westliche Realitäten und Normalitätsmaßstäbe anzupassen, die wenig Gutes erwarten lassen:

- Deregulierung und Flexibilisierung der Erwerbsarbeit führen in

den Westen als Normalität ein, was lange Zeit als überwindbarer Mißstand galt: informelle Ökonomie und informellen Sektor.
- Überdies führt die Deregulierung des Arbeitsmarktes auch zum Abschied von der korporatistisch organisierten Arbeitnehmergesellschaft, die den Klassenkonflikt zwischen Arbeit und Kapitel stillstellte, indem sie eine kapitalistische Angebotsdynamik mit einer Anrechtsordnung für den »Arbeitsbürger« harmonisierte. Entsprechend breiten sich mit der Informalisierung der Arbeitsbeziehungen und Vertragsverhältnisse gewerkschaftsfreie Zonen in den Zentren der westlichen Nach-Arbeitsgesellschaft aus.
- Viele Länder der nicht-westlichen Welt gelten als schwache Staaten. Sollte die neoliberale Revolution anhalten, dann können staatliche Legitimationskrisen mit ihrem offenen Ausbruch von bürgerkriegsähnlicher Gewalt auch als eine sich abzeichnende Zukunft des Westens in den Ländern des Südens studiert werden.

Alle diese Gesichtspunkte unterstreichen zweierlei: zum einen, wie dringlich die Aufgabe ist, einen Analyserahmen für die Welt unter dem Risikoregime, die Weltrisikogesellschaft, in der wir leben und in der die verdeckten Zusammenhänge, Ähnlichkeiten, Gegensätze und neuen Konfliktlinien zwischen westlichen und nicht-westlichen Ländern abgebildet werden können, zu erarbeiten, um die Dynamik und Widersprüche der Zweiten Moderne zu verstehen. Zum anderen wird es notwendig, aus dem Bannkreis der Arbeitsgesellschaft herauszutreten und Grundzüge, Visionen für ein europäisches Gesellschaftsmodell der Nach-Arbeitsgesellschaft zu entwerfen.

> **Es ist notwendig, aus dem Bannkreis der Arbeitsgesellschaft herauszutreten.**

Was also ist die Gegenthese zur Erwerbsgesellschaft? Nicht die Muße-Gesellschaft, sondern die Vision einer im neuen Sinne politischen Gesellschaft.

Präludium über den scheinbar leichtsinnigen Optimismus

Ich möchte zwei Botschaften kolportieren, die auf den ersten Blick auch rein gar nichts miteinander zu tun haben. Der eine Gewährsmann ist André Gorz: »Jede Politik, auf welche Ideologie sie sich sonst auch berufen mag, ist verlogen, wenn sie die Tatsache nicht anerkennt, daß es keine Vollbeschäftigung für alle mehr geben kann und daß die Lohnarbeit nicht länger der Schwerpunkt des Lebens, ja nicht einmal die hauptsächliche Tätigkeit eines jeden bleiben kann.« Der andere ist Immanuel Kant: »Sich als ein nach dem Staatsbürgerrecht mit in der Weltbürgergesellschaft vereinbares Glied zu denken, ist die erhabenste Idee, die der Mensch von seiner Bestimmung denken kann und welche nicht ohne Enthusiasmus gedacht werden kann.« (Reflexion 8077, Handschriftlicher Nachlaß) Zwischen diesen beiden Botschaften, die auf den ersten Blick auch rein gar nichts miteinander zu tun haben, besteht ein innerer Zusammenhang, den ich nun aufschlüsseln will. Der Abschied von der Erwerbsgesellschaft schmerzt und ängstigt vielleicht dann weniger, wenn der Aufbruch in die zugleich globale und lokale, insbesondere europäische Weltbürgergesellschaft lockt und gelingt. Der Abbau der Arbeitsgesellschaft und der Aufbau Europas – diese Verbindung läßt sich herstellen.

Der Abbau der Arbeitsgesellschaft und der Aufbau Europas

Niemand springt ins Nichts. Der Einstieg in den Ausstieg der Arbeitsgesellschaft im klassischen Verständnis setzt voraus, daß dem pragmatischen Skeptizismus des geschundenen, gegen falsche Versprechen allergisch gewordenen, modernen Bewußtsein ein erreichbares Ziel mit erfahrbarer Verführungskraft vor Augen steht. Nichts, was ihm einzupflanzen oder aufzuschwatzen wäre, sondern eine schlafende Hoffnung, die es zu wecken gilt; und zwar dadurch, daß das Unmögliche, das sie einige Generationen lang betäubt hat, durchlöchert wird und auf diese Weise unverschämte Blicke auf die verborgenen Reize des Neuen geworfen werden können.

Ein Europa der Arbeitslosigkeit erscheint vielen Kommentatoren als Horror schlechthin. Sie beklagen die Abstraktheit der Politik, die, auf eine nationalstaatliche Axiomatik festgelegt, das aus den Augen verloren hat, was die Menschen bedrückt und ängstigt: die vor Ort brennenden globalen Probleme wie Naturzerstörungen, Flüchtlinge, Armut, Obdachlosigkeit, Sprachlosigkeit zwischen den Kulturen und Religionen. Kaum jemand will bemerken, daß die beiden Klagen und Anklagen sich wechselseitig dann den Boden entziehen könnten, wenn – zunächst als Leitbild, dann aber auch als *work and word in progress* – an die Stelle der auf Arbeit (im weitesten Sinne) zentrierten Gesellschaft die in einem neuen, alltäglichen Sinne politische Gesellschaft in weltbürgerlicher Absicht tritt.

Nicht Freizeit, sondern politische Freiheit, nicht die Gesellschaft der pluralen Tätigkeiten, in der neben Erwerbsarbeit Hausarbeit, Familienarbeit, Vereinsarbeit, Ehrenamt aufgewertet und ins Zentrum der öffentlichen und wissenschaftlichen Aufmerksamkeit gerückt werden, bilden das Gegenmodell zur Arbeitsgesellschaft, denn diese Alternativen bleiben letztlich dem Wertimperialismus der Arbeit, den es gerade abzuschütteln gilt, verhaftet. Wer aus dem Bannkreis der Arbeitsgesellschaft heraustreten will, muß in die in einem neuen historischen Sinn politische Gesellschaft einsteigen, welche die Idee der Bürgerrechte und der transnationalen Zivilgesellschaft für Europa materialisiert, auf diese Weise die Demokratie demokratisiert und belebt. Das ist der Horizont und die programmatische Kurzfassung der Idee der Bürgerarbeit, die nun entfaltet werden soll.

Ein wesentliches Mißverständnis will ich gleich vorweg ausschließen: Es geht nicht darum, Bürgerarbeit als Rettungsring der Welt anzupreisen, sondern getreu dem chinesischen Sprichwort zu argumentieren: Auch die längste Reise beginnt mit dem ersten Schritt. Bürgerarbeit meint die Politik des ersten Schrittes.

Auch die längste Reise beginnt mit dem ersten Schritt.

Wir Europäer im Geiste sind Riesen, wenn es darum geht, das unendliche Verhängnis der Krisen und das absolut Unmögliche ihrer Bewältigung wieder und wieder auszumalen. Doch wir sind Zwerge, wenn es darum geht, Auswege und Antworten aufzudecken oder gar in entsetzlicher Weise dazu anzustiften und anzustacheln, diese zu ergreifen und zu erproben. Wenn es einen Kern des postmodernen Bewußtseins gibt, dann ist es dieses Wohlbefinden in der Krise. Nicht die Krise ist der Feind, sondern die Vorstellung, daß sie überwunden werden könnte. Doch diese Krisenlust, diese Krisenliebe beruht auf uneingestandenem, blindem Optimismus, der letztlich nicht weiß oder wahrhaben will, was wirklich droht. Der scheinbar leichtfüßige, leichtsinnige Optimismus hingegen, der sich in der Kunst, zum Aufbruch zu verführen, äußert und übt, erwächst aus dem allgegenwärtigen Erschaudern über das mögliche Zu-Spät.

Die Leser ahnen es: Dies ist ein Vorgeplänkel, das dem Zwecke dient, die Peinlichkeit zu überspielen, die sich immer dann einstellt, wenn nach dem Götterdonner der schlechten Aussichten endlich der Berg kreißt und das Mäuschen der guten Hoffnung soll geboren werden.

Das Modell Bürgerarbeit

Bürgerarbeit setzt Bürgerrechte voraus, wobei auch umgekehrt gilt, daß Bürgerrechte durch Bürgerarbeit materielle Gestalt in all dem gewinnt, was für Dritte getan werden kann und muß, damit Bürgerrechte über ihre papierene Wirklichkeit hinaus greifbar, spürbar, erlebbare und lebbare gesellschaftliche Wirklichkeit werden. Es kann also sein, daß in einem Land, in dem die Bürgerrechte gar nicht oder schwach ausgebildet sind, Bürgerarbeit Bürgerrechte praktisch einführt, sie zu einer lebendigen Wirklichkeit macht, die dann auf den Alltag der Menschen, ihr kommunales Zusammenleben, aber auch auf Gesetze, Parteien und Politik ausstrahlen. Bürgerarbeit ist mehr als das vielbeschworene bürgerschaftliche Engagement, weil es die Art der Tätigkeit und des Tätigwerdens ins Zentrum rückt, einschließlich der dafür erforderlichen Ressourcen – Zeit, Raum, Geld, Kooperation. Anders als Bürgerengagement, das seinen Status aus der Unentgeltlichkeit empfängt, wird Bürgerarbeit durch Bürgergeld zwar nicht entlohnt, aber belohnt und auf diese Weise sozial anerkannt und aufgewertet. Geld ist in der Geldgesellschaft nun einmal der Maßstab dafür, was gilt. Das Bürgergeld meint eine auszuhandelnde Höhe, die mindestens das geltende Niveau der Arbeitslosen- und Sozialhilfe beinhaltet.

Aber es geht um mehr: Bürgerarbeit soll, so gut es geht, entlastet sein von der Sorge um das tägliche Brot und die eigene Zukunft. Und Bürgerarbeit soll der Wachstumsorientierung die Spitze brechen. Der französische Regierungschef Jospin hat die Politik des Dritten Weges mit dem Satz charakterisiert: »Marktwirtschaft ja, Marktgesellschaft nein.« In diesem Sinne ist Bürgerarbeit ein Stück staatlich sanktionierter Ausstieg aus dem Markt. Hier wird der demokratischen Gesellschaft im Sinne einer konkreten zivilen Eigengestaltung ein Raum eröffnet.

> Bürgerarbeit ist ein Stück staatlich sanktionierter Ausstieg aus dem Markt.

Nochmal: »Volunteering is not for free!« Wer das bezahlen soll? Eine Quelle des Bürgergeldes sind beispielsweise die Unsummen, die in Europa in Form von Arbeitslosen- und Sozialhilfe dafür ausgegeben werden, daß jemand nichts tut. Diese unsinnige Regel wird durch Bürgerarbeit abgeschafft, ganz nach dem Motto: Bürgerarbeit statt Arbeitslosigkeit finanzieren! Der Empfänger von Bürgergeld leistet öffentlich wichtige und wirksame Bürgerarbeit, ist insofern nicht arbeitslos und bezieht für seine Leistung das Bürgergeld. Dieses setzt sich zusammen aus öffentlichen Transfergeldern, Drittmitteln des betrieblichen Sozialsponsorings, kommunalen Eigenfinanzierungen (die damit für das zahlen, was ihnen, den Gemeinden, Nutzen bringt) sowie den Beträgen, die in der Bürgerarbeit selber erwirtschaftet werden. Wie das Vorbild Großbritannien zeigt, können dabei wohl Summen herausspringen, die auch die materielle Eigenständigkeit dieser politischen Arbeit begründen.[88]

Dies zeichnet Bürgerarbeit im Unterschied zum sehr viel formloseren, unverbindlichen »bürgerlichen Engagement« aus. Hier entsteht neben der Erwerbsarbeit eine alternative Aktivitäts- und Identitätsquelle, die nicht nur den Menschen Befriedigung schafft, sondern auch den Zusammenhalt in der individualisierten Gesellschaft durch die Verlebendigung der alltäglichen Demokratie stiftet.

Der Nutzen der Bürgerarbeit liegt nicht nur im Nutzen der Bürgerarbeit. Es ist auch der soziale Sinn und Zusammenhalt, der selbst – radikal gedacht – aus dem Scheitern einzelner Vorhaben entsteht. Das Gemeindeleben wird farbiger, kontroverser, dichter in der Ausübung politischer Freiheit. Kein Vordenker – von Jean-Jacques Rousseau bis Jürgen Habermas – wollte je eine Demokratie, die sich in periodischen Abstimmungen erschöpft. Für alle gehören dazu auch stets Bildung, Erfahrung mit Demokratie, Bewußtsein sowie ein waches, aktives Gemeindeleben – alles Dinge, die durch Bürgerarbeit erneuert und bestärkt werden.

Das Gemeindeleben wird farbiger, kontroverser, dichter.

Bürgerarbeit darf daher auf keinen Fall mit dem Zwang verwechselt werden, dem Sozialhilfeempfänger bei der Übernahme kommunaler Arbeit jetzt überall ausgesetzt werden. Bürgerarbeit ist freiwillige, selbstorganisierte Arbeit, wo das, was getan werden soll, ebenso das, wie es getan werden soll, in den Händen derjenigen liegt, die dies tun. Man tötet den demokratischen Geist, der Bürgerarbeit und mit ihr die Gesellschaft der selbsttätigen Individuen beseelt, wenn man den Jahrhundertfehler begeht und Bürgerarbeit mit Zwangsarbeit verwechselt. Der politische Charakter der Bürgerarbeit bedarf der öffentlich geschützten und hochbewerteten Eigenständigkeit, die sich in Autonomie und Freiwilligkeit der Beteiligung und der Organisationsformen ausdrückt. Das schließt selbstverständlich kooperative Strukturen und Einpassungen in das kommunale politische Leben – etwa durch einen Bürgerarbeitsausschuß, der Projekte der Bürgerarbeit berät, legitimiert und für diese auch die notwendige Öffentlichkeit mitherstellt – nicht aus, sondern geradezu mit ein.

Bürgerarbeit ist dort, wo Funken sprühen und Menschen handeln, auch Kritik- und konkret gewendete Protestarbeit. Sie greift Anliegen auf, die von Verwaltung und Politik vernachlässigt, verfälscht oder unterdrückt werden. Insbesondere nimmt sich Bürgerarbeit der Bürgerrechte von Minderheiten und Ausgeschlossenen an, entsprechend dem Motto: Sage mir, wie in deinem Land mit den Rechten von Minderheiten, Exkludierten und Fremden umgegangen wird (bei Behörden, im Alltag, in den Massenmedien, am Biertisch, in der eigenen Nachbarschaft, bei Nacht und bei hellichtem Tage) – und ich sage dir, wie es mit der Demokratie in deinem Land bestellt ist! Relative Eigenständigkeit, Freiwilligkeit und öffentliche Grundfinanzierung sind das Rückgrat der demokratischen Kultur, die mit Bürgerarbeit zugleich mit Inhalten gefüllt, auf- und ausgebaut wird.

> **Bürgerarbeit ist nicht brav, sie mobilisiert und integriert.**

Bürgerarbeit ist nicht (nur) brav und lückenbüßerisch, sie dient nicht als institutionalisiertes Feigenblatt staatlicher Versäumnisse. Sie mobilisiert und integriert, also auch Protestbewegungen, und hilft der Verwaltung, den Parteien und dem Staat dadurch auf die Sprünge. Man erinnere sich: Wer hat die Themen der sich selbstgefährdenden Zivilisation, die heute in aller Munde sind, gegen den Widerstand der Herrschenden in Politik, Wirtschaft und Wissenschaft auf die Tagesordnung gesetzt? Die vielen David-gegen-Goliath-Bewegungen!

Doch Bürgerarbeit erdet auch Protestpotentiale, wendet diese ins Pragmatisch-Tätige, Selbsttätige, konfrontiert den Verbalprotest mit dem Kleinklein einer eigenen Antwort und Initiative, also der Frage, was tun? Ganz nach dem Motto: Frage nicht, was der Staat tun kann, sondern frage, was du tun kannst, um den Mißstand abzubauen! Mit Bürgerarbeit erhält, um ein Wort von Schumpeter abzuwandeln, schöpferischer Ungehorsam einen gesellschaftlich anerkannten Tätigkeits- und Experimentierort. Doch man hüte sich, daraus den Schluß zu ziehen, Bürgerarbeit sei die Geburtsstätte alles Guten und Schönen auf Erden. Bürgerarbeit kann konservativ oder revolutionär sein – oder beides oder nichts von dem. Es gibt kein vorbestimmtes evolutionäres Ziel der politisch freien Gesellschaft. Im Gegenteil: Der eigentliche Lackmustest der Freiheit liegt in der Frage: Wie gehen wir mit den häßlichen Gesichtern der Freiheit um?

Zudem steckt Bürgerarbeit voller weiterer Dilemmata. Um nur noch eines herauszugreifen: Wie organisiere ich Spontaneität? Was muß getan werden, damit Menschen aus ihrer anonymen Privatheit heraustreten und anfangen, öffentlich etwas für Dritte zu tun, das sich weder Vorschriften noch Hierarchien beugt? Alle rufen nach Spontaneität, Kreativität, Innovation, Selbstverantwortlichkeit, aber niemand weiß, wie diese neuen großen und zunächst doch leeren Hoffnungs-, ja Plastikwörter in herstellbare Wirklichkeit zu verwandeln sind.

Die Sozialwissenschaften, insbesondere im angelsächsischen Sprachbereich, haben sich in den letzten zehn Jahren intensiv mit dieser Frage befaßt und sind dabei auf das gestoßen, was man die Paradoxie der organisierten Spontaneität nennen könnte: Alle Versuche, Menschen zu ihrem Glück organisierter Selbstverantwortung durch staatliche Verordnungen und Erlasse zu bewegen – beispielsweise indem man Wohnviertel mit sozial gemischten Nachbarschaften plant, öffentliche Räume verordnet, Rahmenrichtlinien für soziale Fürsorglichkeit erläßt etc. –, sind kontraproduktiv. Je mehr soziale Spontaneität und Verantwortlichkeit vorgeschrieben wird, desto mehr wird diese verhindert.

Rechtlich-institutionell gewendet bedeutet dies, daß Bürgerarbeit nicht den Kommunalverwaltungen, nicht den Sozialämtern, nicht den Arbeitsämtern, nicht den Wohlfahrtsverbänden, auch nicht einem neu einzurichtenden Amt für Bürgerarbeit unterstellt werden sollte. Nicht nur, weil damit genau der kontraproduktive staatliche Kontrollzugriff etabliert würde, sondern auch, weil mit Bürgerarbeit gerade ein Gegenakzent zur organisierten Phantasielosigkeit der Kommunalverwaltung, der Arbeitsämter, der Sozialfürsorge etc. etabliert werden soll. Doch damit stellt sich verschärft die Frage: Wer organisiert die Spontaneität?

> Bürgerarbeit als Gegenakzent zur organisierten Phantasielosigkeit

Es ist eine Schlüsselidee des Modells Bürgerarbeit, daß hierfür das im ursprünglichen Sinne Unternehmerische mit der Arbeit für das Gemeinwohl verbunden werden sollte und kann. Auf diese Weise entsteht der Typus des Gemeinwohlunternehmers, der Sozialfigur nach sozusagen eine Verbindung zwischen Mutter Teresa und Bill Gates. Soziale oder Gemeinwohlunternehmer kombinieren in ihrer Person und in ihrem Können das, was sich der gängigen Logik funktional differenzierter Gesellschaften nach auszuschließen scheint: Die Fertigkeiten und die Kunst des Unternehmers im emphatischen Wortsinn werden für soziale, gemeinnützige Zwecke eingesetzt. Gemeinwohlunternehmer organisieren Mitgliedschaften und Arbeitsformen – nicht exklusiv, sondern inklusiv: Bürgerarbeit schließt letztlich niemanden aus, es sei denn, er oder sie schließt sich selber aus. Wie die Erfahrungen in Großbritannien zeigen, haben die Projekte, die der Gemeinwohlunternehmer entwirft und durchführt, oft größere Erfolge mit geringeren Kosten als parallele Projekte des Wohlfahrtsstaates – und zwar deshalb, weil sie weniger bürokratisch, aber viel flexibler in ihren Organisationsabläufen sind und mit dem Stamm der Freiwilligen über eine Art Engagement verfügen, das nur schwer kaufbar, bezahlbar ist.[89] So kann Bürgerarbeit zu einer Innovation werden, die Innovationen ermöglicht. Denn in dem Maße, in dem das Wohlfahrtssystem durch die Einrichtung von Bürgerarbeit inhaltlich neu fundiert wird, wird es zugleich dezentralisiert, klienten- und problemnäher. Zugleich entsteht eine Kultur der Kreativität, d.h. ein öffentlicher Raum, in dem experimentelle Vielfalt möglich ist.

Die Einrichtung von Bürgerarbeit mit der Initiativrolle des Gemeinwohlunternehmers wirft vielfältige Fragen auf: Wie wird diese Arbeitsform im einzelnen finanziert? Wer autorisiert, berät sie und legt sie auf öffentliche Belange fest? Und: Wie wird das mögliche Scheitern – sozusagen der Konkurs – bestimmter Projekte festgestellt und verkraftbar? Insbesondere wirft Bürgerarbeit auch Schnittstellenfragen auf, die aus möglichen Überschneidungen mit bereits etablierten Leistungsträgern und Beschäftigungsformen entstehen – als da wären: zweiter Arbeitsmarkt, kommunale Pflichtarbeit im Rahmen der Sozialhilfe, professionelle Arbeit im öffentlichen Dienst und den Wohlfahrtsverbänden, Zivildienst, kleine Dienste (niedrige produktive Tätigkeiten), Schwarzarbeit.

> Regeln können nicht aus der Schreibtischretorte entwickelt werden.

Für die Bearbeitung bzw. Beantwortung dieser Art von Fragen empfiehlt sich eine verfahrenstechnische Lösung, wie dies in entwickelten pluralistischen Demokratien praktiziert wird: An die Stelle inhaltlicher Vorgaben oder Abgrenzungskriterien treten Verfahrensregeln, die festlegen, wie Entscheidungen getroffen und mögliche Friktionen produktiv aufgelöst werden. Diese Regeln können allerdings nicht aus der Schreibtischretorte entwickelt, sondern müßten ihrerseits im demokratischen Prozeß entworfen, erprobt und legitimiert werden.

Was also meint Bürgerarbeit? Wie gesagt:

- organisierten, schöpferischen Ungehorsam,
- Selbstbestimmung, Selbstverwirklichung in Form eines freiwilligen politischen und sozialen Engagements,

Absender:

Name/Firma

Abteilung

Straße

PLZ/Ort

Meine Ansicht zu diesem Buch:

Antwort

**Campus Verlag
Heerstraße 149
D-60488 Frankfurt/Main**

Bitte
freimachen

Liebe Leser,
gerne informieren wir Sie über unsere Neuerscheinungen aus den Programmbereichen:

☐	Sachbuch		Wissenschaft
☐	Ratgeber/Psychologie	☐	– Soziologie
☐	Kultur/Geschichte	☐	– Philosophie
☐	Stadt/Architektur	☐	– Geschichte
☐	Wirtschaftspraxis	☐	– Politik
☐	Börse	☐	– Wirtschaft
☐	audio books	☐	– Judaica

Folgende Angaben sind für uns sehr hilfreich:
Diese Karte entnahm ich dem Buch _____

Auf dieses Buch wurde ich aufmerksam durch:

☐	Buchhandlung	☐	Verlagsprospekt
☐	Buchbesprechung	☐	Anzeige
☐	Geschenk	☐	Sonstiges _____

- projektgebundene, kooperative, selbstorganisierte Arbeit für Dritte, die unter der Regie eines Gemeinwohlunternehmers durchgeführt wird.

Stichwort Bürgergeld:

- Bürgerarbeit wird nicht entlohnt, aber belohnt und zwar materiell und immateriell durch Bürgergeld, Qualifikationen, Anerkennung von Rentenansprüchen und Sozialzeiten, Favor Credits (gemeint sind Vorteile, die ein in Bürgerarbeit Beschäftigter aus seiner freiwilligen Arbeit zieht, z.B. sein Kind gebührenfrei in einen Kindergarten schicken zu können).
- Bürgergeld sichert materiell die Autonomie der Bürgerarbeit. Sein Minimum leitet sich aus den Maßstäben von Arbeitslosengeld, Arbeitslosen- und Sozialhilfe ab. Es wird aufgestockt durch kommunale Mittel und Mittel, die in der Bürgerarbeit selbst erwirtschaftet werden.
- Jedoch sind die Bezieher von Bürgergeld – bei sonst gleichen Voraussetzungen – keine Empfänger von Sozial- und Arbeitslosenhilfe, da sie in Freiwilligeninitiativen gemeinnützig tätig sind. Auch stehen sie dem Arbeitsmarkt nicht zur Verfügung, wenn sie das nicht wünschen. Sie sind keine Arbeitslosen.

Was aber hat Bürgerarbeit nun mit der Begründung einer europäischen Weltbürgergesellschaft zu tun, wie ich sie fordere?

Was hat Bürgerarbeit mit einer europäischen Weltbürgergesellschaft zu tun?

Das Europa der Bürgerarbeit

Die unendlich zahlreichen und kunterbunten Initiativen, Organisationen, Netzwerke und Akteure, die sich in der Sphäre tummeln, die man sich als »globale Zivilgesellschaft« zu kennzeichnen angewöhnt hat, erfreuen sich in den letzten Jahren einer wachsenden Aufmerksamkeit. Das darf aber nicht darüber hinwegtäuschen, daß diese Greenpeaces und Amnesty Internationals und wie sie alle heißen gleichsam als Friedenstauben, als Schönwettervögel gelten, deren öffentliche Präsenz und politischer Einfluß sich immer dann verflüchtigt, wenn es ernst wird. Insofern genießen sie bei hartgesottenen Realisten der politischen Machtlogik den zweifelhaften Ruf, daß es sich bei ihnen – wie überhaupt bei der Rede von der globalen Zivilgesellschaft ganz allgemein – um ein aufgebauschtes

Scheinmachtphänomen aus zweiter Hand, nämlich aus der Hand der über den Ernstfall entscheidenden Nationalstaaten, handele.

Selbst diese skeptische Einschätzung sieht sich aber mit der Tatsache konfrontiert, daß in immer mehr öffentlichen Debatten, die auf Markt und Politik einwirken – über Fragen der nachhaltigen Entwicklung, des Friedens, der Minderheitenrechte oder technischer Risiken (um nur einige zu nennen) – zivilgesellschaftliche Initiativen und Akteure eine Schlüsselrolle spielen. Die Bürgerinitiativen bauen ihre Macht aus, indem sie es den Konzernen nachtun. Sie vernetzen sich über Grenzen und Kontinente hinweg, sind also zugleich hier wie dort gegenwärtig und machen auch in direkter Kooperation mit Regierenden und Regierungsbürokratien überall auf der Welt durch dieses mehrörtige Machtspiel ihren Einfluß zunehmend geltend. Wenn man politischen Einfluß u.a. an der Anerkennung bemißt, den diese bürgergesellschaftlichen Gruppen von formalisierten politischen Akteuren der Staaten und transnationalen Politikorganisationen wie UNO erfahren, dann spricht auch dieser Indikator für das wachsende Machtpotential der globalen Zivilgesellschaft.

> **Die Bürgerinitiativen bauen ihre Macht aus, indem sie es den Konzernen nachtun.**

Die zivilgesellschaftliche Internationale. »Während der letzten Runde der UNO-Weltkonferenzen in Rio (Umwelt), Wien (Menschenrechte), Kopenhagen (soziale Entwicklung), Kairo (Bevölkerungspolitik), Bejing (Frauen) und Istanbul (Stadtentwicklung) haben Zehntausende die Parallelforen der zivilgesellschaftlichen Organisationen besucht. Das praktische und detaillierte Wissen dieser Gruppen hat diese Foren zu einer wertvollen Informationsquelle gerade auch für Regierungsvertreter gemacht.«[90]

Zudem haben diese Akteure der zivilgesellschaftlichen Internationale es geschafft, Zugang und Einfluß auf die Agendas und Ergebnisse dieser Konferenzen zu gewinnen. Das geht inzwischen so weit, daß sie den Vorbereitungskomitees der Regierungen sowie den nachfolgenden Arbeitsgruppen angehören, die die Konferenzergebnisse auswerten. Sie sind, wie der ehemalige UN-Generalsekretät Boutros-Ghali einmal sagte, »zu einer wesentlichen Form der Repräsentation der Basis in der heutigen Welt geworden. Ihre Teilnahme in den internationalen Beziehungen garantiert die politische Legitimität dieser internationalen Organisationen.«

Dabei agieren diese Initiativen und Netzwerke in einem bemerkenswerten Zwischenfeld. Während die Öffentlichkeiten nach wie vor weitgehend national orientiert, nationalstaatlich-territorial organisiert und gegeneinander abgeschottet sind, sind diese Akteure der Zivilgesellschaft längst transnational organisiert, also wie die Wirtschaft politisch gleichsam aus der Fläche in den Raum ausgebrochen. Mit den Zwängen der Staaten zur transnationalen Kooperation, auf die die Globalisierung in allen Dimensionen hinwirkt, stellen zivilgesellschaftliche Akteure als die Pioniere einer transnationalen Subpolitik nicht nur wichtige Kooperationspartner für die nationalstaatliche Politik dar. Diese verwickelt sich auch in vielfältige Widersprüche zwischen ihrer noch nationalen Fixierung und ihren schon transnationalen Kooperationswünschen und -zwängen. Diese können ihrerseits von den zivilgesellschaftlichen Akteuren zur Maximierung ihrer Einflußchancen genutzt werden.

Konkreter: Gerade die demokratischen Staaten des Westens entwickeln im Zuge der Globalisierung ein wachsendes Interesse an transnationaler Kooperation, weil ihre ureigensten »nationalen« Interessen – z.B. Rinder, Finanzmärkte, Autos – in ihren Weltmarkt- und damit auch Arbeitsmarktchancen elementar davon abhängen, wie Risikodefinitionen und Risikoregulationen in der Sphäre transnationaler Kooperation ausgehandelt werden. Globale Risiken, globale Märkte, globale Politik, lokale Arbeitsplätze und lokale Wählerstimmen sind direkt miteinander verzahnt. Nationale Regierungen müßten sich also eigentlich einerseits in transnationale Akteure verwandeln, d.h. sich selbst aufheben, auflösen, wenn sie ihre nationalen Interessen verfolgen wollen. Weil sie das aber bekanntlich nicht können, sind sie damit mehr denn je auf NGOs als vorauseilende Kooperationspioniere zur Lösung ihrer nationalen Fragen, die solche eben gar nicht mehr sind, angewiesen.

> Nationale Regierungen müßten sich eigentlich in transnationale Akteure verwandeln.

Verstrickt in diese Dilemmata stehen, so Martin Köhler, demokratischen Staaten zwei Optionen offen: Entweder verwerfen sie die Kooperationsstrategie und suchen Zuflucht in protektionistischer Politik der einen oder anderen Variante, oder aber »sie brechen auf, eben durch Kooperation, zu einer Demokratisierung ihrer externen Umwelten, um bessere Konditionen für die Auflösung von Spannungen und Konflikte herzustellen«[91]. Anders gesagt: Die Widersprüche nationaler Politik im globalen Zeitalter begünstigen den Ausbau einer kosmopolitischen Zivilgesellschaft. Diese Gestaltungschance gilt nun in besonderem Maße für Europa.

Doch sollte man Angewiesenheit nicht mit Übereinstimmung in den Zielen verwechseln. Während etwa die nationalen Regierungen auf die »Festung Europa« setzen, versuchen Menschenrechtsgruppen, Grüne und Liberale zu retten, was zu retten ist, um ihr Ziel »Fluchtburg Europa« nicht völlig untergehen zu lassen. Doch oft bleibt nur die Frage: Wie durchlässig ist der Beton?

> **Fluchtburg oder Festung – diese Grundfrage ist für Europa längst entschieden.**

»Fluchtburg oder Festung – diese Grundfrage ist für Europa längst entschieden. Viele EU-Staaten haben, teils jeder für sich, teils gemeinsam, die Schotten dichtgemacht. Im Vertrag von Schengen wurde die Kontrolle der Außengrenzen vereinbart und im Dubliner Abkommen die Zuständigkeit für Asylverfahren geregelt. Deutschland hat an deutschen Flughäfen Schnellverfahren für Asylbewerber eingeführt und um sich einen Sicherheitsgürtel, genannt Drittstaatenregelung, gezogen. Das ist das Herzstück der Abschottungspolitik. Danach hat keinen Anspruch auf Asyl, wer aus einem Mitgliedsstaat der Europäischen Union einreist oder aus einem Land, das der Gesetzgeber für sicher erklärt hat. Die Folge: Der Asylbewerber wird dorthin zurückexpediert. Die Drittstaatenregelung macht Schule. Alle Länder, die in die EU streben, wollen mit ihren Nachbarn sogenannte Sicherheitsverträge schließen, Polen mit der Ukraine, Tschechien mit der Slowakei, Ungarn mit Rumänien.«[92]

Gerade auch Festungspolitik ist auf internationale Kooperation angewiesen. Der protektionistische Reflex bedient sich in Brüssel einer militärischen Sprache, die vergessen macht, daß nicht Feinde oder Kriminelle Europa bedrohen, sondern Menschen in Europa, dem Entstehungsort der Menschenrechte, um den Schutz ihrer Menschenrechte nachsuchen. Keine gute Ausgangslage für eine europäische Menschenrechtsbewegung? Wann hätte eine Menschenrechtsbewegung – beispielsweise gegen die Rechtlosigkeit der Sklaven oder der Schwarzen in den USA – je den Schutz der Rechte vorgefunden, den sie einklagt?

Der Fremde und die europäische Identität. Man lästert über das Europa der Händler, das Europa der Brüsseler Bürokratie. Dieser wird zugerechnet oder angedichtet, was so an Unbill oder Unsinn durch die Medien geistert. Brüssel arbeitet an einer Richtlinie über die Symmetrie von Weihnachtsbäumen, wurde kürzlich gemeldet. Und: Jäger müssen künftig einen Tierarzt mitnehmen, wenn sie auf die Pirsch gehen. Wie dem auch sei, unbestritten ist, daß das Markt-Europa dringend durch ein Europa der Bürger ergänzt und konterkariert werden müßte. Je stärker der Euro wird, desto dringender braucht er ein Gegengewicht. Was könnte das sein? Was könnte die Seele der europäischen Demokratie, der europäischen Identität werden?

Sicher, da kommt vieles in Frage. Für Milan Kundera ist etwa der

Roman das Symbol Europas. Der europäische Roman, schreibt er, ist das Echo auf das Lächeln Gottes über die Irrungen und Wirrungen einer von der Wahrheit verlassenen Menschheit. Für Kundera liegt das Europäische im Zelebrieren der Mehrdeutigkeit, in der Ironie, im Lachen Europas über sich selbst. Ähnlich könnte man argumentieren, das Theater oder die Musik verkörpern europäische Identität. Vielleicht wird eine europäische Verfassung das erstrebte Europa stiften? Gewiß, aber nicht nur als Grundgesetz, sondern erst wenn sich dieses mit europäischen Bürgerrechten verbindet, die praktiziert werden. Ein Europa der Bürger entsteht erst in einem Europa der Bürgerarbeit. Es gibt keinen besseren Weg, Bürgerrechte mit Leben zu füllen, als sie durch Bürgerarbeit in die selbstorganisierte Tat der souveränen Vielen umzusetzen.

Meine Vision lautet: Die europäische Demokratie gewinnt ihre Seele mit und durch Bürgerarbeit.

> Die europäische Demokratie gewinnt ihre Seele mit und durch Bürgerarbeit.

Greifen wir ein Beispiel – aber kein zufälliges! – für viele heraus. Der Widerspruch, in den nationale Regierungen in weltgesellschaftlichen Handlungszusammenhängen geraten, konkretisiert sich insbesondere im Umgang mit Flüchtlingen und Einwanderern. Die Bürger von Nirgendwo sind gerade deshalb exemplarisch die ersten Bürger der Weltgesellschaft. Einerseits wollen sich die Staaten gegen sie abschotten, andererseits sind sie zur Durchsetzung selbst ihrer protektionistischen Politik zur transnationalen Kooperation gezwungen. Diesen Widerspruch nutzen transnational agierende Bürgergruppen, die sich für Flüchtlinge einsetzen. Die meistversprechende Zwischenebene auf dem halben Weg zwischen internationaler Gemeinschaft und Nationalstaat ist die regionale, und hier wiederum bietet die Europäische Union gute Gestaltungschancen für Bürgergruppen. Diese liegen darin begründet, daß Europa, das unbekannte politische Wesen, eine Einheit im Entstehungsprozeß mit immer noch nicht fixierten Grenzen ist. Diese Offenheit kommt überdies darin zum Ausdruck, daß die inneren Beziehungen zwischen den Mitgliedsstaaten – insbesondere was die europäischen Bürgerrechte betrifft – noch völlig undefiniert sind; aber auch darin, daß die äußeren Beziehungen – etwa durch Assoziationsverträge – mehrdeutig und gestaltbar sind; schließlich vor allem aber auch darin, daß die Fragen einer eigenständigen europäischen Außen-, Innen-, Sicherheits-, Umwelt-, Sozial- und Arbeitspolitik von den einzelnen Mitgliedsstaaten mehrstimmig und widersprüchlich gestellt und beantwortet werden.

> **Die Definition des Fremden wird zur Schlüsselfrage der europäischen Bürgerrechte.**

Die besonderen Mitwirkungs- und Gestaltungschancen von Bürgergruppen und Bürgerarbeit, die sich kommunal organisieren und transnational agieren, ergeben sich aus dieser spezifischen Offenheit. Die europäischen Bürgerrechte rufen dazu auf, das Verhältnis zu Fremden innerhalb der EU und zwischen den Mitgliedsstaaten aufzuwirbeln und neu zu definieren. Ja, man kann wohl sagen, daß die Definition des Fremden zur Schlüsselfrage der politischen Identität Europas wird. Dabei gilt es, die nationalstaatliche Begrenzung aufzuweichen. Ein Italiener oder Portugiese, der im Wechsel über die alten Grenzen zum Fremden wurde, muß unter der Regie der europäischen Bürgerrechte als Europäer überall in Europa anerkannt und rechtlich-politisch zuhause sein. Das Europa der Bürger konkretisiert sich überhaupt erst in dem Maße, in dem zwischen den europäischen Mitgliedsstaaten die wechselseitigen Ausschlußdefinitionen des Fremden abgebaut und die ehemaligen Fremden sich als Gleiche, nämlich Europäer, verstehen und verhalten, insbesondere auch in (sub)politischen Initiativen und Netzwerken über Grenzen hinweg orientieren und organisieren.

Dies aber konkretisiert sich durch nichts so nachdrücklich, wie dadurch, daß der Umgang mit den vermeintlich Fremden zur Aufgabe transnationaler Bürgerbewegungen und Bürgerarbeit gemacht wird. In den neuen Bundesländern ist Gewalt gegen Fremde inzwischen fast alltäglich geworden, ohne daß dies von der Mitte der Gesellschaft als Skandal gebrandmarkt und mit allen politischen Aufklärungsmitteln bekämpft würde. Ein demokratisches Selbstverständnis in dem Sinne, daß das eigene Leben direkt von den öffentlichen Belangen abhängt, ist bei vielen, gerade auch Jugendlichen, nur schwach ausgeprägt. Naziparolen und Symbole sind chic. Warum also nicht unter der Regie ostdeutscher Bürgergruppen eine europäische Bürgerrechtsbewegung in und für die neuen Bundesländer auf der Basis von Bürgerarbeit begründen und auf diese Weise demokratische Kultur durch *learning by doing* selbsttätig entfalten? Wäre dies neben den zusätzlichen finanziellen Anstrengungen nicht ein ebenso wichtiger Beitrag zur »inneren Einheit Deutschlands«, mehr noch zur Integration der neuen Bundesländer im demokratischen Europa? Das entstehende Europa, von wo vor mehr als 3.000 Jahren die Idee der Bürgerrechte und politischen Freiheit, der *politeia* und *res publica,* ihren holprigen, stolpernden Siegeszug antrat, kann seine politische Identität nur in der Neubestimmung des Umgangs mit Fremden in seiner Mitte gewinnen.

Pierre Hassner geht noch einen Schritt weiter und schlägt vor, europäische Bürgerrechte nicht nur auf die Mitgliedsländer der Union auszudehnen, sondern auch jenen Europäern zuzusprechen, die nicht oder nicht mehr einen Territorialstaat ihr eigen nennen, in dessen Rahmen ihnen die europäischen Bürgerrechte gleichermaßen zufallen. Interessenorganisationen der Zigeuner haben ihren Anspruch auf direkten Zugang zu den europäischen Grundrechten für ihr Volk beansprucht. Könnte oder sollte dies nicht ähnlich für europäische Flüchtlinge gelten, die auf diese Weise in einer Gemeinschaft beheimatet würden, die sie ansonsten verloren haben? Die EU könnte dann für verfolgte Europäer dieselbe Rolle spielen wie Israel für die jüdischen Diasporas.

> Die EU könnte für verfolgte Europäer dieselbe Rolle spielen wie Israel für die jüdischen Diasporas.

Von Kümmerern, Abgas-Affen und den Trümmern des Sozialismus

Wenn man die Vision Bürgerarbeit parodieren wollte, dann könnte man dies in Liedform tun, bei der verschiedene Strophen in den immergleichen Refrain münden. Die einzelnen Strophen variieren die Krisenmelodie der Zeit – die Krise der Politik, die Krise der Demokratie, die Krise der Werte, die Krise der Gemeinschaft, die Krise der Krise usw. Und der Refrain verheißt ein ums andere Mal: »Deswegen und dagegen Bürgerarbeit!«

Doch Spaß beiseite. Es geht nicht um Antworten, sondern um das *Anfangen*. Bürgerarbeit stellt eine Politik des Anfangens auf Dauer, die – mit Hannah Arendt – gegen die falsche Gewißheit des Aussichtslosen und des Scheiterns darauf setzt, daß die Fähigkeit, etwas Neues anzufangen, zum Wesen politischen Handelns gehört. Und das läßt sich an unendlich vielen Beispielen zeigen, die ihre Überzeugungskraft aus der Hingabe an das Detail gewinnen und deren Fülle und Vielfalt keineswegs aufgeht in der zuvor vorgestellten europäischen Bürgerrechtsbewegung im Umgang mit Fremden.

Dörte Klages ist so eine, die sich kümmert:

> »Ich arbeite seit 13 Jahren ehrenamtlich an der Basis. Ich habe seinerzeit in Heidelberg mit der Integration von Nichtseßhaften, wie sie damals genannt wurden, begonnen. Heute spricht man von Wohnungslosen. Das Modell, das wir daraus entwickelt haben, hat sich wirklich bewährt. Durch diese langjährige Arbeit habe ich sehr viel darüber erfahren, warum jemand aus unserem System herausfällt und weshalb es so unendlich schwer – wenn

nicht ganz und gar unmöglich – für ihn ist, wieder hineinzukommen, wenn er erst einmal auf der Straße gelandet ist. Dabei wollen 95 Prozent all derer, die auf der Straße sind, durchaus integriert sein und als unauffällige Bürger wieder in die Gemeinschaft aufgenommen werden. Sie schaffen es aber nicht allein; deshalb brauchen sie Hilfe. Hier ist ein psychologisches Moment sehr wichtig. Die Betroffenen wollen äußerst ungern etwas mit einem Amt zu tun haben. So müssen sie bei den verschiedensten Ämtern – Sozialamt, Arbeitsamt, AOK, Einwohnermeldeamt – Formulare ausfüllen, wozu sie häufig gar nicht in der Lage sind. Sozialberater gibt es kaum, die dabei helfen können – allenfalls einige ehrenamtliche. Hier setzen wir an, indem wir von unserem Verein die Menschen auf die Ämter begleiten und sie beim Ausfüllen der Formulare unterstützen ... Inzwischen haben sich die Einstellung und das Verhalten der Ämter durch meine Initiative nachhaltig geändert. Vor 13 Jahren habe ich die ersten drei – völlig verwahrlosten – Nichtseßhaften untergebracht, und innerhalb von sechs Monaten stieg die Zahl auf 54. Die Menschen werden relativ schnell – mitunter von einem Tag auf den anderen – wieder integriert, wenn man die Dinge richtig anpackt. Ein Wohnungsloser bekommt eine Wohnung erst dann, wenn er schon vorher einen Mietvertrag einer anderen Wohnung vorweisen kann, den er aber als Mittelloser nicht erhält. Dazu wurde mir dann vom Sozialamt erklärt: Man würde doch die Miete bezahlen – schließlich haben wir das beste Sozialsystem der Welt ...

Ich denke, Bürgerarbeit könnte in unserer Gesellschaft außerordentlich wirksam sein und dem Staat eine Menge Geld sparen helfen, Mittel, die heute zum Teil sinnlos verschleudert werden...« [93]

> **Die aktive Auflehnung gegen die Gleichgültigkeit hat viele Gesichter.**

Unsere Gesellschaft würde sich selbst helfen, wenn es mehr »Kümmerer« gäbe, die in geeigneten Strukturen tätig werden könnten – egal, aus welchen Gründen. Manche treibt nicht nur die Angst vor Zerstörung und Zerfall an, sondern eher die Wut, daß die meisten Menschen nicht darüber nachdenken, was sie tun. Aus Berlin sind drei engagierte Umweltinitiativen bekannt, die sich »Abgas-Affen«, »Ökobesen« oder »Tote Dosen« nennen. Aber die aktive Auflehnung gegen die Gleichgültigkeit hat viele Ziele und Gesichter: Arbeit mit Alten, Behinderten, Aids-Kranken, Analphabeten und so weiter.

Sind das alles bloß Phänomene der bunten urbanen Milieus, die in der alten Bundesrepublik über 20 Jahre lang Zeit hatten, sich in Einmischung zu üben? Nein, viele Anzeichen sprechen dafür, daß auch Ostdeutschland den Sprung in die Bürgergesellschaft schafft. Die doppelte Abneigung – gegen die westliche Ego- und Ellenbogengesellschaft sowie gegen den Staat, die beide aus der DDR-Erfahrung herrühren – bilden ein gutes Sprungbrett. Lokale Verwaltungen müssen sich vorsehen, Bürgerzorn angesichts konkreter Versäumnisse kann sie schnell unter Druck setzen. Gemeinnützige Netzwerke entstehen, die westdeutsche Stiftungen oft gemeinsam mit Kommune und Land aufbauen.

»Im abgewickelten Textilstädtchen Oberlungwitz haben sich Jugendliche selbst von der Straße geholt und ein Jugendzentrum aufgebaut. Im Dreiländereck an der Neiße bemüht sich ein halbes Dutzend Bürgerinitiativen basisnah um Völkerverständigung. Der Freistaat Sachsen verhilft seit fünf Jahren der Problemgruppe unter den Langzeitarbeitslosen mit der ›Aktion 55‹ zu Ehrenämtern – den wenig Qualifizierten über 55 Jahre mit gesundheitlichen Problemen.«[94]

Und wieder in den Westen zurück: Viele Rechtsanwälte, Steuerberater, Ärzte, Manager, Verwaltungsfachleute usw. wollen ihr berufliches Können einmal anders einsetzen – auf die öffentliche Meinung und Gesetzgebung Einfluß nehmen, Wirtschaftspläne für Selbsthilfegruppen entwerfen, über Steuerflucht aufklären, Schuldner beraten, vertuschte Gefahren aufdecken usw. Bürgerbeteiligung, Dezentralisierung – in der Verwaltung vieler Städte und Gemeinden ist eine kleine Kulturrevolution ausgebrochen. Sie verspricht nicht nur mehr Wirtschaftlichkeit, sondern auch einen Zugewinn an Demokratie. »Durch diese Bürgerei bilden sich doch nur Nebenparlamente«, schimpft ein Ratsherr.

Das ist genau der Punkt: Der Appetit auf Demokratie kommt beim Essen.

> Der Appetit auf Demokratie kommt beim Essen.

Wer beteiligt sich?

Wie stehen überhaupt die Chancen freiwilliger Bürgerarbeit? Ist das nicht eher ein zu vernachlässigendes Randphänomen?[95]

Schauen wir kurz, aber weit nach Westen: In den USA ist das Ausmaß, in dem sich die Bürger in ihrer Freizeit für öffentliche und soziale Belange einsetzen, beeindruckend. In einer Gallup-Umfrage von 1990 ist von 54 Prozent die Rede, die im Durchschnitt vier Stunden pro Woche für ihr *volunteering* opfern. In Westdeutschland war 1994 immerhin fast ein Drittel der Bevölkerung (ca. 16 Millionen) irgendwo ehrenamtlich engagiert. Gegenüber den 80er Jahren ist das Engagement – entgegen den Unkenrufen von der Ego-Gesellschaft und dem Wertezerfall – noch gestiegen. Allerdings wirkt sich die Individualisierung auch hier aus, und zwar in der Art des Engagements. Regelmäßige und bürokratische, in Verbänden organisierte »Ehrentätigkeit« für Dritte hat abgenommen. Hier werden selbst Willige oft abgeschreckt von Hilfsdiensten, zu denen sie verdonnert werden, während die Professionellen sich die attraktiven Aufgaben vorbehalten. Viele Anzeichen sprechen dafür, daß man den Rückgang des formalisierten Engagements nicht als Zunahme der Gleichgültigkeit und des Egoismus deuten darf, daß vielmehr genau umgekehrt auf dem Hintergrund der Individualisierungsprozesse eine neue Art von Engagement entsteht: kurzfristiger, konkreter, selbstbetonter und in Kooperation mit anderen, also thematisch gebunden an Einzelprojekte, die für das eigene Leben Sinn machen und ihn stiften.

> **Auf dem Hintergrund der Individualisierungsprozesse entsteht eine neue Art von Engagement.**

Wenn man die Menschen, die sich für Dritte engagieren, genauer betrachtet, zeigt sich, daß »biographische Passagen« besonders wichtig sind. Beispielhaft sind etwa arbeitslose Akademiker und die neue Altengeneration (»aktives« Alter). Am stärksten engagieren sich Paare mit Kindern; ein deutlicher Rückgang ist bei den Selbständigen zu beobachten.

Was bringt die Menschen zum freiwilligen Engagement? Hier muß man unterscheiden. Menschen im biographischen Übergang, Jugendliche vor der Berufsausbildung, Mütter nach der Erziehungsphase, Ältere, die von der Erwerbsarbeit Abschied nehmen oder genommen haben, wollen thematisch und situationsbezogen aktiv werden. Bei den Arbeitslosen sind es vor allem die jungen Akademiker, die ihre Netzwerk- und Projektarbeit fortsetzen oder sich auch zur Weiterbildung neu engagieren. Jugendliche wollen vor allem aus zwei Gründen etwas gemeinschaftlich unternehmen. Sie wollen etwas anderes machen als in Schule und Betrieb, und sie wollen auch ihre Fähigkeiten einsetzen, ein erreichbares Ziel verfolgen.

Die neuen Ansprüche an freiwillige Arbeit betreffen sowohl Inhalte als auch Kommunikation und Kooperation. Das Engagement soll wichtige Bedürfnisse befriedigen: Es soll Spaß machen, aber die Person auch fordern. Es soll kommunikativ sein, sichtbare und zurechenbare Ergebnisse bringen und Anerkennung vermitteln. Neue Organisationstypen wie etwa Senioren-Genossenschaften und Tauschringe zeigen in die Richtung Bürgerarbeit. Das Engagement braucht größeren Freiraum, klare Tätigkeitsbeschreibungen sowie stärkeren Projekt- als Verbandsbezug. Damit diese ungebundenen Motive und Energien mobilisiert werden können, ist eine neue Form notwendig: Bürgerarbeit. Ohne die neue Form fehlen die »Ermöglichungsstrukturen«, die vor Ort konkrete »Angebotsstrukturen« für freiwilliges gesellschaftliches Engagement entstehen lassen. Mit Bürgerarbeit ist es nicht mehr länger nur der Arbeitsmarkt, sondern ist es auch die politische Existenz – die Inklusion durch Bürgerarbeit –, die in die Gesellschaft integriert, d.h. (begrenzte) materielle Sicherheit, Ansehen und Identität stiftet.

Arbeitsbürger und Bürgerarbeit

Doch Bürgerarbeit muß abgestimmt und eingebunden werden in eine bestimmte gesellschaftliche Architektur: Wie waren Arbeitsgesellschaft und Demokratie, Arbeitnehmerstatus und Staatsbürger in der Vergangenheit und wie werden sie in Zukunft miteinander verbunden werden? In der Ersten Moderne dominierte der Arbeitsbürger, wobei die Betonung auf Arbeit und nicht auf Bürger lag. Denn die gesellschaftliche Anerkennung und Integration entstand aus dem Arbeitnehmerstatus. An den bezahlten Arbeitsplatz war alles gekoppelt: Einkommen, Ansehen, Alterssicherung usw. Die Erwerbsarbeit bildete also das Nadelöhr, durch das sich jeder, jede einfädeln mußte, wollte er oder sie als Vollbürger in der Gesellschaft präsent sein. Der Staatsbürgerstatus galt demgegenüber als abgeleitet. Über ihn konnte man weder eine materielle Existenz sichern noch gesellschaftliche Anerkennung gewinnen. Die Reihenfolge von Arbeit und Bürger im Begriff des Arbeitsbürgers spiegelt das adäquat wieder. Es handelt sich also gerade nicht um die Reihenfolge, erst Bürger und dann Arbeit, wie sie mit der Wortbildung »Bürgerarbeit« Ausdruck gewonnen hat. Entsprechend ist der Arbeitsbürger gelegentlicher Wahlbürger und praktiziert ansonsten ein schon vom Begriff her blasses »bürgerschaftliches Engagement«.

> In der Ersten Moderne dominierte der Arbeitsbürger.

Diesem Bild des über Arbeit integrierten Auch-noch-Bürgers entspricht eine bestimmte gesellschaftliche Architektur: Adressat und Akteur der Politik sind ausschließlich der demokratische Staat und die Institutionen – politische Parteien, Parlamente –, die in der Willensbildung, Entscheidungsfindung und -legitimation mitwirken. Die Gesellschaft dagegen wird als unpolitisch gedacht. Gerade das gilt vielen als Fortschritt, als modern: die Entlastung der Bürger vom politischen Handeln in der Demokratie!

Das Leben spielt sich im Wechsel zwischen Arbeit und Freizeit ab. Anders gesagt: Dem aktiven, vorsorgenden (Sozial-)Staat entspricht eine arbeitsaktive, aber ansonsten passive Gesellschaft. Die Dominanz einer staatlich monopolisierten Politik gilt auch gegenüber Wirtschaft und Markt, obwohl sie oft und nicht nur von Marxisten bestritten wurde. Sicher, dieses Modell der »Arbeitnehmergesellschaft« (Lepsius) und des Arbeitsbürgers hat seine historische Überzeugungskraft im Europa nach dem Zweiten Weltkrieg insbesondere in der Abgrenzung gegen die kapitalistische Klassengesellschaft gewonnen. Der »Arbeitnehmer« enthält sich aller klassenkämpferischen Rhetorik und erhält im Gegenzug das staatlich sanktionierte Versprechen auf wachsenden Lebensstandard und zunehmende soziale Sicherheit. Seine politische Identität als Bürger gibt er oder sie dafür an der Garderobe zum Arbeitsplatz ab.

Es bedarf einer neuen Abstimmung zwischen Staat, politischer Bürgergesellschaft und Markt.

Wenn die Diagnose stimmt, daß die attraktive Erwerbsarbeit schrumpft, gerät diese Architektur ins Wanken. Entweder man hält »nun erst recht« an den Fiktionen der Vollbeschäftigungsgesellschaft fest, dann kommt es zur Brasilianisierung des Westens. Oder es bedarf einer neuen Abstimmung zwischen Staat, politischer Bürgergesellschaft und Markt, die ihrerseits zum Gegenstand politischer Debatten und Entscheidungen gemacht werden müßte.

Was sind die Aufgaben staatlicher Politik, die einerseits die Rolle des Rundumversorgers aufgeben, andererseits die politische Gesellschaft der aktiven Bürgerarbeit ermöglichen muß? Wie ist Politik in Zukunft zu verstehen und zu gestalten, wenn nationalstaatliche Politikakteure zur Durchsetzung ihrer Interessen auf die Kooperation mit Netzwerken einer transnationalen und postnationalen Bürgergesellschaft angewiesen sind? Kann Europa überhaupt eine alltägliche Bürgeridentität gewinnen, wenn sie nicht in Projekten transnationaler Bürgerarbeit herausgeschält wird? Aber auf welcher Legitimationsgrundlage handeln eigentlich diese Bürgergruppen, die ja ihrerseits durchaus nach innen nicht immer Demokratie pur verkörpern (wie man mit Recht an der Greenpeace-Hierarchie kritisiert hat)? Wie wird es möglich, die Gesellschaft politischer Bürgerarbeit als Nichtmarktgesellschaft zu etablieren, in einer Zeit, in der die Wirtschaft in Form globaler Handlungschancen ihre Machtposition gegenüber der nach wie vor territorial gebundenen Politik immer weiter ausbaut? Wie – und dieser Frage wollen wir uns nun zuwenden – können und müssen wir uns Erwerbsarbeit und Bürgerarbeit so aufeinander abgestimmt denken, daß diese nicht gleichsam zu zwei Klassensphären der Zukunftsgesellschaft werden, die sich antagonistisch gegenüberstehen?

Bürgerinnenarbeit: kein Einstieg in den Ausstieg. Die Frauen werden die ersten sein – fürchten die Frauen. Die Erwerbsneigung der westdeutschen Frauen nimmt zu, die der ostdeutschen (die in der DDR zu über 90 Prozent erwerbstätig waren) nimmt jedenfalls nicht ab. Was abnimmt, ist jedoch die attraktive Erwerbsarbeit. Da liegt die Schlußfolgerung nahe: Frauen, vorwärts! Zurück in die Wohltätigkeit, die im »Neusprech« (Orwell) »Bürgerarbeit« heißt! Die neueste Art, die Frauen aus der sich verschärfenden Konkurrenz auf dem Arbeitsmarkt zu verdrängen, lautet demnach nicht mehr: Frauen zurück an den Herd!, sondern: Vorwärts in die Bürgerarbeit! Aus diesem Blickwinkel stellt Bürgerinnenarbeit den Einstieg in den Ausstieg aus der Frauenerwerbstätigkeit dar. Dann arbeiten Frauen nach Sozialhilfesätzen, von denen niemand wirklich leben und für die, als Bürgergeld umgewidmet, man sich auch nicht mehr kaufen kann, zu »Schattenlöhnen« für Aufgaben, die ihnen offenbar auf den Leib geschrieben sind: die Pflege der Kinder, der Fußböden und des Gemeinwohls.

Gisela Notz beispielsweise nennt Voraussetzungen für Bürgerarbeit, die Gesichtspunkte der Frauen ins Zentrum rücken:[96]

- radikale Arbeitszeitverkürzung im Bereich der Vollerwerbsarbeit für alle,
- existenzsichernde, sinnvolle Arbeit für alle, die das wollen,
- »Gleichberechtigung« von Haus- und Sorgearbeit mit der künstlerischen, kulturellen und politischen Bürgerarbeit im freiwilligen Sektor,
- gleiche Verteilung der (jetzt) bezahlt und (jetzt) unbezahlt geleisteten Arbeit auf Männer und Frauen.

Noch einmal die Gretchen-, die Finanzierungsfrage dieses Modells.

Mit Bürgergeld die Demokratie beleben. Der entscheidende Schritt ist also ein doppelter. Zum einen muß die attraktive Erwerbsarbeit so umverteilt werden, daß jeder, jede ein Bein in der Erwerbsarbeit haben kann und zugleich das andere in der Familien- oder Bürgerarbeit. Zum anderen kommt es darauf an, Bürgerarbeit mit einem finanziellen Unterbau auszustatten, um aus eigener Kraft und mit Selbstbewußtsein Partner und Kritiker des Staates sein zu können. Dafür stehen prinzipiell zwei Wege offen: keine Almosen, sondern gesetzlich fixierte Basisfinanzierung – Bürgergeld – oder Eigenfinanzierung der Bürgerarbeit durch private Stiftungen. Die soziale

Keine Almosen, sondern gesetzlich fixierte Basisfinanzierung

Sicherheit von der Erwerbsarbeit abzulösen und an Bürgerarbeit zu knüpfen, ist der Sinn der Vorschläge, die unter wechselnder Bezeichnung, aber mit einheitlicher Zielrichtung als Bürgergeld, Grundsicherung, Negativ-Steuern und ähnliches daherkommen. Sie verknüpfen den unabdingbaren Anspruch auf eine menschenwürdige Lebensführung nicht länger mit dem löchrigen Recht auf Arbeit, sondern mit dem Bürgerstatus und -engagement. Bürgergeld an Bürgerarbeit zu koppeln heißt, politische Leistung zu honorieren. Durch diese neue Interpretation wird der Staat aus der peinlichen Lage befreit, für etwas haften zu müssen, was zu gewährleisten seine Kräfte übersteigt, nämlich Erwerbsarbeit für alle immer aufs neue zu versprechen und dieses Versprechen nicht einlösen zu können. Mit der Grundfinanzierung der Bürgerarbeit hingegen verschafft er sich eine direkte Legitimationsquelle.

Mit dem Bürgergeld werden drei Ziele verfolgt:

- Ermöglichung eines Niedriglohnsektors und damit Bekämpfung insbesondere von Langzeitarbeitslosigkeit im Bereich der Globalisierungsverlierer, der Geringqualifizierten,
- Vorbeugung gegen (Einkommens-)Armut allgemein, Ermöglichung von Auszeit für Weiterbildung, Bürgerarbeit etc.,
- Abbau der Armutsbürokratie.[97]

Oft wird das Plädoyer für ein Grundeinkommen oder Bürgergeld verbunden mit dem Ziel, die Armen aus ihrer Armut zu befreien. Das ist zweifellos ein wichtiges und ehrenwertes Ziel, aber es geht doch – bei Lichte betrachtet – eher um »Krisen-Management«: Ebenso wie die Kriminalitätsrate muß auch die Armutsrate unter einen Alarmpegel gedrückt werden, damit in der Gesellschaft alles »in Ordnung« ist und die Politiker sich als effektive Dienstleister ausweisen und zur Wahl stellen können. Demgegenüber fordere ich Bürgergeld, weil nur so das republikanische Ideal der selbsttätigen Bürgergesellschaft, welche ihre eigenen Angelegenheiten aktiv in ihre Hände nimmt, ermöglicht wird. Es ist also ein Selbstbegründungsakt der politischen Gesellschaft und nicht ein Almosen an die Armen, mit dem sich die Gesellschaft gleichsam eine neue materielle Verfassung gibt und damit ihre politische Kreativität begründet.

Bürgergeld soll die Voraussetzung schaffen, um die Demokratie jenseits der Vollbeschäftigung beleben und leben zu können. Bürgergeld schafft das Minimum an Sicherheit, das notwendig ist, um

Es ist ein Selbstbegründungsakt der politischen Gesellschaft.

die Unsicherheit der Freiheit produktiv wenden zu können. Bürgergeld ermöglicht, erweitert also die politische Freiheit und erwirkt damit einen politischen Individualismus und Republikanismus, durch die ein selbstbewußter und pragmatischer Umgang mit den großen Fragen der Zweiten Moderne überhaupt erst ermöglicht wird.

Freiheit schließt Furchtlosigkeit ein, welche nur dort wächst und sich festigt, wo die Menschen ein Dach über dem Kopf haben und heute wissen, wovon sie morgen und im Alter leben.

> **Freiheit schließt Furchtlosigkeit ein.**

Es gibt also zwei Begründungen für Bürgergeld, die unterschieden werden müssen: zum einen eine zirkuläre Selbstrechtfertigung, welche von der Moral der allgemeinen Fürsorge, insbesondere für Langsame, Schwache, Abweichende bestimmt ist; zum anderen die Selbstbegründung der politischen Gesellschaft. Es ist die materielle Verfassung, die so gestiftet wird und das Versprechen des Grundgesetzes auf Alltagsdemokratie pragmatisch-politisch einlöst.

Aber ist es nicht ein Selbstwiderspruch, auf den Staat zu hoffen, um selbsttätige Bürgerarbeit zu finanzieren? Welche Wege stehen der Eigenfinanzierung der Bürgerarbeit offen? In den USA gibt es etwa den folgenden:

»Man nimmt an einer Veranstaltung von ›The United Way‹ teil, einer Geldsammelorganisation, wie es sie in Deutschland trotz respektabler Bemühungen nicht einmal ansatzweise gibt. Die Bürgerorganisation ›The United Way‹ stellt im Rahmen einer Betriebsversammlung zehn Projekte aus den Bereichen Jugend, Kultur und Soziales vor. Dann tritt der Firmenchef ans Mikrofon und erklärt: ›Wenn Sie wollen, können Sie eines dieser Projekte auf einem Vordruck ankreuzen und die Höhe Ihrer Spende eintragen. Für jeden von Ihnen gespendeten Dollar verdoppelt die Firma den Betrag bis zur Höchstsumme von 50 Dollar pro Monat für jeden Spender.‹ Auf diese Weise sind in dem Unternehmen mit 1.000 Belegschaftsangehörigen 105.000 Dollar zusammengekommen. Das heißt, im Schnitt wurden 4,50 Dollar pro Monat gespendet, die das Unternehmen verdoppelte. In Chicago werden Jahr für Jahr durch solche Sammlungen bei Beschäftigten über 100 Millionen Dollar für Projekte eingenommen ...
In Deutschland gibt es derzeit zwei Modelle. Für das eine steht die Bertelsmann-Stiftung in Gütersloh. Sie hat zwei Millionen DM zur Verfügung gestellt und die Bürger und Firmen der Stadt aufgefordert, sie bei der Schaffung einer starken Stiftung zu unterstützen. Innerhalb kürzester Zeit sind so vier bis fünf Millionen DM zusammengekommen.
Das andere Modell entsteht mit der Stadtstiftung Hannover. Dort gab es niemand, der ein großes Startkapital eingerichtet hat, sondern an die 50 Bürger, die sich zusammengetan haben; die einen spenden Geld, die anderen stellen ihre Zeit zur Verfügung, um Projektideen zu entwickeln.«[98]

Wechseln zwischen Erwerbsarbeit und Bürgerarbeit

Von zentraler Bedeutung ist eine gleichmäßige Arbeitszeitverkürzung und eine neue und andere – vor allem auch geschlechtsneutrale! – Verteilung aller Tätigkeiten in der Gesellschaft, einschließlich der Hausarbeit. Bürgerarbeit ist kein Ersatz für Erwerbsarbeit, aber eine wichtige Ergänzung, die eine Identität aus selbsttätiger Praxis für Dritte eröffnet. Bürgerarbeit ist auch kein Beschäftigungsprogramm für Arbeitslose, kann aber diesen helfen, den Sprung in den Arbeitsmarkt zu finden. Entscheidend ist die Frage, wie Erwerbs- und Bürgerarbeit – auch rechtlich – füreinander durchlässig gemacht werden müssen und können, so daß das Wechseln zwischen diesen beiden Tätigkeitssphären normal wird; und zwar ohne daß dadurch wesentliche Einbußen an materieller Sicherheit in Kauf genommen werden müssen. Andererseits verbindet sich mit Bürgerarbeit für staatliche Politik sogar die Möglichkeit, vielleicht doch die Quadratur des Kreises zu schaffen: Arbeitslosigkeit bei zurückgehendem Erwerbsvolumen und steigender Nachfrage nach Arbeit abzubauen, indem direkt und für die Bürger neue, sinnvolle, selbstbestimmte Bürgerarbeitsplätze grundfinanziert werden. Wie könnte dies gelingen? Nur so ist es möglich, daß der Staat in eigener Regie mit geringen Kosten Arbeitsplätze schaffen kann: Bürgerarbeitsplätze.

> Bürgerarbeit ist kein Beschäftigungsprogramm für Arbeitslose.

Der holländische Weg. Arbeitslosigkeit wird durch den Ausbau von Teilzeitarbeit abgebaut und in Zeitsouveränität verwandelt. Dabei müssen allerdings zwei Voraussetzungen erfüllt sein, die bislang in Deutschland nicht gegeben sind: eine Alterssicherung für alle, die von Erwerbsarbeit abgekoppelt ist, sowie die Übernahme aller Beschäftigungsverhältnisse, auch der Billigjobs, in die Versicherung. Erst und nur dann werden die Risiken der Flexibilisierung der Erwerbsarbeit nicht mehr nur auf die Individuen abgewälzt. Und auf diese Weise kann vielleicht das »Wunder« gelingen, den Mangel an Erwerbsarbeit in Zeitwohlstand zu verwandeln.

»Solange Teilzeitbeschäftigte in Deutschland sehenden Auges in die Altersarmut gehen müssen, wird es keine Umverteilung von Erwerbsarbeit durch Teilzeit geben. Solange viele niedrig qualifizierte Arbeiten in den 620/520-DM-Tagelöhnerstatus abgeschoben werden können, kann sich in diesem Bereich kein Sektor für reguläre Teilzeitarbeit entwickeln.«[99]

Der dänische Weg: Auszeitgesetz. Die Dänen praktizieren erfolgreich ein Umverteilungsmodell, das den Beschäftigten die Möglichkeit eröffnet, bis zu einem Jahr »Auszeit« zu nehmen – für Fortbildung, Kindererziehung, Urlaub, Faulsein, Bürgerarbeit. Die Pointe ist: Der freiwillige Arbeitslose erhält während dieser Zeit (je nach Grund der Freistellung unterschiedlich bemessen) Lohnersatzleistungen sowie – selbstverständlich – das Recht, danach seinen Arbeitsplatz wieder einzunehmen.

»Die Dänen haben damit ein Instrument geschaffen, erwerbsarbeitsfreie Zeit von den Arbeitslosen auf jene zu verlagern, die aus welchen Gründen auch immer frei verfügbare Zeit haben wollen. Nach Untersuchungen werden die zeitweilig frei werdenden Stellen zu rund 60 Prozent mit zuvor Arbeitslosen besetzt…Das Gesetz ist beliebt, weil es Fortbildungs- und Orientierungsphasen ermöglicht und weil es den für viele junge Eltern schwer lösbaren Konflikt zwischen Erwerbs- und Familienarbeit deutlich entschärft.«[100]

»Ich bin Bürgerarbeiter«: Brücken in den Arbeitsmarkt. Ein Vorurteil macht die Runde: Bürgerarbeit, so wertvoll sie ist, kann zur Verminderung der Arbeitslosigkeit nichts beitragen. Das stimmt in einem doppelten Sinn nicht: Zum einen sind es oft gerade Arbeitslose, die Dritten und damit sich selbst helfen. Ein Beispiel aus Ostdeutschland, die »Dresdener Tafel«:

»Wo andernorts Damen der besseren Gesellschaft oder städtische Sozialarbeiter Elend zu mildern versuchen, sind hier Helfer am Werk, die selbst zu den sozial Schwachen zählen. Arbeitslose und Rentner, Studenten und Strafverurteilte. Sie alle setzen sich ehrenamtlich ein. Auch die Chefin des Ganzen ist ohne Job.«[101]

Zum anderen kann Bürgerarbeit sehr wohl auch für Erwerbsarbeit qualifizieren. Vermittelt sie doch Kenntnisse und Kompetenz, die auch in Form von Qualifikationsnachweisen und Zeugnissen dokumentiert werden können. Warum soll, wer dort Erfolg hat, nicht auch beim Bewerbungsgespräch den für die Einstellung oft ausschlaggebenden Erfolg ausstrahlen? »Ich bin Bürgerarbeiter«, das klingt doch besser als: »Ich bin seit drei Jahren arbeitslos«. Sozialer Stolz und Anerkennung durch Bürgerarbeit können das Stigma der Arbeitslosigkeit brechen, ins Gegenteil wenden. Warum sollen Personalchefs nicht letzten Endes solche Bewerber vorziehen, die aus ihrer Arbeitslosigkeit etwas gemacht, die Erfahrungen und Kompetenzen erworben haben? Vielleicht ist sogar das die wichtigste

> Bürgerarbeit kann auch für Erwerbsarbeit qualifizieren.

»Qualifizierungsmaßnahme«, die Beteiligung in Bürgerarbeit vermitteln kann: gebraucht zu werden. Wie es die erwerbslose Beiköchin der Dresdner Tafel ausdrückt: »Das hier ist für mich eine Bestätigung, daß ich noch gebraucht werde. Sie baut mich auf.«

Abschied vom Erwerbsarbeitsmonopol. Allerdings muß es Arbeitslosen erlaubt werden, sich für die Bürgerarbeit zu entschließen und zu engagieren, ohne daß dies ihren Anspruch auf Leistungen der Bundesanstalt für Arbeit gefährdet. Hier verbirgt sich die Notwendigkeit, das Arbeitsförderungsgesetz zu reformieren – im Sinne einer Öffnung für Bürgerarbeit; zugleich auch die Arbeitsämter zu öffnen, also aus ihrer Festlegung auf Erwerbsarbeit herauszulösen und auf eine Förderung auch der Bürgerarbeit auszurichten.

> Hier verbirgt sich die Notwendigkeit, das Arbeitsförderungsgesetz zu reformieren.

Entsprechendes gilt für die Einbeziehung der Bürgerarbeit in die Sozialpolitik. Einen ersten kleinen Schritt zur Aufweichung der Lohnarbeitsfixierung der Sozialversicherung hat das Pflegeversicherungsgesetz markiert, das Pflegezeiten wie Kindererziehungszeiten behandelt und entsprechend als Beitragsjahre zur Rentenversicherung verrechnet (§19 SGB XI). Wenn jedoch zugleich mit Recht gefordert wird, »versicherungsfremde« – also nicht lohnarbeitsgestützte – Leistungen über Steuern zu finanzieren, so stellt sich einmal mehr die Frage nach einer steuerfinanzierten Grundabsicherung, anstatt jeweils den Bundeszuschuß zu erhöhen. Offenkundig ist, daß eine Kombination aus Teilzeit-Erwerbsarbeit und freiwilliger Bürgerarbeit in Deutschland weniger attraktiv ist als etwa in den Niederlanden, wo es ein solches Grundsicherungssystem gibt. Biographien, in denen Kombinationen von Erwerbs- und Bürgerarbeit nicht zu einer ökonomischen Belastung werden, sind unter den gegebenen Bedingungen fast nur in der gutverdienenden Mitte gegeben.

Wenn auf diese Weise Widerstände und Wege erkennbar sind, Erwerbs- und Bürgerarbeit füreinander durchlässig zu machen, stellen sich immer noch drei prinzipielle Fragen, drei Grundeinwände:
1. Scheitert die Idee der Bürgerarbeit als ergänzende Alternative zur Erwerbsarbeit nicht doch an dem Egoismus, dem unsere Zeit verfallen ist?
2. Zerbricht in der Arbeitslosengesellschaft nicht letztlich die Identität des Menschen? Oder: Wie werden subjektiv, kulturell und politisch tragfähige, transnationale Gemeinschaftsbindungen möglich?

3. Führt die Leitidee der selbstverantwortlichen, experimentellen, politischen Gesellschaft in weltbürgerlicher Absicht, die hier an der Stelle der Leitidee des »Arbeitsbürgers« gestellt wurde, nicht geraden Wegs in die unpolitische, ja politiklose Gesellschaft, weil demokratische Politik letztlich nur im nationalstaatlichen Rahmen organisierbar ist?

Zukunftsvision II: Die postnationale Bürgergesellschaft

Viele werden fragen: Beruht die hier vorgeschlagene Vision politischer Selbstverantwortung des multiaktiven Bürgers in einer experimentellen Demokratie nicht auf einem Gutmenschenbild? Werden hier nicht die Fehler wiederholt, die mit dem Zusammenbruch des Sozialismus endgültig begraben zu sein schienen? Wie kann die Bildung des Ichs mit dem Aufbau einer lebendigen politischen Gesellschaft verbunden werden, ohne daß an die Stelle der in dieser Hinsicht immer zynischen Realität die Traumtänzerei des süßen Hoffens tritt?

Überall wächst die Sorge, daß moderne Gesellschaften, die hochgradig pluralistisch ausgerichtet sind und mehr und mehr in gegensätzliche Lagen und Lager zerfallen, ihre Fähigkeiten verlieren, Sozialbindungen zu stiften und Wertorientierungen zu teilen. Ein Einwand lautet: Bürgerarbeit kann dieser Auflösung der soziokulturellen Biotope, die sie überhaupt erst ermöglicht, nicht entgegenwirken. Im Gegenteil: Dieses Hoffnungsmodell ist auf dem Sand vergänglicher, vergangener Idealismen gebaut.

Der Individualismus des selbstbestimmten Engagements

Wir leben zweifellos in einem anti-hierarchischen Zeitalter. Der Übergang von der traditionellen zur industriellen Gesellschaft ging einher mit einem Übergang von traditionellen (religiös begründeten) Hierarchien zu politischen, rational-bürokratischen Autoritäten. In den meisten westlichen Gesellschaften bedeutet dies im Kern, daß religiöse durch politische Autorität ersetzt wurde. Aber in dem Wertewandel, den wir nicht nur in den Gesellschaften des

Wir leben zweifellos in einem anti-hierarchischen Zeitalter.

Westens zur Zeit erleben, geraten Begriffe wie »Autorität«, »Zentralisierung« und »Größe« ganz allgemein unter Vorbehalt. Sie werden immer weniger akzeptiert. Überall in den frühindustrialisierten Ländern sehen sich politische Führer einer schwindenden Zustimmung der Bevölkerung ausgesetzt, und zwar in einem Ausmaß, das in der Geschichte westlicher Demokratien nicht seinesgleichen kennt. Dies ist allerdings kaum damit zu erklären, daß die Partei- und Regierungschefs heute weniger kompetent sind als die früherer Generationen. In diesem Zustimmungsverfall drückt sich ein fundamentaler Wandel der Wert- und Wahrnehmungshaltungen aus: Es ist der Fokus auf Werte der individuellen Selbstentfaltung und Selbstverantwortlichkeit, der alle Hierarchieformen und ihre Repräsentanten, ganz unabhängig von ihren Leistungen und Fehlern, in Verruf gebracht hat.

Wie Ronald Inglehart[102] in seiner vergleichenden Studie, die erstmals Daten aus 43 Ländern mit sehr unterschiedlichen kulturellen Hintergründen und Modernisierungsgraden berücksichtigt, zeigt, ist die politische Öffentlichkeit in allen industriell hochentwickelten Ländern in einem Strukturwandel begriffen: Überall wächst die Wahrscheinlichkeit, daß die Öffentlichkeit autonomer, politisch unkontrollierter agiert – und zwar in einer Weise, die genau umgekehrt politische Eliten herausfordert. Wenn man will, kann man sagen: Die Bürger werden aufmüpfiger mit der Folge, daß die Autorität und die Legitimität der Institutionen verfallen. Auf diese Weise verbinden und ergänzen sich zwei Entwicklungslinien, die sich scheinbar ausschließen: der Verfall der Autorität und die zunehmende Intervention der Bürger in die Politik.

In allen entwickelten Demokratien stagniert die Wahlbeteiligung, wenn sie nicht gar fällt. Überall verlieren etablierte politische Parteien ihre Stammwählerschaft und ihre Mitglieder, teilweise in einem dramatischen Ausmaß. Wer aber aus diesen Befunden auf eine zunehmende politische Apathie schließt, verkennt die Entwicklung vollständig. Denn obwohl den alten politischen Oligarchien die Wähler und Mitglieder davonlaufen, ziehen sich diese nicht ins Private zurück, huldigen keinem politischen Fatalismus, sondern werden gleichzeitig aktiver als jemals zuvor, und zwar in einer weiten Spannbreite von Aktivitäten, die gerade umgekehrt Institutionen und Eliten kritisieren und herausfordern.

Überall gilt ein ähnlicher Befund: Je mehr Ausbildung, desto mehr auch Aktivität in Öffentlichkeit und Politik. Überall gilt eben-

> Die Bürger werden aufmüpfiger, die Autorität und die Legitimität der Institutionen verfallen.

falls, daß jüngere Alterskohorten besser und länger ausgebildet sind und werden als ihre Eltern. Daraus folgt: In dem Maße, in dem die jüngeren, besser ausgebildeten Kohorten allmählich die älteren, weniger ausgebildeten verdrängen, ist damit zu rechnen, daß das aktive, selbstbestimmte Engagement wächst.

Viele verkennen also, daß mit dem Verfall traditionaler Sozialformen und -ordnungen, wie sie durch soziale Klassen, religiöse Gemeinschaften, die traditionale Familie vorgegeben wurden, keineswegs notwendigerweise Desintegration und Anomie um sich greifen. Vielmehr entsteht eine Ethik individueller Selbstentfaltung und Selbstverantwortung, die zu den machtvollsten Errungenschaften und Sinnquellen moderner Gesellschaften gehört. Das wählende, entscheidende, sich selbst inszenierende Individuum, das sich als Autor seines eigenen Lebens, Schöpfer seiner Identität versteht, ist die Leitfigur unserer Zeit.

Für mehr und mehr Menschen wird ein »sozialer Fortschritt« daran gemessen, inwieweit Entfaltungschancen in den Wertbezügen und Dimensionen des »eigenen Lebens« dadurch ermöglicht werden. Helmut Klages macht am Beispiel gerade Deutschlands deutlich, daß es dieser vielfach verteufelte Individualismus ist – und nicht die traditionale Pflichtorientierung! –, der einen bislang noch ungehobenen Schatz von Engagementbereitschaft, ein gewaltiges »soziales Kapital« verkörpert, das in unserer Gesellschaft schlummert. Dies gilt sowohl für West- wie für Ostdeutschland.

Dieser Individualismus ist nicht zu verwechseln mit Konsumismus. Er ist zutiefst moralisch. Zugleich ist er auch auf sehr eigenwillige Weise sozial und politisch orientiert. In mancher Hinsicht leben wir in einer sehr viel moralischeren Zeit als in den 50er und 60er Jahren. Gerade junge Menschen haben heute entschiedene moralische Vorstellungen für eine große Spannbreite von Themen; dazu gehören Fragen der Umweltzerstörung ebenso wie die hochsensiblen (hochexplosiven!) Fragen der Partnerschaft zwischen den Geschlechtern, auch die Fragen der Ernährung, der Menschenrechte, ethnischer Minderheiten und der Armut überall auf der Welt. Gerade in dem Widerstand gegen existierende Institutionen und ihre Repräsentanten äußert sich dieses eigensinnig moralische Engagement der in vielem paradoxen »Kinder der Freiheit«, die ja Entbehrungen und Einbrüche an Sicherheit auf einem hohen Erwartungsniveau zu verkraften haben. Das erklärt die bröckelnde Gefolgschaft der politischen Parteien, Gewerkschaften, Kirchen etc.

> In mancher Hinsicht leben wir in einer sehr viel moralischeren Welt.

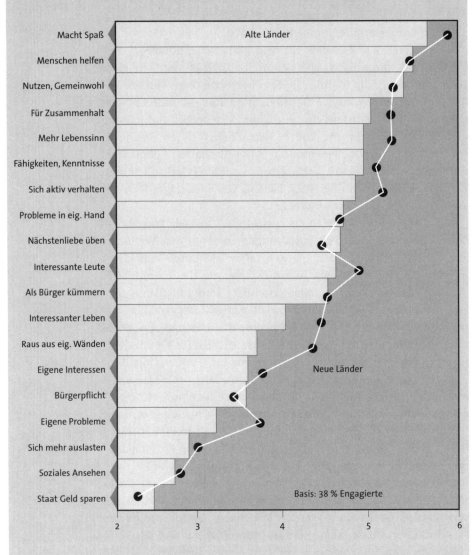

Motive des Engagements in der Bundesrepublik Deutschland 1997. Was es für einen bedeutet, sich freiwillig zu engagieren.

Abb. 2

Mittelwerte
7 – »sehr wichtig«
1 – »ganz unwichtig«

Quelle: Helmut Klages/Thomas Gensicke. Wertesurvey 1997.

Für viele Menschen, insbesondere jüngere, klingen die Argumente, daß wir einen Gemeinschaftssinn nach dem Muster alter Werte und Hierarchien wiederherstellen müßten, zynisch, sentimental oder doppelmoralisch. Man kann es nicht oft genug wiederholen: Alle Versuche, einen neuen Sinn für Gemeinschaft und Gemeinwohl zu stiften – also jene zivile Seele der europäischen Demokratie zu ermöglichen –, müssen damit beginnen, den Grad der Diversität, des Skeptizismus und des Individualismus zu erkennen und anzuerkennen, die in unsere Zeit und Kultur eingeschrieben sind. Lauschen wir abermals dem uns schon bekannten Refrain: Bürgerarbeit ist die institutionelle Antwort, ein entscheidender Vermittlungsschritt, der die hilfsbereiten Individualisten einbindet in neue, auf Eigensinn und Eigeninitiative gegründete soziale und politische Handlungs- und Arbeitszusammenhänge.

»In der Tat wäre es heute wahrscheinlich sehr schlecht um die freiwillige, ehrenamtliche Tätigkeit bestellt, wenn sie ausschließlich von traditionellen Tugenden abhängig wäre, denn diese Tugenden sind im Zeichen des gesellschaftlichen Werte- und Mentalitätswandels bei den überwiegenden Teilen der Bevölkerung und insbesondere bei der Jugend ganz zweifellos im Rückgang begriffen.
Daß das freiwillige, unbezahlte Engagement erstaunlicherweise dennoch angewachsen ist, erklärt sich kurz gesagt daraus, daß es von den im Vormarsch befindlichen Selbstentfaltungswerten nicht etwa unterminiert und eingeschränkt, sondern vielmehr umgekehrt kräftig unterstützt und mitgetragen wird. Natürlich gibt es auch heute noch eine große Zahl von Menschen, die in das ehrenamtliche Engagement traditionelle, pflichtethische Tugenden einbringen, und wir können sehr froh darüber sein, daß dies so ist. Auf der anderen Seite spielen im Motivationsuntergrund des Engagements heute aber auch ganz andere Dinge eine Rolle.
Es zeigt sich, daß die Unterschiede zwischen den alten und den neuen Ländern geringer sind, als vielleicht erwartet werden konnte. Entscheidend ist aber, daß es in unserer Bevölkerung im Untergrund der Engagementmotivation ein sehr breit ausgreifendes Spektrum von Werten gibt, in welchem sowohl traditionelle Tugenden (›Anderen Menschen helfen‹, ›Etwas Nützliches für das Gemeinwohl tun‹, ›Mehr für den Zusammenhalt der Menschen tun‹, ›Praktische Nächstenliebe üben‹) wie auch selbstentfaltungsbezogene Motive (›Spaß haben‹, ›Eigene Fähigkeiten und Kenntnisse einbringen und weiterentwickeln‹, ›Sich selbst aktiv verhalten‹, ›Interessante Leute kennenlernen‹) mit eine tragende Rolle spielen. An die Seite der traditionellen Tugenden, die in der Gesellschaft an Boden verloren haben, sind heute im Motivationshintergrund der freiwilligen Tätigkeit neue Werte getreten, die das Engagement stabilisieren und die ihm sogar ein Wachstum ermöglichen. Die entscheidende Botschaft lautet, daß Selbstentfaltungswerte und bürgerschaftliches Engagement sich gegenseitig nicht ausschließen, son-

Selbstentfaltungswerte und bürgerschaftliches Engagement schließen sich gegenseitig nicht aus.

dern verstärken. Natürlich können wir im Einzelfall beobachten, daß Individualisten Egoisten sind. Dies ist aber glücklicherweise nicht die Regel. Vielmehr gibt es eine Vielzahl individualistischer Gründe, sich in dieser oder jener Form bürgerschaftlich zu engagieren – und sei es auch nur desolat, weil man ›Spaß‹ daran hat, dies zu tun.«[103]

Die Markt- und Zivilgesellschaft, in der wir leben, ermutigt die einzelnen, ihre Interessen zu artikulieren und einen Sinn für ihre individuelle Besonderheit sowie für ihre Selbstverantwortlichkeit zu entwickeln. Jetzt, wo wir diese Ziele so erfolgreich verwirklicht haben – wie es sich unsere Eltern nicht einmal träumen konnten –, fehlen Institutionen, die es erlauben, diese hochgradig individualisierten Wünsche und Eigenarten sozial auszuhandeln und einzustimmen in die Bündelung und Etablierung politischer Interessen und Ziele. Genau hierfür bietet das Modell Bürgerarbeit den Schlüssel. Es ermöglicht Individualismus in der Gestalt der Selbstorganisation, der Eigeninitiativen, experimentellen Politik, aber gleichzeitig in einer Form, die das auf die Bedürfnisse und Anforderungen Dritter – Mitarbeitender und Leistungsempfänger – einstimmt. In Experimenten der Bürgerarbeit können Modelle einer »aktiven Wohlfahrt« erprobt und umgesetzt werden, in der auch die Empfänger von Wohlfahrtsleistungen ermutigt werden, mehr Verantwortung für ihr eigenes Leben zu übernehmen. In diesen Modellen wird Wohlfahrt nicht mehr länger in einer Geldsumme gemessen oder als ein Leistungspaket angeboten. Statt dessen wird hier eine Philosophie erprobt, in der Wohlfahrt unauflöslich verbunden, gedacht und praktiziert wird mit der Erweiterung von Selbstkontrolle und Selbstvertrauen derjenigen, die diese Wohlfahrt empfangen. Auf diese Weise kann die individualistische Kultur ihre eigene Sozialethik entwickeln und erproben.

Die Echoeffekte transnationaler Gemeinschaften

Wie wird politisches Handeln im Zeitalter der Globalisierung möglich?

Doch die Schlüsselfrage bleibt: Worin finden transnationale »Gemeinschaftsbindungen«, die nicht mehr vom Ort (Nachbarschaft), von der Herkunft (Familie) oder der Nation (staatlich organisierte Solidarität der Bürger) getragen werden, ihre materielle Basis und Verbindlichkeit? Wie also werden zugleich postnational und kollektiv bindende Entscheidungen, d.h.: Wie wird politisches Handeln im Zeitalter der Globalisierung möglich?

Die Antwort, die hier nur angedeutet, nicht ausgeführt werden kann, ist zunächst nicht normativ, sondern empirisch gemeint. Ich will versuchen, in einer kurzen Argumentationsskizze den Blick zu öffnen und zu schärfen für die Enträumlichung des sozialen und politischen Lebens und Handelns, die längst Alltag und normal geworden ist. Die Informations- und Kommunikationstechnologien, besonders die Integration des Fernsehens in den Wahrnehmungshorizont, beeinflussen das Selbstbild der Menschen überall auf der Erde – wie Joshua Meyrowitz, Arjun Appadurai, Roland Robertson, David J. Elkins, Martin Albrow, John Eade und viele andere mehr in komplexen theoretischen und empirischen Studien gezeigt haben. Dies hat dazu geführt, daß soziale Gemeinschaften und darauf aufbauendes politisches Handeln nicht mehr aus einem Ort heraus verstanden werden können. In der Debatte über kulturelle und politische Globalisierung zeichnet sich in diesem Sinne eine neue »große Erzählung« über die Enträumlichung sozialer und politischer Organisationen und Identitäten ab.

Den Blick öffnen für die Enträumlichung des sozialen Umfeldes

Oft wird unterstellt, daß durch kulturelle Globalisierung lokale Gemeinschaften zerstört werden. Dabei wird die Globalisierung als Watschenmann konstruiert, mit dem man dann keine Mühe der Widerlegung mehr hat. Tatsächlich aber behauptet wird nämlich, daß der Ort kein abgegrenztes, abgrenzbares Kommunikationssystem mehr ist, wie er das einmal war. »Wir sind heute nicht mehr im selben Maße wie früher auf die lokale Verortung als Quelle von Information, Erfahrung, Unterhaltung, Sicherheitsgefühl und Verständnis angewiesen.«[104] Dies gilt umgekehrt auch für Netzwerk-Bildung soziale und politische Bewegung, die Entfernungen töten und Nähe herstellen können, in Realzeit über Kontinente hinweg – ähnlich wie die global-lokal agierenden Konzerne. Es geht also gar nicht um die Frage, ob Gemeinschaften verlorengehen oder wie sie gerettet werden können, sondern darum, daß Gemeinschaftsbildung im globalen Zeitalter von der Ortsgebundenheit »freigesetzt« worden ist. Der entscheidende Punkt ist: Soziale Nähe als Voraussetzung gemeinsamen Lebens und politischen Handelns kann nicht mehr auf geographische Nähe zurückgebunden werden. Man spricht davon, daß das Erleben und Handeln der Menschen von einem »generalisierten Anderswo« her (Meyrowitz) verstanden werden muß. Das heißt, die Personen, die wir als signifikante Andere erleben, beschränken sich nicht mehr auf diejenigen, die wir aus direkter Begegnung innerhalb einer lokalen Gemeinschaft kennen.

Gerade auch Personen, oder manchmal auch medial konstruierte und reproduzierbare Homunkuli, dienen den Menschen als Spiegel des Selbst.

Netwar. Politischen Bewegungen eröffnen sich völlig neue Möglichkeiten, weltweite Echoeffekte, einschließlich der durch sie erzielbaren Solidarisierung, zum Zentrum ihrer örtlichen Provokationen zu machen. So sind etwa die lokalen Gewaltaktionen der Zapatistas, einer mexikanischen Guerillabewegung der 90er Jahre, nicht aus ihrer physischen Aktion vor Ort zu verstehen, sondern nur dann, wenn man diese als Mittel zum Zweck der Erzeugung weltweiter Aufmerksamkeit und zur Mobilisierung nationaler Macht entschlüsselt. »Mexikos Zapatisten sind die erste informationelle Guerillabewegung«, sagt Manuel Castells[105], die das Internet und die neuen Medien systematisch für den Aufbau politischer Eigenmacht zur Durchsetzung ihrer politischen Ziele nutzten. Rondfeldt spricht von »transnationalem Netzkrieg« – als neuem Prototyp einer sozialen Bewegung und des globalen Informationszeitalters, der in Mexiko erprobt und erfunden wurde.[106]

Das Internet systematisch für den Aufbau politischer Eigenmacht nutzen

»Das Neue in Mexikos politischer Geschichte war die Umdrehung der Frage, wer kontrolliert die Information, gegen die politisch Herrschenden, und zwar auf der Grundlage alternativer Kommunikation. Der Fluß öffentlicher Informationen, der die mexikanische Gesellschaft erreichte, war um ein Vielfaches größer als das, was konventionelle Kommunikationsstrategien vermochten. Subcommandante Marcos gab seine Version zum besten, die Kirchen ihre, ebenso die Journalisten, die NGOs, die Intellektuellen, aber auch die Experten des Finanz- und des politischen Kapitals – alle gaben ihre Sicht der Ereignisse ab. Und diese Fülle der Meinungen stellte die soziale Konstruktion der Wahrheit in Frage. Die Sicht der Macht zerbrach.«[107]

Der Sozialanthropologe Appadurai, der sich in seinen Forschungen transnationalen Gemeinschaften widmet, schreibt:

»Auf der ganzen Welt betrachten mehr und mehr Menschen ihr eigenes Leben durch die Optik möglicher, von den Massenmedien in jeder nur denkbaren Weise angebotenen Lebensformen. Das bedeutet: Phantasie ist heute eine soziale Praxis geworden; sie ist in ungezählten Varianten Motor für die Gestaltung des öffentlichen Lebens vieler Menschen in vielerlei Gesellschaften ...«[108]

Imaginationen, welche die Menschen anrühren, aufrühren, in denen sie ihr eigenes Leben aufspannen und bewerten, sind nicht mehr, wie Appadurai aufzeigt, lokal zu entschlüsseln. Das muß keineswegs bedeuten, die Welt sei nun ein glücklicherer Ort geworden. Vielmehr bedeutet dies, daß selbst die mittelmäßigste oder hoffnungsloseste Existenz, daß selbst die brutalsten und unmenschlichsten Umstände, die schlimmste erfahrene und gelebte Ungleichheit heute dem Spiel massenmedial erzeugter Imagination offenstehen.

Eine »globale Familie«: Haßbewegungen gegen Globalisierung. Auch »antiglobalistische« Bewegungen beruhen auf einer scheinbaren Paradoxie bzw. spielen mit ihr: Sie bedienen sich zur Durchsetzung ihrer militanten modernitäts*feindlichen* Ziele sehr wohl der *neuesten* Errungenschaften der Moderne, ihrer kommunikativen Reichweiten und Resonanzen. Sie nutzen sozusagen die neue globale Ordnung aus, um ihrem Widerstand gegen die neue globale Ordnung maximale Wirkung zu verschaffen. Vielleicht zerbricht mit diesem Hinweis auf militante Widerstandsbewegungen gegen die Globalisierung endlich der Mythos, daß Bürgerbewegungen in der Weltrisikogesellschaft das »Gute« oder die »Fortschrittlichkeit« gepachtet haben. Der Kopf einer militanten patriotischen Bewegung der USA, William Pierce, schreibt:

»Kurz gesagt, die Neue Weltordnung ist ein utopisches System, in dem die US-Wirtschaft (genauso wie die Wirtschaft jeder anderen Nation) globalisiert ist; die Löhne aller US-amerikanischen und europäischen Arbeiter fallen auf das Niveau der Arbeiter der Dritten Welt; nationale Grenzen hören für alle praktischen Zwecke auf zu existieren; eine zunehmende Flut von Dritte-Welt-Immigranten ergießt sich in die USA und nach Europa und erzeugt überall in allen ehemals von Weißen bewohnten und geprägten Wohngebieten Mehrheiten von Nichtweißen; eine Elite, zusammengesetzt aus internationalen Finanziers, den Herren der Massenmedien und den Managern der multinationalen Konzerne, wird das Sagen haben; und die Friedensarmee der UNO wird dafür sorgen, daß niemand über den Tellerrand des Systems blickt.«[109]

Die Friedensarmee der UNO wird dafür sorgen, daß niemand über den Tellerrand des Systems blickt.

K. Stern kommentiert:

»Das Internet war einer der herausragenden Gründe dafür, daß die Militia-Bewegung sich schneller ausbreitete als jede Haßbewegung in der Geschichte. Das Fehlen eines Organisationszentrums war perfekt für die schnelle und direkte Kommunikation und die Nutzung der Möglichkeiten geeignet, fiese Gerüchte in die Welt zu setzen, die dieses Medium eröffnet. Jedes Mitglied, das einen Computer hatte und ein Modem, konnte Teil eines umfassenden, weltweiten Netzwerkes werden, das seine oder ihre Gedanken, Aspirationen und Organisationsstrategien und Ängste teilte – eine globale Familie.«[110]

Das grüne Selbst: Die Umweltbewegung hat die Denklandschaften verändert. Aber ich will gar nicht unterschlagen, daß die transnationale Bewegungsmacht ihre Grenzen hat. Nehmen wir die weltweite Umweltbewegung als Beispiel. Mit ihren Provokationen und Akteuren hat sie eine beispiellose Tellerwäscherkarriere durchlaufen: verteufelt, in aller Munde, Regierungspartei. In den 90er Jahren bezeichnen sich rund 80 Prozent der Amerikaner als *environmentalists,* und ebenso groß ist die Zahl der Europäer, die sich mit den Zielen des Umweltschutzes wenigstens als Lippenbekenntnis identifizieren. Jede Partei, jeder Kandidat, egal, wo er steht, egal, was er denkt, muß sich »ökologisch korrekt« verhalten, wenn er politisch nicht ins Abseits geraten will. Das heißt noch lange nicht, daß auch eine entsprechend ökologisch durchgreifende Politik verfolgt würde. Oft hat man eher den Eindruck, daß im geheimen Einverständnis zwischen Regierenden und Regierten sogar das Gegenteil geschieht. Transnationale Akteure können auch virtuos mit den Widersprüchen spielen, in die sich Politik und Wirtschaft in der Weltrisikogesellschaft verheddern, die Weltmeinung auf ihre Seite ziehen, aber sie bevölkern vorläufig die Bühne der tatsächlichen Politik doch eher als Statisten oder als Anwärter auf Nebenrollen. Die Stunde der Wahrheit schlägt, wenn, wie in Deutschland im Jahre 1998, grüne Subpolitik zur Staatspolitik aufsteigt.

> Die Stunde der Wahrheit schlägt, wenn grüne Subpolitik zur Staatspolitik aufsteigt.

Die vielbeschworene ortsgebundene Gemeinschaft ist also nicht mehr der Ort des Politischen. Martin Albrow zeigt, daß der Zerfall von Gemeinschaften an einem Ort keineswegs gleichgesetzt werden darf mit dem Zerfall der Gemeinschaft. Vielmehr orientieren und organisieren Individuen ihre Bindungen und Netzwerke heute translokal, ja sogar über Kontinente hinweg, so daß Anomie an einem Ort sehr wohl einhergehen kann mit gelebter Nähe in »Soziosphären« (Albrow), die zwar immer wieder den Ort »berühren« müssen, aber eben nicht aus diesem heraus verstanden werden können.[111]

Noch einmal: Es gibt eine enträumlichte Struktur und Organisation sozialen und politischen Handelns, deren »Logik«, deren Chancen und Gefahren überhaupt erst entfaltet und entschlüsselt werden müssen. Wer diese Richtung einschlägt, wird entdecken, daß auch Formen demokratischer Entscheidungsfindung, politischer Organisationen, Bürgerrechte und Bürgerarbeit transnational entwickelt, entworfen und rekonstruiert werden können. Um dies zu verdeutlichen, möchte ich hier drei Idealtypen tätiger Solidarität

– Familie, Erwerbsarbeit (beide im Rahmen territorialer, nationalstaatlicher Solidarität) sowie transnationale politische Gemeinschaften – unterscheiden, und zwar entlang der drei Dimensionen Arbeit, Versorgung und Mitbestimmung. Es geht dabei um die Frage: Wie werden jeweils die Verteilung der Arbeit, die Zuteilung von Versorgungschancen sowie die Fragen der Mitbestimmung beantwortet bzw. organisiert?

Die Familie: Solidarität des Binnenraums

Fangen wir mit dem Solidaritätstypus Familie an. Familienformen als spezifische Organisationseinheit von Arbeit, Versorgung und Mitbestimmung zu sehen, ist ungewohnt – und aufschlußreich. Im Unterschied zur Erwerbsarbeit ist Familienarbeit auf konkrete andere – Familienmitglieder – und deren Bedürfnisse bezogen und folgt gerade nicht dem Marktprinzip, das Leistung und Gegenleistung (in Geldwerten) nach Äquivalenzregeln zueinander in Beziehung setzt, sondern ermöglicht nicht-äquivalente Leistungsformen, im Grenzfall Leistungen ohne jegliche Gegenleistung.

Darin liegt zugleich das zentrale Problem und die große Chance dieser Arbeitsform. Im Rahmen von Familien wird die Versorgung eines jeden selbstverständlich und ohne Rückversicherung sichergestellt. Insofern kann man die familiale Arbeits- und Versorgungsweise als eine Solidaritätsform betrachten, in der gerade Schwache ein selbstverständliches Anrecht haben, ohne Gegenleistung versorgt zu werden. Die tätige Familiensolidarität kann also als eine geradezu ideale Möglichkeit entschlüsselt werden, einen solidarischen Versorgungsausgleich zugunsten jener zu erzielen, die aus eigener Kraft – sei es aus Jugend, Krankheit oder Alter – dem *survival of the fittest,* dem täglichen Konkurrenzkampf der am Markt siegreichen, »flexiblen Egoisten« nicht gewachsen sind.

> Im Rahmen von Familien wird die Versorgung ohne Rückversicherung sichergestellt.

Umgekehrt bedeutet dies allerdings auch, daß sowohl die Arbeiten als auch die Leistungen der Familien radikal ungleich verteilt werden können; und daß die Personen, denen diese Pflichten zugewiesen werden, daraus keinerlei Rechte ableiten können, weder innerhalb noch außerhalb des Mikrokosmos der Familie. Ja, diese Verteilung der Lasten nach dem Anti-Äquivalenzprinzip, nämlich die gleichsam »natürliche« Zuweisung von Pflichten ohne Rechte, bedeutet auch, daß zumeist die Frauen qua sozialer Rollendefinition, zu Pflicht-Wesen ohne eigene Rechte werden – ohne Recht auf Selbstentfaltung, eigenen Raum, eigene Zeit, eigenes Geld etc. Diese fehlende Erzwingbarkeit von Gegenleistung verstärkt und bestätigt immer wieder aufs neue die »Natürlichkeit« extrem hierarchischer Arbeitsteilung und Autorität. Umgekehrt gilt: Nichts-Tun, Versorgt-Werden und doch Alles-bestimmen-Wollen, diese radikal ungleiche, »männliche« Autorität kann sich auf diese Weise – selbst in den traditionsdünnen, areligiösen, hochindividualisierten Milieus des Westens – immer wieder aufs neue einspielen.

> Die Frauen werden zumeist Pflicht-Wesen ohne eigene Rechte.

Ist das Markt-Muster – Arbeit und Versorgung in Form von Erwerbsarbeit auszugleichen – generalisierbar, d.h. auf eine unbegrenzte Anzahl von Personen, Gegenständen und Beziehungen anwendbar und stellt es dementsprechend Arbeits- und Versorgungsbeziehungen zwischen einander völlig Fremden dar, so gilt für die Familienform in allen diesen Punkten genau das Gegenteil: Das Prinzip des nicht-äquivalenten, spontanen Bedürfnisausgleichs ist nicht generalisierbar, vielmehr an einen engen Kreis der durch Verwandtschaft vorgegebenen Sozialbeziehungen gebunden und schließt Fremde aus. Tätige Solidarität wird hier mit innerfamilialer Solidarität gleichgesetzt, also praktische Humanität auf die *face-to-face*-Beziehung des familialen Binnenraums begrenzt, und kann insofern durchaus mit Gleichgültigkeit, ja Mitleidlosigkeit und Gewalt gegenüber Fremden einhergehen. Die Forderung »Liebe deine Brüder« wird in der Familie wörtlich genommen und nicht verallgemeinert zu dem christlichen Gebot: »Alle Menschen sind Brüder«. Das Leid der Kinder der anderen wird durch die enge und scharfe Innen-außen-Differenz, welche die Familie zieht, vernachlässigt – es ist fremdes Leid, etwas, das sich außerhalb der eigenen Wahrnehmung vollzieht und demgegenüber Mitleid aufzubringen ebenso möglich ist wie Ignoranz und Schadenfreude.

Um diese Skizze der familialen Arbeits- und Solidaritätsform abzuschließen, sei darauf verwiesen, daß Familien-Solidarität (im Sinne Emile Durkheims) traditionell als »mechanische«, d.h. kollektive Solidarität praktiziert wird, in der Individualisierungen nur sehr begrenzt möglich sind. Die Entfaltung der Person, Rollenwechsel und Identitätswechsel, sozusagen als Moslem zu Bett zu gehen und als Katholik aufzuwachen, diese Freiheitsräume widersprechen zutiefst dem auf Zuweisung gegründeten Rollengefüge der Familie. Die Kehrseite dieses Anti-Individualismus, der eben gerade nicht auf Austauschbarkeit, Vertrag und entsprechend einklagbaren Rechten gegründeten Familienform ist deren generationenübergreifende Verläßlichkeit. Jedenfalls dort und solange die Familien-Clans ihre Macht über das Handeln und Denken der Mitglieder ausüben, stiften sie auch Tätigkeits-, Verpflichtungs- und Versorgungszusammenhänge auf Dauer, also über Individuen und Generationen hinweg; was allerdings für die Familienformen der Zweiten Moderne unter Individualisierungsbedingungen immer weniger gilt.

Die Erwerbsarbeit: organisierbare Solidarität

Die Frage, wie Arbeit, Versorgung und Mitbestimmung im Schema der Erwerbsarbeit aufeinander bezogen werden, läßt sich fast in jeder Dimension genau gegenbildlich zum Solidaritätsschema Familie begreifen. Erwerbsarbeit ist marktvermittelt organisiert; hier werden also Leistung und Gegenleistung nach (sozial konstruierten) Äquivalenzmaßstäben ausgetauscht. Deren Regeln sind (jedenfalls in formalisierter Arbeit) in Vertragsform gegossen, insofern auch einklagbar. Das Subjekt der Arbeit und der Versorgung ist nicht etwa das Familienkollektiv, sondern das »freigesetzte« Individuum. Erwerbsarbeit ermöglicht daher, erzwingt aber auch Individualisierung, ebenso wie umgekehrt Individualisierung Erwerbsarbeit voraussetzt.

Damit wird die Solidarität der erwerbstätigen Individuen prinzipiell problematisch. Diese beruht einerseits eben auf der stillschweigend vorausgesetzten Familien-Solidarität, auf der die Erwerbsarbeit selber aufruht. Andererseits definiert Erwerbsarbeit einen fachspezifischen Raum sozialer Gleichheit – sei es durch entsprechende Bildungsabschlüsse (oder ihr Fehlen), Lagen am Arbeitsmarkt, Stellungen in der Kooperation, der Betriebshierarchie etc. Dieser Horizont bindet tätige Solidarität an nun berufliche Innen-außen-Definitionen, begrenzt diese und macht sie insofern organisierbar. Es entstehen – möglicherweise! – nationale, ja sogar transnationale Systeme zunächst fachlicher Solidarität. Der Experte ist transnationaler Akteur par excellence.

> Erwerbsarbeit definiert einen fachspezifischen Raum sozialer Gleichheit.

Im Unterschied zur Familien-Solidarität ist diese grenzübergreifende, fachliche Gleichheit nicht zu verwechseln mit sozialer Solidarität. Diese ist – bestenfalls – national durchgesetzt worden und gilt dann nicht individuell, nicht konkret, nicht personenbezogen, sondern anonym. Sie zeichnet einklagbare soziale Rechte aus und kann insofern auch nach dem Prinzip der individuellen Nutzenmaximierung instrumentalisiert werden (Trittbrettfahrer-Effekte). An die Stelle von Spontaneität und Barmherzigkeit tritt einklagbares Recht. Die Folge ist: Diese Solidarität tendiert dazu, die Schwachen, die sie eingrenzen soll, auszuschließen, während die Starken, die über das Wissen und die Hebel zur Durchsetzung ihrer Eigeninteressen verfügen, begünstigt werden.

Was die Dimension der Mitbestimmung betrifft, so wird mit dem Arbeitsvertrag die Verfügung über die Zielbestimmung der Arbeit an den »Käufer« des menschlichen Arbeitsvermögens abgetreten. Der Arbeitsvertrag ist also – politisch gesehen – ein Unterwerfungsvertrag. Die Ziele, Inhalte, Zwecke der Arbeit liegen nicht mehr in der Hand der Arbeitenden selbst, sondern in der Hand derjenigen, die die Arbeitsprozesse (meist unter ökonomischen Prinzipien) organisieren. Das schließt korporatistisch ausgehandelte, begrenzte Formen der Mitbestimmung, meist über Arbeitsbedingungen, Belastungen, Kooperationsformen etc., nicht aus.

> **Der Arbeitsvertrag ist ein Unterwerfungsvertrag.**

Transnationale Gemeinschaften: Solidarität auf Widerruf

Diese kurze Skizze, wie in der Familienform im Unterschied zur Berufsform tätige Solidarität praktiziert wird, diente vor allem dem einen Zweck: vor diesem Hintergrund die Sozialform tätiger Solidarität in transnationalen, politischen Gemeinschaftsnetzwerken zu kennzeichnen. Wer die Frage stellt, wie moderne Gesellschaften, die alles Vorgegebene, also auch die Sicherheit der Tradition und der Natur, auflösen und in Entscheidungen verwandeln, mit der selbsterzeugten Unsicherheit umgehen, stößt auf eine zentrale Erfindung der Neuzeit: die Vergemeinschaftung durch geteilte Risiken. Risiken erlauben Individualisierung. Sie sind auf Einzelfälle hier und jetzt bezogen. Zugleich aber geben sie ein Organisationsschema formalisierbarer Gemeinschaftsbildungen und -bindungen vor, das von Einzelfällen ablösbar ist; das einerseits sogar mathematisierbare Wahrscheinlichkeiten und Szenarien, andererseits aushandelbare Normen gemeinsamer Rechte und Pflichten, Kosten und Ausgleichszahlungen festzulegen erlaubt.

In der entfalteten Moderne gibt es keine »natürliche« Gemeinschaft der Nachbarn, der Familie, der Nation. Es gibt nur die Legende ihrer »Natürlichkeit« (die allerdings äußerst wirkungsvoll sein kann). Das Prädikat »natürlich« ist verräterisch, steht für vergessen. Vergessen oder verdrängt wurde nämlich, daß diese »natürlichen« Gemeinschaften sozial konstruiert und »erfunden« (B. Anderson) wurden. Was aber entsteht, wenn die Familie als Versorgungs- und Identitätsbasis verblaßt, wenn die Kombination von Erwerbsarbeit und nationaler Bürgeridentität zerbricht? Eben – möglicherweise – Risikogemeinschaften.

Die These, die ich hier entwickeln möchte, lautet: Das Risikoregime beinhaltet auch eine verdeckte, gemeinschaftsbildende Seite und Kraft. Wenn die Anrainerstaaten der Nordsee sich als eine Risikogemeinschaft angesichts der fortdauernden Gefährdung von Wasser, Mensch, Tier, Tourismus, Wirtschaft, Kapital, politischem Vertrauen etc. verstehen, dann bedeutet dies: Über alle nationalen Grenzen und Gräben hinweg wird mit der konstruierten und akzeptierten Gefährdungsdefinition ein gemeinsamer Wert-, Verantwortungs- und Handlungsraum geschaffen, der, analog zum nationalen Raum, tätige Solidarität zwischen Fremden stiften kann. Dies ist dann der Fall, wenn die akzeptierte Gefährdungsdefinition zu verbindlichen Absprachen und Gegenaktionen führt. Akzeptierte Risikodefinition bildet und verbindet also – über nationale Grenzen hinweg – kulturelle Werthorizonte mit Formen mehr oder weniger ausgleichenden, verantwortlichen, solidarischen Gegenhandelns. Sie beantwortet auf transnationale Weise die Schlüsselfrage tätiger Solidarität: Von wem kann ich im Falle des Falles Hilfe erwarten und wem habe ich beizuspringen, wenn er in Not oder Gefahr ist? Risikogemeinschaften kombinieren also, was sich auszuschließen scheint:

Von wem kann ich im Falle des Falles Hilfe erwarten?

- Sie beruhen auf kulturell geteilten Werten und Wahrnehmungen.
- Sie sind wählbar.
- Sie können informell oder vertraglich geregelt werden.
- Sie bilden Gemeinschaftsdefinitionen ab oder stellen diese her.
- Sie stellen in kulturell geteilten, sozial konstruierten Risikodefinitionen über Grenzen hinweg, also auch transnational, sozial verpflichtende Nähe her.
- Sie sind nicht umfassend, sondern aspekthaft, an bestimmte Themen und Prioritäten gebunden.
- Sie bilden einen moralischen Raum wechselseitiger Verpflich-

tungen über Grenzen hinweg. Dieser Raum wird durch Antworten auf die Frage definiert: Von wem kann ich Hilfe erwarten? Wem muß ich helfen, wenn dieses oder jenes eintritt? Welcher Art ist die Hilfeleistung, die ich erwarten kann, die ich geben muß?

Die Wirklichkeiten, die als riskant wahrgenommen und gewertet werden, sind zivilisatorische Zweitwirklichkeiten – kein Schicksal. Risikogemeinschaften entstehen insofern gerade nicht als Schicksalsgemeinschaften, die hingenommen werden müssen, sondern als untergründig politische Gemeinschaften, die auf Entscheidungen und Fragen beruhen, die anders getroffen und beantwortet werden können: Wer ist verantwortlich? Was muß im Kleinen und Großen, lokal, national und global getan, verändert werden, damit das, was droht, nicht eintritt?

Risikogemeinschaften sind ähnlich wie Familien Verantwortungsgemeinschaften.

Risikogemeinschaften sind also ähnlich wie Familien Verantwortungsgemeinschaften. Aber anders als diese sind sie keine Zwangsgemeinschaften: Nichts ist vorgegeben und zugewiesen. Sie beruhen nicht auf engen, verwandtschaftlichen Innen-außen-Beziehungen, sondern schließen (möglicherweise) grenzenübergreifend wenige oder sehr viele, vielleicht zahllose ein. Risikogemeinschaften unterscheiden sich danach, wem gegenüber, für was und für wen man verantwortlich ist. Zugleich wird dieses Wem-gegenüber, Für-was und Für-wen spezifiziert und in Austauschbeziehungen konkretisiert.

Ich kann mich zwar nicht dagegen wehren, daß andere Risiken eingehen, deren Folgen mein Leben bedrohen (z.B. durch den Bau eines Atomkraftwerkes oder einer Chemiefabrik jenseits der Grenze, jedoch in meiner unmittelbaren Nachbarschaft). Aber inwieweit dies für mich bedeutsam und handlungsrelevant wird, entscheide ich. Ebenso wie die Frage, ob ich trotz des Rinderwahnsinns an meiner Steak-Leidenschaft festhalte oder zum Vegetarier konvertiere.

Da Risiken sozial konstruiert sind und kulturell wertbezogen anerkannt werden, aber immer auch auf (wissenschaftlichem) Wissen über technische Möglichkeiten, Gefahren und wie diese gebändigt, verringert werden können, beruhen, sind Risikogemeinschaften in sich kontrovers, müssen eine Pluralität von Perspektiven, Fragen, divergenten Ausgangspunkten aushalten, verbinden, ausgleichen. Sie verneinen nicht Gemeinsamkeiten, sondern bejahen Unterschiede. Ihre tätige Solidarität ist nicht vorgegeben, sondern muß immer wieder über Grenzen von Kulturen, Kontinenten und Meinungen hinweg bekräftigt werden.

Globale Risikoregulation: Klimapolitik

Die zur Zeit meistdiskutierte globale Umweltgefahr ist die Klimaveränderung. (Wer dazu Genaueres erfahren will, den verweise ich auf *Wetterwende*, den ebenfalls in dieser Buchreihe erschienenen Titel von Hartmut Graßl.) In der internationalen Ausdeutung dieses Großrisikos in allen seinen Dimensionen, Nebenfolgen, Mehrdeutigkeiten und Werthorizonten sowie an rückschlagsreicher Geschichte transnationaler Vereinbarungen und deren stockender Umsetzung läßt sich, wie in einem Bilderbuch, die (des-)integrierende Kraft des Risikoregimes studieren. Dabei sind wissenschaftliche Diagnose, kulturelle Bewertung und politische Folgen direkt ineinander verzahnt. Der nun herrschenden Deutung (»Konstruktion«) nach sind es klimawirksame Spurengase, die den Wärmehaushalt der Erde stören, indem sie die Wärmestrahlung in den Weltraum zum Teil blockieren. Dabei ist das CO_2-Risiko insbesondere ein Nord-Süd-Problem, weil sein Niveau stark mit dem Bruttosozialprodukt korreliert. Die CH_4-Emissionen (die ca. 18 Prozent des Treibhauseffekts ausmachen) stellen dagegen eher ein Süd-Nord-Problem dar – insofern große Mengen diesen Gases in der Landwirtschaft in den Ländern des Südens erzeugt werden.

Durch das Ausmalen der Folgen – Abschmelzen des Eises, Anstieg des Meeresspiegels, Gefährdung von einem Drittel der Weltbevölkerung, das in Küstennähe lebt – bildete sich eine globale Risikogemeinschaft heraus. Mit der Konferenz von Rio (1992) und der Nachfolgekonferenz von Kioto (1997) wurde diese globale Risikogemeinschaft gegen alle immer auch noch vorhandenen Zweifel und Zweifler in dem Sinne etabliert, daß die Rolle von Außenseitern und Dominierenden umgekehrt wurde. Wer jetzt noch die Gefahr anzweifelt, gerät international ins Abseits. Zugleich wurden Risikoregulationen (Reduzierung der Emissionen, Zeitvorgaben, Berichtsverpflichtungen usw.) in dramatischen Mammutkonfliktsitzungen verbindlich beschlossen. Diese Normen gilt es gegen die nationalen Egoismen und ohne die Zentralmacht einer Weltregierung in Gestalt mehr oder weniger löchriger Strategien einer weltweiten Drosselung der entsprechenden Gase (und damit Konsum-

> Durch das Ausmalen der Folgen bildete sich eine globale Risikogemeinschaft heraus.

chancen und Märkte) durchzusetzen. Schemenhaft ist hier erkennbar, daß Risikogemeinschaften Verantwortungsgemeinschaften sind, in denen nationale Gruppen und Akteure wenigstens in Ansätzen zur Umsetzung transnationaler Prioritäten veranlaßt werden können.

Netzwerke der Vielfalt: kunstvoller Umgang mit Widersprüchen

Territoriale Gemeinschaften sind im allgemeinen multiple oder Allzweck-Gemeinschaften; und sie sind »kongruent«, d.h., die Grenzen und der Radius, innerhalb derer ihre Zwecke gelten, sind deckungsgleich. Genau das gilt für selbstgewählte Risikogemeinschaften nicht. Diese bilden multiple Netzwerke, die nicht dem Entweder-oder-Prinzip unterworfen sind, sondern sich ergänzen und überlappen, die zugleich individualisieren und Gemeinsamkeiten festlegen, aber eben nicht nach einem integralen, alle und alles einschließenden Wert- oder Herrschaftsprinzip, sondern eben enträumlicht, zweckspezifisch und doch moralisch verpflichtend. Auch der Sozialstaat kann als Dialektik von Risiko- und Versicherungsgesellschaft entschlüsselt werden.

> Auch der Sozialstaat kann als Dialektik von Risiko- und Versicherungsgesellschaft entschlüsselt werden.

Diese Arten verantwortlicher Risikoteilung müssen nicht, können aber auch explizit politisch gemünzt und organisiert sein. Dies läßt sich an Menschenrechts- und transnationalen Frauen-Netzwerken zeigen.

»Durch die Einbeziehung der letzten Winkel der Erde in den Weltmarkt wurden Frauen aller Kulturen und ethnischer Gruppen mit global-patriarchaler Politik konfrontiert, erhielten andererseits aber auch Anstöße zu widerständiger Organisierung. Migrationsprozesse innerhalb und zwischen Regionen schufen ›gemischte Identitäten‹: Menschen, die in und zwischen mehreren Kulturen leben und in sich unterschiedliche Einflüsse vereinen. Anstelle vorgegebener, künstlicher nationaler Solidarität tritt so eine multikulturelle Pluralität, deren Grundelement das Unterscheidende, Besondere, Einzigartige ist. Für die politische Ausrichtung heißt das, daß sich Politikfähigkeit in der internationalen Arena verbinden muß mit dem Bezug auf die globale ›diversity‹ – ein Spannungsfeld, aus dem der Feminismus des 21. Jahrhunderts seine Kraft beziehen, das aber auch Stoff für Kontroversen liefern kann. Steht Politikfähigkeit auf der globalen Bühne im Gegensatz zu politischer und kultureller Vielfalt?«[112]

Respekt vor der Vielfalt und tätige Solidarität, die ermutigt, beisteht, hilft, auch zur Selbsthilfe, sind Prinzipien, die vielen dieser tätigen Netzwerke ihre Glaubwürdigkeit und Anerkennung auch durch demokratische Regierungen verleihen, die, wenigstens ihrer Verfassung nach, auf diese Prinzipien festgelegt sind. Die indische Feministin Kumar-D'Fouza spricht von »unerwarteten Verbindungen, die möglich werden durch einen Dialog unter dem Paradigma der Vielfalt«[113]. Gerade auch die Erfahrung der Unterschiedlichkeit, Vielschichtigkeit und Ambivalenz erduldeter, aber auch mittätiger Unterdrückungsverhältnisse von Frauen stiftet transnationale Gemeinsamkeiten und Gemeinschaften. »Neben dem Geschlecht spielt Rasse, Klasse, Kaste, Sexualität, Nationalität, Religion, Alltag, Behinderung eine Rolle, um nur einige zu nennen. Die Kategorie ›Frau‹ als ausschließliche wird dieser Wirklichkeit nicht gerecht. Vielmehr sollen sich mannigfaltige Feminismen, die sich als kaleidoskopartige Fragmente um die Kategorie ›Frau‹ herum gruppieren«, Gemeinsamkeiten, Koalitionen, Ermächtigungs- und Ermutigungsgemeinschaften bilden.

Auf diese Weise entstehen – über alle Fragmentierungen und Gegensätze hinweg – erprobte, transnationale Unterstützungsnetzwerke, die Unterschiede nicht fürchten und verleugnen, sondern aus ihnen ihre Glaubwürdigkeit, ja nationale Macht gewinnen. Was hier praktiziert, erstritten, eingeübt wird, ist die Tätigkeit des »Übersetzens« im metaphorischen und im wörtlichen Sinne. Der Übersetzer spricht mehrere Sprachen, gehört mehreren Welten an, erlebt und erleidet die falschen Fremdstereotypen, mit denen sich die Lebenswelten gegeneinander und damit auch vor sich selbst verschließen. Im Alltag des Transnationalen wird das Übersetzen, das Hin und Her zwischen den Ordnungen und Unordnungen, zu einer permanenten Balance, zu einem kunstvollen Umgang mit Widersprüchen, der oft genug scheitert. Wir sind das Experimentierfeld, aus dem die transnationale Bürgergesellschaft entsteht!, lautet das Selbstverständnis der Netzwerker und Netzwerklerinnen aller Kulturen, Hautfarben, Religionen, politischer Überzeugungen.

> Wir sind das Experimentierfeld, aus dem die transnationale Bürgergesellschaft entsteht.

Grenzen und Stärken transnationaler Bürgerarbeit

Im Gegensatz zur Familienarbeit und Erwerbsarbeit bleibt auch transnationale Bürgerarbeit, selbst wenn sie grundfinanziert und auf Basis eines Bürgergeldes praktiziert wird, materiell unselbständig und auf andere Einkommensquellen angewiesen. Dies hat beispielsweise zur Folge, daß die Bürgerarbeit nie in der Lage sein wird, die Erwerbsarbeit in dem Maße zu verdrängen, wie historisch die Erwerbsarbeit die Familienarbeit verdrängt hat. Sie wird ergänzend, aber nicht ersetzend orientiert und organisiert sein und insofern auf Tätigkeitsfelder eingeschränkt bleiben, die von der Erwerbsarbeit und von der Familienarbeit nicht oder nur unzureichend wahrgenommen werden können.

Dies hat allerdings gerade für den politischen Gehalt von Bürgerarbeit eine wesentliche Konsequenz: Stellt Erwerbsarbeit gleichsam eine aufgrund des Arbeitsvertrags »politisch kastrierte« Praxisform dar, in der Mitbestimmung eigentlich mehr den Sinn eines vorauseilenden Gehorsams annimmt, so ist Bürgerarbeit genau umgekehrt dadurch gekennzeichnet, daß ihr ein direkter Hebel der Außensteuerung und Außenkontrolle praktisch nicht gegeben ist.

Erwerbsarbeit kann immer nur dort geleistet werden, wo finanzkräftige Kunden bereit sind, für diese Arbeit zu zahlen. Familienarbeit setzt die zugewiesene Zugehörigkeit zum kleinen Kreis der verwandtschaftlichen Gruppe voraus; darauf gibt es kein Anrecht. Und die Ziele der Familienarbeit beruhen (jedenfalls der traditionell, weltweit vorherrschenden Realität nach) auf den fixierten Autoritätsverhältnissen, für die gerade der Ausschluß von Mitbestimmung typisch ist. Ganz anders liegt der Fall in der freiwilligen, selbstorganisierten Bürgerarbeit. Hier kann der Anstoß zur Bearbeitung eines bestimmten Problems nicht von Außenstehenden ausgehen. Vielmehr liegt die Initiative zum Aktivwerden in einem bestimmten Problemfeld sowie die Auswahl des Problems, des Aktivitätszieles, seiner Definition und der Art und Methoden der praktischen Organisation zunächst allein und ausschließlich bei den in der Gruppe Arbeitenden selbst. Hier ist wieder allein das konkrete Problem, das sichtbare Ärgernis, die erfahrene Solidarität Anlaß und Triebkraft des Tätigwerdens. Eine sich mehr oder weniger spontan zusammenfindende oder durch ein gemeinsames Problem, eine gemeinsame Lage und ihre transkulturelle »Übersetzung« vermittelte Gruppe kann in dieser Form nahezu jedes ihr wichtig erscheinende, sie bedrängende Problem aufgreifen und in einer ihr richtig erscheinenden Weise bearbeiten. Sie braucht dazu im ersten Schritt keinen Mäzen, keinen Bildungsabschluß, keinen Meisterbrief, keine Satzung, ja, noch nicht einmal, wie zum Feuermachen im Wald, eine behördliche Genehmigung.

Mit anderen Worten: Während in der Erwerbsarbeit (aber auch

Die Initiative zum Aktivwerden liegt in einem bestimmten Problemfeld.

in der vom politischen Mandat des Wählers abhängigen Tätigkeit von Abgeordneten, Parteitagsdelegierten etc.) wesentliche Impulse und Kontroll-, Steuerungsmöglichkeiten auf der Seite der Nichtarbeitenden (der Geldgeber, der Wahlberechtigten, der Parteiorganisationen etc.) liegen, ist im Fall der Bürgerarbeit dieses Verhältnis geradezu umgekehrt: Alle Initiative liegt zunächst auf Seiten der Aktiv-werdenden selbst, und alle anderen können nur indirekt, ja letztlich nur insofern Einfluß auf die Arbeit dieser Gruppen gewinnen, wie die Gruppe selbst ihnen dazu die Möglichkeit eröffnet, gleichsam die »Genehmigung« dazu erteilt – es sei denn, das Projekt der Bürgerarbeit ist kostspielig und bedarf erheblicher Fremdfinanzierung. Bürgerinitiativen können entsprechend nicht durch Geldgeber »ins Leben gerufen« und nicht »abgewählt« werden; man kann sie nicht dadurch steuern, daß man ihren Mitgliedern die Subsistenzmöglichkeiten entzieht, und nicht dadurch kontrollieren, daß man sie das nächste Mal nicht mehr auf die Wahlliste setzt. Sie existieren vielmehr solange, wie diejenigen, die sie ins Leben gerufen haben, dafür die notwendige Zeit, Energie aufbringen und in ihnen eine Quelle für Selbsttätigkeit, Selbstbestätigung und Selbstverwirklichung – im Dienste dritter – sehen.

Besonderes Kennzeichen der Bürgerarbeit ist es, daß beim Entstehen derartiger Praxis- und Solidaritätsformen – eben aufgrund des Prinzips der Eigeninitiative, auf dem Bürgerarbeit aufruht – nicht auf vorgegebene Formen und Bearbeitungsmethoden zurückgegriffen werden kann. Diese müssen vielmehr ineins mit dem Inhalt und dem Ziel der Bürgerarbeit zugleich »mitgeschaffen« werden. Das heißt: Auch die Struktur der Bürgerarbeitsgruppen ist nicht vorgegeben; es gibt ihre Arbeitsform und Funktionsweise nicht unabhängig von dem konkreten Projekt; die Strukturen ihrer Tätigkeit werden auch nicht von außen diktiert, sondern die Gruppe bildet sich in ihrer Arbeitsform durch ihre Ziele selbst heraus. Bildlich gesprochen muß sich Bürgerarbeit also an ihrem eigenen Schopfe aus dem Sumpf ihrer Nichtexistenz ziehen und dabei ihren Arbeitsgegenstand, die Methode der Bearbeitung und die Organisationsstrukturen, in denen die Kooperation abläuft, konkret »herstellen«. Kein Zweifel: In diesem »Münchhausen-Problem« liegt zugleich das Prekäre, das Anfällige dieser selbstbestimmten politischen Praxisform begründet.

> Bürgerarbeit kann nicht auf vorgegebene Formen und Methoden zurückgreifen.

Oft geht es in der Arbeit von Bürgerinitiativen und transnationalen Netzwerken ja nicht darum, bestimmte Aufgaben an sich zu ziehen, sondern gerade umgekehrt darum, anderen bestimmte, in ihren Kompetenzbereich fallende Aufgaben und Probleme sichtbar zu machen und sie zu einer Bearbeitung dieser Probleme zu veranlassen. Bürgerarbeit, anders als Erwerbsarbeit, tendiert also nicht zur Monopolisierung von Aufgaben, sondern zielt genau umgekehrt oft auf eine Mobilisierung anderer, deren Untätigkeit oder fehlerhafte oder ungerechte Praxis angeprangert und öffentlich skandalisiert werden soll. Bürgerarbeit kann also auch verstanden werden und organisiert sein als eine die starre Kompetenzgliederung der Verwaltung und Politik überlagernde, zu ihr parallel verlaufende, mit ihr inhaltlich konkurrierende und sie (ihrer Absicht nach) kritisierende und korrigierende Arbeitsweise und Praxisform. Sie beruht gerade nicht – abermals anders als die Erwerbsarbeit – auf einer Exklusivität der Arbeitsteilung (was Konkurrenzprobleme und Schnittstellenfragen aufwirft).

Die Stärke transnationaler Netzwerke und politischer Bewegungen besteht also darin, daß sich weltweit ganz gewöhnliche Menschen aufgrund eigener Initiative mit ihrer überschüssigen Zeit und Energie aus freien Stücken für eine Sache einsetzen. Diese Bewegungen verfügen normalerweise weder über viel Geld noch über umfangreiche andere Ressourcen. Aber sie verfügen über das, was den offiziellen institutionalisierten Akteuren in Politik, Verwaltung und Wirtschaft oft fehlt: kulturelle Glaubwürdigkeit. Sie nutzen das Engagement für bestimmte Werte, profitieren von Kenntnissen und Fähigkeiten, die weder vom Staat noch von Unternehmen oder religiösen Führern gegängelt werden und auch nicht für den privaten Konsum aufgewendet werden müssen.

> **Diese Bewegungen verfügen normalerweise weder über viel Geld noch über umfangreiche andere Ressourcen.**

Transnationale Bewegungen sind daher von gewissen Produktions-, Konsum- und Arbeitsbedingungen des heutigen Kapitalismus abhängig, insofern diese nämlich die Verbreitung neuer Kulturpraktiken fördern und neue Formen der Identität ermutigen.

»Es gehört zu den Widersprüchen des Kapitalismus, daß er innerhalb und mit Hilfe des Staates operiert, sich in Schlüsselfragen auf dessen Unterstützung verläßt, sich aber gleichzeitig gegen staatliche Regulierungen wehrt und ständig versucht, in neue Märkte zu expandieren. Das gilt für Kulturprodukte ebenso wie für alle anderen. Das soll nicht heißen, daß der Kapitalismus die globalen Bewegungen unmittelbar fördert, sondern nur, daß sich in Folge jener Prozesse, welche die neuen Stilrichtungen und Images durchsetzen wollen, die sich den verfeinerten Geschmack von Fachkräften zunutze machen, die, anders ausgedrückt, auf die Konsumenten und Produzenten des Kultur-Kapitalismus zielen, der Gebrauch, den der einzelne von den Möglichkeiten macht, nicht mehr kontrollieren läßt. Die Disziplinierung am Arbeitsplatz gilt nicht, wenn die Arbeitskräfte ihre Konsumentscheidungen treffen. Folglich muß sich der Kapitalismus der öffentlichen Meinung über großflächige Industrieansiedlungen, Schadstoffemissionen, andere, allgemein abgelehnte Produktionstechniken beugen oder diese zumindest einkalkulieren, und zwar aufgrund der Wertvorstellungen der Konsumenten.«[114]

Transnationale Bürgerbewegungen können daher dort erfolgreich operieren, wo Konsumgesellschaft und politisches Engagement zusammentreffen. Sie widerlegen die schlichte Prämisse der Interessenhomogenität von Staat und Kapital, weil sie ein keimendes Weltbürgertum repräsentieren, das auch nationale Regierungen nicht einfach ignorieren können. Wie unter anderem an dem transnationalen Käuferboykott, den Greenpeace um die Ölbohrinsel Brent Spar im Juni 1995 und die französischen Atombombenversuche im Herbst 1995 deutlich wurde, können massenmedial vermittelte Bürgerbewegungen durchaus als neue Konfliktparteien und Verhandlungspartner gegenüber Staat und Wirtschaft in die politische Arena eintreten. Diese nichtstaatlichen Bürgerarbeitsgruppen können also ihre Muskeln auf der Weltbühne spielen lassen. Doch die Vorstellung, solche Gruppen könnten dort einspringen, »wo Staat und Regierung versagen, ist bloße Phantasterei. Der Nationalstaat und die nationale Regierung werden umgestaltet, aber sie bleiben von entscheidender Bedeutung in der heutigen Welt«[115].

Das Demokratie-Dilemma – oder: der unscharfe Ort des Politischen

Ist dann aber der Schritt in den transnationalen Gesellschaftsraum nicht dennoch illusionär? Mehr noch: unpolitisch, weil undemokratisch, ja Demokratie gefährdend? Denn die demokratische Legitimation politischer Entscheidungen – sagen und glauben viele – ist letztlich immer nur im Rahmen des Nationalstaates und seiner politischen Arenen – Parteien, Parlament, Öffentlichkeit – möglich.
Ein klares, ein doppeltes Nein. Der Ort des Politischen ist im Zeitalter der Globalisierung unscharf geworden, jedenfalls sprechen die formellen, ausgeschilderten Zuständigkeiten und Klingelknöpfe nicht mehr für sich selbst. Das läßt sich an einer Parabel verdeutlichen. Was geschähe wohl, wenn die EU einen Antrag auf

> Was geschähe wohl, wenn die EU einen Antrag auf Mitgliedschaft in der EU stellen würde?

Mitgliedschaft in der EU stellen würde? Die Antwort ist klar: wird abgelehnt. Denn die EU erfüllt nicht die Demokratieanforderungen, die sie an die Mitgliedschaft knüpft. Diese Parabel läßt sich jedoch weiterspinnen: Einige Wochen nach dieser Antwort erhalten die Mitgliedstaaten der EU einen Bescheid, dem sie zu ihrem Erstaunen entnehmen müssen, daß die EU sich leider gezwungen sieht, ihnen allen die Mitgliedschaft aufzukündigen. Warum? Die Mitgliedstaaten Frankreich, Deutschland, Großbritannien und alle anderen erfüllen nicht länger die für die EU-Mitgliedschaft vorausgesetzten Demokratiekriterien, weil mehr und mehr Entscheidungen autonom von der EU getroffen und von den Mitgliedstaaten nur noch exekutiert werden.

Hier zeigt sich das Demokratie-Dilemma im Zeitalter der Globalisierung.

Hier zeigt sich das Demokratie-Dilemma im Zeitalter der Globalisierung: Während im Rahmen der demokratisch konstituierten, nationalstaatlichen Politik zunehmend das Verharren im Status des Nichtentscheidens politisch legitimiert wird, werden im transnationalen Rahmen der scheinbaren »Nichtpolitik« Entscheidungen großer Reichweite getroffen, denen jede demokratische Legitimation fehlt. Das »Regieren ohne Regierung«, wie James Rosenau es genannt hat, in internationalen Organisationen ist ebenso notwendig wie demokratisch nicht legitimiert.

Warum hat es in diesem Sinne nie ein europaweites Referendum über die Einführung des Euro gegeben? Das hätte Europa politisch beflügeln können, indem für ein nun wahrlich europäisches Thema eine europäische Öffentlichkeit und Identität gestiftet worden wäre.

In der Paulskirche wurde vor 150 Jahren um die Transformation von der religiös begründeten Feudalordnung in die nationalstaatliche Demokratie gerungen. Heute müssen wir über den Übergang von der nationalstaatlichen in die transnationale, in die kosmopolitische Demokratie debattieren.

Rückgriff auf die Erste Moderne: die Logik institutionalisierter Konflikte. Die vielen miteinander konkurrierenden und streitenden Modernen der Zukunft werden sich durch vieles unterscheiden – z.B. dadurch, wie sie zwischen Gemeinschaftswerten und Freiheitswerten des Individuums vermitteln; ob sie weiterhin daran glauben, daß aus technologischen Neuerungen Schritt für Schritt ein Paradies auf Erden entsteht oder ob sie den absolut gesetzten technologischen Wandel ihrerseits mit demokratischen und ethischen Prinzipien zähmen wollen usw. Eine oder vielleicht sogar die Schlüsselfrage wird es daher sein, mit welcher Konsequenz und in welchen Formen sie Institutionen transnationaler Konfliktregulierung entwickeln, und ob bzw. wie sie diesen eine eigene Rationalität und Autonomie zuerkennen und einräumen.

In der Ersten Moderne wurden diese Probleme in der Arena des Nationalstaates aufgeworfen, erkämpft und in politische Routinen übersetzt. Dies geschah zunächst vor allem dadurch, daß die Konfliktparteien entwaffnet und auf die diskursive Auseinandersetzung in Parlament und Öffentlichkeit verpflichtet wurden. Der Staat setzte seinen Anspruch auf das Gewaltmonopol durch und öffnete zugleich den Wettkampf um politische Ziele und Zustimmung in den demokratischen Institutionen des aktiven und passiven Wahlrechts, der Versammlungsfreiheit, der Freiheit zur Gründung politischer Parteien, den Rechten und Pflichten des Parlaments usw. Konfliktinstitutionalisierung setzt also voraus, daß soziale und politische Konflikte nicht verteufelt und unterdrückt, sondern *anerkannt* werden. Die Konfliktparteien werden allerdings auf Gewaltfreiheit verpflichtet und die Austragung der Konflikte in bestimmten Foren und Verfahren eingebunden – im Idealfall die der parlamentarischen Demokratie.

> In der Ersten Moderne wurden diese Probleme in der Arena des Nationalstaates aufgeworfen.

Diese Logik, Konflikte zu bejahen, indem man sie gleichzeitig in institutionell gegossene Verfahrensregeln der Konfliktaustragung einbindet, hat sich auch bewährt im Umgang mit dem industriellen Klassenkonflikt zwischen Arbeit und Kapital. Die entsprechend der Marxschen Diagnose auf Verelendung oder Revolution hin angelegte frühkapitalistische Klassengesellschaft im Europa des 19. Jahrhunderts wurde gezähmt und zivilisiert in dem Maße, in dem es im Feuer sozialer Konflikte der Arbeits- und Gewerkschaftsbewegung gelang, institutionalisierte Formen der Konfliktaustragung in Gestalt der Tarifautonomie durchzusetzen. In diesen handeln Gewerkschaften und Unternehmerverbände in eigener Regie, ohne staatliche Intervention, die Konditionen von Arbeitsverträgen auf der Grundlage der Wirtschaftsdaten einer Branche und in festgelegten Zeitrhythmen kollektiv aus. Selbst das Recht zu streiken bzw. auszusperren wird, gebunden an bestimmte Verfahren (z.B. die Urabstimmung), von beiden Konfliktparteien einander prinzipiell zugestanden.

Auch hier hat sich das Prinzip bewährt: Nur die Anerkennung des Konflikts – und d.h. die rechtlich gebändigte Konfliktaustragung – ermöglicht beides: daß gesellschaftlich angelegte und notwendige, letztlich produktive Konflikte nicht gesellschaftsgefährdend wirken, sondern zur Quelle gesellschaftlicher und politischer Neuerungen werden. Man kann sehr wohl sagen, daß der politisch bewußt vollzogene Übergang von der Leugnung und Verteufelung zur Anerkennung und verfahrenstechnischen Zivilisierung sozialer und politischer Konflikte einen wesentlichen Wertmaßstab dafür bildet, wie es um die »Modernität« sogenannter moderner Gesellschaften tatsächlich bestellt ist.

Vorgriff auf die Zweite Moderne: transnationale Konfliktregulierung. Ein Geburtsfehler der Ersten Moderne, der in der Zweiten Moderne zu einem dramatischen Problem werden wird, ist nun darin zu sehen, daß Verfahren und Formen der Konfliktinstitutionalisierung bislang fast nur innerhalb von Nationalstaaten entwickelt und umgesetzt wurden, nicht aber dort, wo im globalen Zeitalter hochexplosive Konfliktquellen entstehen werden, nämlich aus der Gemengelage protektionistischer Reaktionen, den Zwängen zur Kooperation und den überdimensionalen Fragen, die gleichwohl konkret und einschneidend nach Veränderungen in Wirtschaft, Verwaltung, Politik und Alltag verlangen. Sicher, auch das Globale und Transnationale hat in unserer Welt seine Adressen und Zuständigkeiten: die Vollversammlung der Vereinten Nationen, den Weltsicherheitsrat, den Internationalen Gerichtshof in Den Haag oder auch – auf Europa bezogen – die supranationalen Institutionen der EU. Und doch ist es nicht schwer zu belegen, daß ein eklatantes Mißverhältnis besteht und entsteht zwischen den sich neu auftuenden und verschärfenden Konfliktquellen zwischen Nationen, Religionen, Kulturen einerseits sowie den wenigen, eher unverbindlichen, relativ machtlosen, irgendwie im Überreich der ebenso moralisch anspruchsvollen wie politisch unverbindlich schwebenden Institutionen transnationaler oder sogar globaler Konfliktaustragung andererseits.

> Auch das Globale und Transnationale hat in unserer Welt seine Adressen.

Die alt-neuen Konfliktquellen sind schneller genannt als gebannt. An erster Stelle muß die Durchsetzung freier Weltmärkte selbst hervorgehoben werden, und zwar aus mindestens zwei Gründen: Innerhalb der Nationalstaaten läuft sie dort, wo starke Arbeiterparteien sozialstaatliche Sicherungssysteme und Formen gewerkschaftlicher Verhandlungsmacht erkämpft haben, auf eine De-Institutionalisierung des Konflikts zwischen Arbeit und Kapital hinaus. Die in aller Munde befindliche Forderung nach »Flexibilität« bedeutet ja nichts anderes, als daß die Regeln, wie kollektive Arbeitsverträge, Mitbestimmungs-Normen oder Standards des Arbeitsschutzes auszuhandeln sind, gelockert oder abgeschafft werden. Zugleich zielt die neoliberale Revolte inner- und international auf eine Minimalisierung des Staates. Diese schlägt aber leicht um in eine Militarisierung inner- und interstaatlicher Konflikte.

Weitere neue und in ihren Folgen ebenfalls gar nicht absehbare Konfliktquellen können hier nur erwähnt werden: ökologische Krisen, Katastrophen und Zusammenbrüche (durch chemische oder nukleare Unfälle, direkte und indirekte Folgen der sich abzeichnenden Klimakatastrophe, Kampf um knappe, überlebenswichtige Ressourcen). Auch werfen heute schon die Konflikte der divergenten Modernen im Streit um neue oder alte Fundamentalismen ihre tiefen Schatten voraus.

Gerade im Öffnen und Zusammengedrängtwerden der Welt im entfernungslosen Raum der Massenmedien, den neuen, Grenzen und Kontinente übergreifenden Produktions- und Arbeitsweisen transnationaler Konzerne entstehen schwer abschätzbare Konfliktquellen, deren Wirksamkeit in einer Überschneidung und Verbindung von Virtualität und Realität gesehen werden muß. Gemeint sind die globalen Risiken und Gefahren der möglichen Völkerwanderungen von den armen in die reichen Regionen und Länder der Welt; der vielleicht morgen oder in tausend Jahren explodierenden Atomkraftwerke; der verschwiegenen und versteckten neuen Internationale des organisierten Verbrechens usw. Charakteristisch für diese globalen Bedrohungen ist, daß sie gerade auch dann und dort, wo sie (noch) nicht eingetreten sind, eine gesellschaftsverändernde Kraft entfalten können, die den politischen Hintersinn der Risikodramaturgie in die Tat umsetzen, nämlich zu handeln, bevor es zu spät ist.

Ganz wesentlich werden auch in Zukunft diejenigen transnationalen Konflikte den Alltag der Wirtschaft, der Politik und der Menschen prägen, die aus dem Siegeszug neoliberaler Politik hervorgehen und damit ihre politische Nervigkeit entfalten. In den vergangenen Jahren sind regelungsintensive Industrien liberalisiert worden: Telekommunikation, Energie, Nahrungsmittel und Finanzen. Die dadurch freigesetzte weltweite Konkurrenz hat nationale Normierungsinstanzen miteinander in Konflikt gebracht. Mit dem freien Warenverkehr ist das Problem inzwischen global geworden. Und

> Gerade im Öffnen und Zusammengedrängtwerden der Welt entstehen schwer abschätzbare Konfliktquellen.

dies alles ist erst der Anfang. Schon heute zeichnen sich weitere Konfliktquellen ab, Absprachen zu globalen Umwelt- oder Arbeitsmarkt-Normierungen etwa, also Regelungen in Handlungsfeldern, in denen die Konflikte noch schwieriger zu handhaben sind, weil sie politisch hochsensibel sind.

Die erste Welle nationaler Deregulierungen erzwingt eine zweite Welle transnationaler Regulierungen. Damit wird aufgewertet, was in den 80er Jahren abgewertet wurde: Staat und Politik. Erforderlich ist das pure Gegenteil neoliberaler Dekonstruktion, sind nämlich starke Staaten, damit transnationale Marktregulierungen nach innen und außen durchgesetzt werden können. Indem solche Absprachen gefunden, erfunden, ausgehandelt werden, wird Globalität zum Thema, zur Konfliktachse eben nicht nur in Politik und Wirtschaft, sondern auch im Alltag der Menschen rund um den Globus.

> Erforderlich ist das pure Gegenteil neoliberaler Dekonstruktion.

Aus alledem folgt: Die Aufgabe politischen Handelns in einer entfernungsloser und damit enger und konfliktreicher werdenden Welt ist es, mit aller nur möglichen menschlichen Schöpferkraft und politisch-institutionellen Phantasie transnationale Foren und Formen einer geregelten, d.h. anerkannten und gewaltfreien Austragung sich ausschließender und oft befeindender nationaler, religiöser und kultureller »Egoismen« zu schaffen und zu erproben und mit aller verfügbaren Anstrengung in die Tat umzusetzen. Das wird – soviel ist sicher – nicht von selbst passieren. Damit diese Idee transnationaler Institutionen, transnationaler Konfliktanerkennung und -austragung, ein Herzstück kosmopolitischer Demokratie, politisch Gestalt und Macht gewinnt, bedarf es der Begründung und Gründung eines neuen politischen Subjektes: nationaler Bewegungen und Parteien der Weltbürger. Dazu aber können transnational agierende und orientierte Bürgerinitiativen sowie zu schaffende Bürgerarbeitszusammenhänge entscheidende Anstöße, Grundlagen und praktikable Modelle entwickeln.

Weltbürger aller Länder – vereinigt euch!

Zu kurz gedacht und gesprungen wäre eine Politik, die sich am Gulliver-Prinzip orientiert: Viele politische Zwerge fesseln die nationalstaatlichen Riesen. Vielmehr muß das Doppelprinzip der Konfliktregulierung neu ausbuchstabiert werden: Anerkennung der Gegensätze, Unterschiede und Konflikte (deren Entmilitarisierung in Taten und Worten, also Gewaltfreiheit) sowie das politische Ziel, legitime Orte und verfahrenstechnische Regeln der Konfliktaustragung zu schaffen. Dabei stellen sich wiederum viele Fragen.

Vor allem die: Wo können solche transnationalen Experimente mit Aussicht auf Erfolg begonnen werden? Sicherlich in Europa. Das Zurück zur nationalstaatlichen Demokratie ist pure Illusion. Es gibt keine Demokratie mehr in Europa – es sei denn eine transnational erweiterte. Gerade nach der Einführung der Währungsunion muß Europa mit neuen politischen Ideen gestärkt werden. Denn nur ein starkes Europa ist in der Lage, die absehbaren sozialen und politischen Folgeprobleme des Euro und die sich daraus ergebenden Turbulenzen abzufedern und zu bewältigen. Auch ist nur ein starkes Europa in der Lage, seine Erfindung des Politischen für die globale Epoche neu auszubuchstabieren. Und zwar in einem Sinne, daß es z.B. möglich wird, als Brite, Pole oder Italiener in den deutschen Wahlkampf einzugreifen, weil man Mitglied einer in allen europäischen Staaten präsenten Partei ist – einzugreifen, weil in diesem deutschen Wahlkampf europäische und eben auch globale Politik betrieben wird, nur unter falschem, nämlich bloß nationalem Vorzeichen.

Das Zurück zur nationalstaatlichen Demokratie ist pure Illusion.

Es stellt sich auch die Frage der Vermittlungsebene: Wo sollen die Konflikte institutionalisiert werden – transnational, global oder national und lokal? Schließen sich diese verschiedenen Vermittlungsebenen und Orte aus? Die Lehre, die aus den Erfahrungen transnationaler Bewegungen gezogen wird, lautet im allgemeinen: Aktivitäten auf den verschiedenen Ebenen ergänzen und verstärken sich wechselseitig. Aber vielleicht sind das Erfahrungen, die aus der relativen Machtlosigkeit dieser Bewegungen herrühren und dann nicht mehr gelten, wenn machtvolle Egoismen machtvoll zum Ausgleich gezwungen werden sollen? Dann vor allem die Frage: Wie läßt sich das große politische Ziel einer Institutionalisierung transnationaler Konflikte kleinarbeiten? Wie sähe – übertragen gedacht – die »Tarifautonomie« zwischen Türken und Deutschen in Berlin aus, die es erlaubt, beiderseitige Konfliktperspektiven auszutragen?

Wir *müssen* Orte der Begegnung schaffen und für diese Öffentlichkeit herstellen. Wir *müssen* für die Anerkennung und Durchsetzung von Grundrechten streiten und kämpfen; neue machtvolle Akteure dafür gewinnen, entsprechende Koalitionen schmieden und auf Dauer stellen. In diesem Sinne hat kürzlich Amnesty International einen Vorstoß unternommen, um die Akteure der Wirtschaft – Unternehmen und Banken – dafür zu gewinnen, sich aktiv für Schutz und Förderung der Menschenrechte einzusetzen. Noch immer werden Todesstrafe, Folter, politische Gefangene und andere Verletzungen der bürgerlichen und politischen Menschenrechte in Kauf genommen, wenn es dem Geschäft nicht schadet. Diese Praxis zu beenden, liegt sehr wohl im Machtbereich der Konzerne. Sie könnten z.B. die Einhaltung von Menschenrechten zum Bestandteil ihrer Investitionsentscheidungen in einem Land machen. Ein entsprechender Wandel der betrieblichen Politik könnte eine – durchaus werbewirksame – Glaubwürdigkeit erzeugen, die sich ein Konzern unter Einsatz seines gesamten Werbeetats niemals kaufen kann.

> Konzerne könnten Investitionsentscheidungen in einem Land von der Einhaltung der Menschenrechte abhängig machen.

Wir *müssen* transnationale Interessenorganisationen und politische Parteien gründen oder die bestehenden entsprechend reorientieren und reorganisieren. Wir *müssen* also Formationen schaffen, welche die noch gegeneinander abgeschotteten nationalen Öffentlichkeiten und Politikarenen für transnationale Konflikte, Themen, Werte öffnen und aktivieren. Ohne eine solche Erprobung transnationaler Konfliktregulierungen im Zentrum der nationalstaatlichen Interessenorganisationen droht die vor uns liegende Phase in eine nachpolitische Ära der Hochtechnokratie einzumünden. Die Bedeutung und die Macht entsprechender transnationaler Netzwerke liegt im Aufdecken, Transparentmachen und Austragen der kulturellen und politischen Gegensätze und »Egoismen« begründet. Doch die Schwierigkeiten, mit denen sich diese transnationalen und inner-nationalen Organisationen konfrontiert sehen, sind riesig. Schon jetzt scheinen beispielsweise die Gegensätze zwischen den Vereinigten Staaten und der Europäischen Union in Fragen der Qualität und der Sicherheit von Nahrungsmitteln kaum noch zu überbrücken zu sein. Und derartige Schwierigkeiten werden um so größer sein, je gegensätzlicher die kulturellen Hintergründe, Einkommenslagen und politischen Systembedingungen zwischen den beteiligten Ländern und Regionen sind. Transnationale oder kosmopolitische Parteien müssen nicht nur diese Gegensätze in sich austragen und aushalten, sie müssen auch die dafür nötige politische Kraft in identitätsbildenden Konflikten mit, also: *gegen* Re-Nationalisierungsbewegungen gewinnen. Mit anderen Worten: Sie müssen die Eigenständigkeit einer Ethik und Rationalität transnationaler Konfliktregulierung in ihrem jeweiligen national-kulturellen Milieu erkämpfen und entfalten.

Wir *müssen* das neue Machtspiel mehrörtiger Politik eröffnen, ein- und ausüben. Transnationale Bürgerbewegungen und Parteien ziehen damit mit den Konzernen gleich und brechen aus der territorialen Falle nationalstaatlicher Politik aus, indem sie hier wie dort tätig werden und so am Ende Nationalstaaten gegeneinander ausspielen können. Nach dem Motto: Von der Wirtschaft lernen, heißt siegen lernen!

Wir müssen das neue Machtspiel mehrörtiger Politik eröffnen.

Wir *müssen* neue Institute der geregelten Konfliktaustragung zwischen Staaten schaffen; Mediatoren, Schiedsrichter und Schlichtungsverfahren entwickeln und erproben. Das aber heißt, es muß Weltbürgerbewegungen und -parteien französischer, nordamerikanischer, polnischer, deutscher, japanischer, chinesischer oder südafrikanischer Provenienz geben, die im Zusammenspiel miteinander in den unterschiedlichen weltgesellschaftlichen Nischen und Blickwinkeln um das Durchsetzen transnationaler Institute der Konfliktaustragung ringen.

Und noch eine weitere, eine letzte Frage: Wer ist *wir?* Wer kommt als Träger einer solchen transnationalen Bürgerbewegung überhaupt in Frage? Dort, wo Globalität zum Alltagsproblem oder zum Gegenstand der Kooperation wird – in den Metropolen, den *global cities* und in transnationalen Organisationen –, dort bilden sich Milieu und Selbstbewußtsein einer Bürgerschaft der Weltgesellschaft heraus, mit einem postnationalen Verständnis von Politik, Verantwortung, Staat, Gerechtigkeit, Kunst, Wissenschaft, öffentlichem Austausch. In welchem Ausmaß das heute schon absehbar der Fall ist oder in Zukunft sein wird, ist ein allerdings empirisch und politisch völlig offenes Problem. So viel ist klar: Der Internet-Anschluß allein erzeugt noch keinen Weltbürger.

Auch darf die multi-ethnische Weltgesellschaft nicht verklärt werden. Sie ist weniger mit dem Bild des Schmelztiegels, eher mit dem der Salatschüssel zu beschreiben, in der die kulturellen Identitäten farben- und konfliktreich neben- und gegeneinander existieren[116] – doch nicht nur Toleranz und Freude an widersprüchlicher Vielfalt, auch Abschottung und Fremdenhaß wachsen. Diese Reaktionen zeigen keineswegs an, daß das multi-kulturelle Experiment gescheitert ist, wohl aber, daß bislang noch nicht die geeigneten Foren und Formen transnationaler Konfliktregulierung vorhanden sind.

Die Erwerbsgesellschaft neigt sich ihrem Ende zu, je mehr die Menschen durch den Einsatz intelligenter Technologien ersetzt werden. Muß dies in eine Katastrophe einmünden? Nein, im Gegenteil: Nur wenn es gelingt, alles passive Schuften auf Maschinen abzuschieben, werden die menschlichen Schöpferkräfte frei, um sich den großen Fragen der Zweiten Moderne zuzuwenden und diese kleinzuarbeiten. Ob dies gelingt, kann niemand – weder positiv noch negativ – voraussagen. Warum also entweder nur pessimistisch oder nur optimistisch sein und nicht beides zugleich? Denn die Frage, ob eine europäische Weltbürgerbewegung wirklichkeitsmächtig wird, kann nur dort eine Antwort finden, wo sie hingehört, also im politischen Raum, mithin praktisch.

Weltbürger aller Länder – vereinigt euch!

Und zwar als Experiment: Weltbürger aller Länder – vereinigt euch!

Das hieße dann, doch noch – sehr spät, aber nicht zu spät! – ein Stück Nietzsche in die Tat umzusetzen:

»Nein, wir lieben die Menschheit nicht; andererseits sind wir aber auch lange nicht deutsch genug, wie heute das Wort deutsch gang und gäbe ist, um dem Nationalismus und Rassenhaß das Wort zu reden, um an der nationalen Herzenskrätze und Blutvergiftung Freude haben zu können ... Dazu sind wir zu unbefangen, zu boshaft, zu gereist ... Wir Heimatlosen ... sind, mit einem Worte – und es soll unser Ehrenwort sein! –, gute Europäer, die Erben Europas, die reichen, überhäuften, aber auch überreichlich verpflichteten Erben von Jahrtausenden des europäischen Geistes.«[117]

Anmerkungen

1 Genauer müßte hier von »Gefahr« die Rede sein, insofern »Risiko« kalkulierbare, berechenbare Unsicherheit meint, »Gefahr« (zweiter Ordnung) dagegen unkalkulierbare Unsicherheit (die aus zivilisatorischen Entscheidungen hervorgegangen ist); siehe dazu Beck, Überlebensfragen, Sozialstruktur und ökologische Aufklärung, in: ders. Frankfurt/M. 1991, S. 117-140.

2 Dies ist letztlich auch der Tenor des Kommissionsberichtes der bayerisch-sächsischen Kommission für Zukunftsfragen, der gerade nicht (wie oft behauptet wird) das optimistische Credo des Neoliberalismus wiederholt, sondern deren Schattenseiten aufzeigt und ausmalt; der Mitarbeit in dieser Kommission verdanke ich viele Informationen und Anregungen, auch wenn das Bild, das in diesem Essay gezeichnet wird, abweicht.

3 Gorz, 1999.
4 Ähnlich Elkins, 1995, S.7.
5 Die Überarbeitung dieses Textes hat wichtige Anregungen von Wolfgang Bonß, Ludger Pries und Peter Felixberger erhalten, wofür ich herzlich danke.
6 Dazu die Beiträge von Ch. Meier sowie K.P. Liessmann, in: Beck Frankfurt/M. 1999.
7 Meinhard Miegel, Diskussionsbeitrag, in: Alfred-Herrhausen-Gesellschaft Stuttgart 1994, S. 133.
8 Miegel, Sozialstaat Deutschland, in: Glaser/Lindemann 1998, S. 141f. In den Wirtschaftswissenschaften wird die »Job-Killer-Sicht« als »Freisetzungshypothese« diskutiert, die periodisch auftaucht (1820 in der Maschineriedebatte, 1960 in der Automatisierungsdebatte usw.); ihr wird meist die »Kompensationshypothese« gegenübergestellt, der gegenüber der jeweilige technische Fortschritt genügend neue Beschäftigungsmöglichkeiten schafft; siehe dazu Bernhard Jagoda, Technologischer Fortschritt und Beschäftigung, in: Glaser/Lindemann 1998, S. 248ff.; siehe später insbesondere das erste und das zweite Zukunftsszenario.
9 Gorz 1980.
10 Beck/Giddens/Lash 1996.
11 Siehe dazu Dietmar Brock, Wirtschaft und Staat im Zeitalter der Globalisierung, in: *Aus Politik und Zeitgeschichte,* B 33-34/97, S. 18.
12 Sassen 1991.
13 Gordon 1994.
14 Elkins 1995, S. 115f.
15 Dazu die Beiträge von Maarten Hajer und Sven Kesselring, in: Beck u.a., 1999.
16 Mary Kaldor, Reconceptualising Organized Violence, in: Archibugi/Held/Köhler 1998, S. 91-110.
17 Dieser Buchtitel ist, wie Kant in einer Fußnote aufdeckt, ironischerweise auch der Name eines Gasthofes, in dem die Philosophen ein- und ausgehen, schließlich steht er für den Gottesacker der Menschheit.
18 Siehe OECD 1995.
19 Drucker 1995, S. 18f.
20 Daten entnommen aus *Der Spiegel,* 1/1998.
21 Gauer/Scriba 1998, S. 79.
22 Rifkin 1995.
23 Castells 1996, S. 232, 475.
24 Beck 1988.
25 Hauff 1987.
26 Shiva, Beijing-Conference: Gender, Justice and Global Apartheid, in: Aiithal Beijing 1995, S. 78.
27 Porter 1993.
28 Thomas Westphal, Programmiertes Wachstum und moderner Kapitalismus, in: *Zeitschrift für sozialistische Politik und Wirtschaft,* 4/1998,

S. 27; dort auch der Hinweis auf M. E. Porter. Siehe auch H. Kern, M. Schumann, Kontinuität oder Pfadwechsel? Das deutsche Produktionsmodell am Scheideweg, in: Cattero 1998, S. 85-98. John Gray dagegen relativiert diese pessimistische Diagnose der »sozialen Marktwirtschaft« in Deutschland durch zwei Argumente: Zum einen hätte keine andere Wirtschaft außer der westdeutschen eine bankrotte Staatswirtschaft wie die der DDR integrieren können. Zum anderen kann gerade die Version des »rheinischen Kapitalismus« in seiner zentralen Lage in einem Europa der offenen Grenzen auf dem Hintergrund grundlegender Reformen neu auf- und ausgebaut werden; siehe John Gray, Die Vereinigten Staaten und die Utopie des globalen Kapitalismus, in: Beck, 1999.
29 Fischer 1995, S. 140.
30 Clermont/Goebel 1997.
31 *Newsweek,* June 4, 1993, S. 17; siehe auch Sennett, 1998.
32 McLaughlin 1994; J. Millar, K. Cooke, E. McLaughlin, The Employment Lottery, in: *Policy and Politics,* Vol. 17 No.1 (1989), S. 75-81; Mead/Field London 1997.
33 Castells 1996, S. 476.
34 Peter Maiwald, Solidarität ist wie Mundgeruch, in: *Die Presse* (Wien) vom 20./21. Juni 1998, Beilage Spektrum, S. III. Dieses Szenario wird im nächsten Kapitel »Das Risikoregime« weiterentwickelt.
35 Beck-Gernsheim 1982.
36 Siehe dazu S. Greenhouse, Permanently Temporary, in: *International Herald Tribune* vom 31.3.1998, S. 15.
37 Centre de Jeunes Dirigeants, Paris 1995, S.125.
38 F. Bergmann, New Work. Neue Arbeitsmodelle für die Zukunft, in: *Zukunft,* 7.Jahrg. 1998, 23, S. 18f.
39 Krockow 1998, S. 182ff.; Bernd Guggenberger, Arbeit, Zeit und Muße, in: *Zukünfte* 23/1998, S. 15ff.
40 Dazu Bierter/Winterfeld 1998.
41 Clausen 1988.
42 Das händeringende Suchen nach Arbeitsplätzen verführt leicht dazu, die lange Geschichte der Kritik der Lohnarbeit und Expertenarbeit zu vergessen; siehe dazu u.a. Karl Marx, Ivan Illich sowie Brater/Beck 1975, insbes. das Kapitel »Kritik des Berufs«.
43 W. Bonß, Zukunftsszenarien der Arbeit, in: Beck 1999; Bonß argumentiert ebenfalls entlang der folgenden Dimensionen.
44 W. Bonß, Zukunftsszenarien der Arbeit, in Beck 1999.
45 *Die Zeit,* 19. November 1998, Nr. 48, S. 21.
46 Alle Zitate aus Willeke/Kleine-Brockhoff, Tut Modernisierung weh?, in: Beck 1999, S. 20, 22.
47 Promberger u.a. 1997; Jürgens/Reinecke Berlin 1998.
48 R.Stadler, Die Saison-Professoren, in: *Süddeutsche Zeitung* vom 20.10.1998, S.V2/16.
49 Corinna Emundts, Fleiß zum Niedrigpreis, in: *Süddeutsche Zeitung* vom 20. August 1998, S. 3.

50 Doris Metz, Existenzgründer – wie Tagelöhner gehalten, in: *Süddeutsche Zeitung* vom 27.2.1998, S. 10.
51 *Süddeutsche Zeitung* vom 7.4.1998, S. 2.
52 *Focus* 15, 1998, S. 228, zit. nach Sylke Nissen, Neustrukturierung des Arbeitsmarktes, in: *Gewerkschaftliche Monatshefte* 6-7, 1998, S. 430.
53 OECD Paris 1996, S. 8 und 192.
54 Permanently temporary, High-Tech-Firms rely on Working Class, in: *International Herold Tribune* vom 31.3.1998, S. 1 und S. 15.
55 P. G. Vobruba, Ende der Vollbeschäftigungsgesellschaft, in: *Zeitschrift für Sozialreform* 1998, S. 77f.
56 Ralf Dahrendorf, Neue Weltordnung, in: *DU – die Zeitschrift der Kultur*, Heft 5, Mai 1997, S. 17.
57 D.Schelsky/R.Zoller, Einleitung, in: dies. 1994, S.7.
58 R.Zoller, Staat und Wirtschaftsentwicklung in Brasilien, in: ebd., S. 360.
59 Siehe dazu Pries 1997, S. 4; dieser sehr sorgfältigen und materialreichen Studie verdankt dieser Abschnitt viele Anregungen, Argumente und empirische Konkretionen.
60 Pries 1997, S. 371.
61 Lais Abramo, The Sociology of Work in Latin America, in: *Work and Occupation*, Vol. 25, Nr. 3 1998, S. 306.
62 Castaneda 1995, S. 34.
63 Pries 1997, S.1.
64 Pries 1997, S. 109.
65 Pries 1997, 160.
66 Manuel Castells, Alejandro Portes World Underneath: The Origines, Dynamics and Effects of the Informal Economy, in: dies. 1989, S. 12.
67 Ralf Dahrendorf, Neue Weltordnung, in: *DU – die Zeitschrift der Kultur*, Heft 5, Mai 1997, S. 17.
68 Das Manifest der Glücklichen Arbeitslosen, in: Beck 1999.
69 Lind 1995, S. 216.
70 Silvio Zavalla 1988, zit. nach Pries 1997, S. 36.
71 Siehe Christian Nürnberger, Freiheit macht arm, in: *Süddeutsche Zeitung* vom 30. April/1. Mai 1998.
72 Z. Bauman, Schwache Staaten, Globalisierung und Spaltung der Weltgesellschaft, in: Beck 1997, S. 315ff.
73 M.Wolf, Veränderung von unten, in: Schelsky/Zoller 1994, S.344f.
74 B.Barber, Räumen Sie doch mal auf! Gespräch über die Zukunft der Demokratie, in: *Die Zeit*, 29.10.1998, S. 58.
75 Michael Walzer, Multi-Culturalism and Individualism, in: *Dissent*, Frühjahr 1994, S. 185-191.
76 »American Values«, *The Economist* vom 5. September 1992, zit. nach: Berndt Ostendorf, *The Politics of Difference, Theories and Practice in a Comparative US-German Perspective*, Lecture at Georgetown University, March 1995, S. 9f.
77 John Gray, Die Vereinigten Staaten und die Utopie des globalen Kapitalismus, in: Beck 1999.

78 Diese Angaben sind dem Bericht der Kommission für Zukunftsfragen der Freistaaten Bayern und Sachsen, Band I, Bonn 1996 entnommen.
79 Edward Luttwak, The Endangent American Dream, New York, London 1993, S. 163, zit. nach: John Gray, Die Vereinigten Staaten und die Utopie des globalen Kapitalismus, in: Beck 1999.
80 Alle diese Formulierungen sind entnommen aus einem Aufsatz des in Harvard lebenden Politikwissenschaftlers Robert D. Putnam, Symptome einer Krise – die USA, Europa und Japan im Vergleich, in: Weidenfeld 1997, S. 52-80.
81 Putnam 1995; ders., Bowling Alone, America's Declining Social Capital, in: *Journal of Democracy*, Vol. 6, Heft 1, S. 65-78.
82 Diese Daten sind entnommen Robert D. Putnam, Symptome einer Krise, in: Weidenfeld 1997, S. 71f.
83 B. Western, C. Beckett, Der Mythos des freien Marktes, das Strafrecht als Institution des US-amerikanischen Arbeitsmarktes, in: *Berliner Journal für Soziologie* 2, 1998, S. 159-180.
84 ebd., S. 164.
85 John Gray, Die Vereinigten Staaten und die Utopie des globalen Kapitalismus, in: Beck 1999.
86 Dies bestätigt sich auch im rot-grünen Wahlsieg in Deutschland im Herbst 1998.
87 Shalini Randeria, *Against the Self-Sufficiency of Western Social Sciences,* unveröffentlichtes Manuskript, Berlin 1998.
88 Leadbeater 1997.
89 Leadbeater 1997, S. 30ff.
90 M. Köhler, From National to Cosmopolitan Public Sphere, in: Archibugi/Held/Köhler 1998, S. 232.
91 ebd., S. 243.
92 M. Klingst, Die Mauerbauer, in: *Die Zeit,* Nr. 50, 3.12.1998, S. 6.
93 D. Klages, Redebeitrag, in: Bergedorfer Gesprächskreis o.J., S.42, 86.
94 D. Buhl, Ungestylt und basisnah, in: *Die Zeit,* Nr. 50, 2.12.1998, S.4.
95 Zum Folgenden siehe R.G. Heinze/C. Strünck, in: Beck 1999.
96 G. Notz, *Die neuen Freiwilligen,* AG Spak 1998; G. Salm, Bürgerarbeit ist keine Ersatzarbeit, in: *taz* vom 3. November 1998.
97 J. Mitschke, Bürgergeld, in: *Volkswirtschaftliche Korrespondenz,* 34.Jg. 1995, Nr. 8.
98 Ch. Pfeiffer, Gesprächsbeitrag, in: Bergedorfer Gesprächskreis o.J., S.85.
99 M. Kempe, Ein Leben jenseits der Arbeitslosigkeit, in: *taz* vom 19. Oktober 1998, S.12.
100 ebd.
101 D. Buhl, Ungestylt und basisnah, in *Die Zeit,* Nr. 50, 2.12.98, S. 4.
102 Inglehart 1997, S. 78 ff. Ingleharts Arbeiten sind lebhaft diskutiert worden; zur Zusammenfassung siehe C. Beau, E. Papadakis, Polarised priorities or flexible alternatives? in: *International Journal of Public Opinion,* Vol. 6/3, 1997.

103 H. Klages, Engagement und Engagementpotential in Deutschland, in: *Aus Politik und Zeitgeschichte*, B 38/98, S. 32f..
104 J. Mayrowitz, Das generalisierte Anderswo, in: Beck 1998, S. 186.
105 Castells 1996, S. 72ff.
106 Stefan Wray beschreibt noch näher in einem anderen Band dieser Buchreihe (Florian Rötzer, *Megamaschine Wissen*) die Rolle des Internets in diesem Zusammenhang.
107 M. Toscano, Turbulencia politica, zit. nach: Castells 1996.
108 A. Appadurai, Globale ethnische Räume, Bemerkungen und Fragen zur Entwicklung einer transnationalen Anthropologie, in: Beck 1998, S. 22.
109 W. Pierce, National Vanguard, zit. nach: Castells 1996, S. 84.
110 K. Stern, A Force upon the Plain, zit. nach ebd., S. 84f.
111 Albrow 1997.
112 Anja Hof, Frauen-Netzwerke im Spannungsfeld von Globalisierung und Vielfalt, in: Klingebiel/Randeria 1998, S. 67.
113 Kumar-D'Fouza, The Universality of Human Rights Discourse, in: ebd.
114 Albrow 1998, S. 224f.
115 Giddens 1999, S. 69.
116 Beck-Gernsheim 1999.
117 Nietzsche 1966, S. 253.

Literatur

Aiithal, V. (Hg.): *Vielfalt als Stärke, Texte von Frauen aus dem Süden zur Vierten Weltkonferenz*, Beijing 1995.
Albrow, Martin: *Abschied vom Nationalstaat*, Frankfurt/M. 1998.
Alfred-Herrhausen-Gesellschaft (Hg.): *Arbeit der Zukunft, Zukunft der Arbeit*, Stuttgart 1994.
Archibugi, Daniele; Held, David; Köhler, Martin (Hg.): *Re-Imagining Political Community*, Polity Press, Cambridge 1998.
Beck, Ulrich; Giddens, Anthony; Lash, Scott: *Reflexive Modernisierung*, Frankfurt/M. 1996.
Beck, Ulrich (Hg.): *Perspektiven der Weltgesellschaft*, Frankfurt/M. 1998.
Beck, Ulrich (Hg.): *Die Zukunft von Arbeit und Demokratie*, Frankfurt/M. 1999.
Beck, Ulrich u.a. (Hg.): *Der unscharfe Ort der Politik*, Opladen 1999.
Beck-Gernsheim, Elisabeth: *Männerwelt Beruf, Frauenwelt Familie*, Frankfurt/M. 1982.
Beck-Gernsheim, Elisabeth: *Schwarze Juden und griechische Deutsche*, Frankfurt/M. 1999.
Bergedorfer Gesprächskreis (Hg.), Wachsende Ungleichheiten – neue Spaltungen? Exklusion als Gefahr für die Bürgergesellschaft, Hamburg o.J.

Bericht der Kommission für Zukunftsfragen der Freistaaten Bayern und Sachsen, Band I, Bonn 1996.
Bierter, Willi; Winterfeld, Uta von (Hg.): *Zukunft der Arbeit – welcher Arbeit?*, Wuppertal 1998.
Brater, Michael; Beck Ulrich: Berufliche Arbeitsteilung und soziale Ungleichheit, Frankfurt/M. 1975.
Castaneda, Jorge G.: *The Mexican Shock: It's Meaning for the US*, New York 1995.
Castells, Manuel; Alejandro Portes (Hg.): *The Informal Economy*, London 1989.
Castells, Manuel: *The Rise of Network Society*, Malden 1996.
Cattero, B. (Hg.): *Modell Deutschland, Modell Europa*, Opladen 1998.
Clausen, Lars: *Produktive Arbeit, Destruktive Arbeit*, Berlin/New York 1988.
Clermont, C.; Goebel, J.: *Muddling Through – Thesen zur Arbeitswelt von heute*, Manuskript Berlin 1997.
Drucker, Peter F.: *Die postkapitalistische Gesellschaft*, Düsseldorf/Wien 1995.
Elkins, David J.: *Beyond Sovereignty*, Toronto 1995.
Fischer, Peter: *Die Selbständigen von morgen*, Frankfurt/M. 1995.
Gauer, C.; Scriba, J.: *Die Standortlüge*, Frankfurt/M. 1998.
Giddens, Anthony: *Der Dritte Weg*, Frankfurt/M. 1999.
Glaser, H. und Lindemann, R. (Hg.): Arbeit in der Krise – von der Notwendigkeit des Umdenkens, Cadolzburg 1998.
Gnanadason, Aruna u.a. (World Council of Churches): *Women, Violence and Non-Violent Change*, Genf 1996.
Gordon, Richard: *Internalization, Multinationalization, Globalization*, Santa Cruz 1994.
Gorz, André: *Abschied vom Proletariat*, Reinbek b. Hamburg, 1980.
Gorz, André: *Arbeit zwischen Elend und Utopie*, Frankfurt/M. 1999.
Hauff, Volker (Hg.): *Unsere gemeinsame Zukunft*, Greven 1987.
Inglehart, Ronald: *Modernization and Post-Modernization – Cultural, Economic, and Political Change in 43 Societies*, Princeton 1997 (deutsche Übersetzung bei Campus).
International Labour Organization (ILO): *Laboral overview* (Vol. 1), Lima: Regional Office for Latin America and the Caribbean, 1994.
International Labour Organization (ILO): *Laboral overview* (Vol. 2), Lima: Regional Office for Latin America and the Caribbean, 1995.
International Labour Organization (ILO): *Laboral overview* (Vol. 3), Lima: Regional Office for Latin America and the Caribbean, 1996.
Jürgens, K.; Reinecke, K.: *Zwischen Volks- und Kinderwagen*, Berlin 1998.
Klingebiel, Ruth; Randeria, Shalini (Hg.): *Globalisierung aus Frauensicht*, Bonn 1998.
Krockow, Christian Graf von: *Der deutsche Niedergang*, Stuttgart 1998.
Leadbeater, Ch.: *The Rise of the Social Entrepreneur*, London 1997.
Lind, Michael: *The Next American Nation*, New York, London 1995.
McLaughlin, E.: *Flexibility in Work and Benefits*, London 1994.
Mead, Lawrence M.; Field, Frank: *From Welfare to Work*, London 1997.

Nietzsche, Friedrich: *Die fröhliche Wissenschaft*, Werke, Zweiter Band, München 1966.
OECD, *Main Economic Indicators*, Paris 1995.
OECD: *Employment Outlook*, Paris 1996.
Porter, Michael E.: *Nationale Wettbewerbsvorteile*, Wien 1993.
Pries, Ludger: *Wege und Visionen von Erwerbsarbeit – Erwerbsverläufe und Arbeitsorientierungen abhängig und selbständig Beschäftigter in Mexiko*, Frankfurt/M. 1997.
Promberger, M. u.a.: *Weniger Geld, kürzere Arbeitszeit, sichere Jobs?*, Berlin 1997.
Putnam, T.: *Making Democracy Work*, Harvard 1995.
Rifkin, Jeremy: *Das Ende der Arbeit und ihre Zukunft*, Frankfurt/M. 1995.
Sassen, Saskia: *The Global City*, Princeton University Press, Princeton 1991.
Schelsky D./R.Zoller (Hg.): *Brasilien. Die Unordnung des Fortschritts*, Frankfurt/M. 1994.
Sennett, Richard: *Der flexible Mensch*, Berlin 1998.
Weidenfeld, Werner (Hg.): *Die Demokratie am Wendepunkt*, München 1997.

Zwölf Thesen

Vision: Weltbürgergesellschaft

Zwölf Thesen

Ulrich Beck

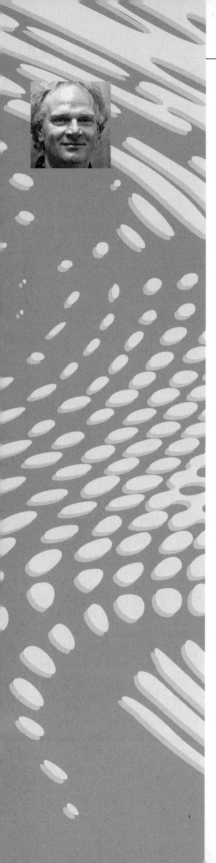

1. Die größte Zuwachsrate überall auf der Welt hat die »prekäre« Arbeit. Das Herausragende ist der Einbruch des Diskontinuierlichen, Flockigen, Informellen in die westlichen Bastionen der Vollbeschäftigungsgesellschaft: die Brasilianisierung des Westens. Wenn diese Dynamik anhält, wird in zehn Jahren jeder zweite Beschäftigte »brasilianisch« arbeiten.

2. Die Leitidee der Vollbeschäftigung zerfällt: Zwei Prozent Arbeitslose, Normalarbeit als Regelfall, soziale Identität und Sicherheit qua Job – das ist Geschichte.

3. Die Machtrelationen verschieben sich: Arbeit bleibt lokal, Kapital wird global.

4. Das entstehende Risikoregime der Arbeit steckt voller Ambivalenzen: Niemals war die Kreativität der

Menschen so wichtig wie heute, aber niemals auch waren die Arbeitenden so verletzlich wie heute, wo sie individualisiert und abhängiger denn je in flexiblen Netzen arbeiten, deren Regeln für viele unentzifferbar geworden sind.

5. In Alltag und Politik ist ein Perspektivenwechsel zu vollziehen, für den schon viele Anzeichen sprechen: Es gilt, den Mangel an Erwerbsarbeit als Wohlstand an Zeit zu entdecken und diskontinuierliche Erwerbstätigkeit rechtlich abzusichern.

6. Die Antithese zur Arbeitsgesellschaft ist die Stärkung der politischen Gesellschaft der Individuen, der aktiven Bürgergesellschaft vor Ort. Die Vision ist eine zugleich lokale und transnationale Bürgerdemokratie in Europa.

7. Mit der Bürgerarbeit, die diesem Zweck dient, entsteht neben der Erwerbsarbeit eine alternative Aktivitäts- und Identitätsquelle, die den Menschen nicht nur Befriedigung schafft, sondern auch Zusammenhalt in der individualisierten Gesellschaft durch die Verlebendigung der alltäglichen Demokratie stiftet.

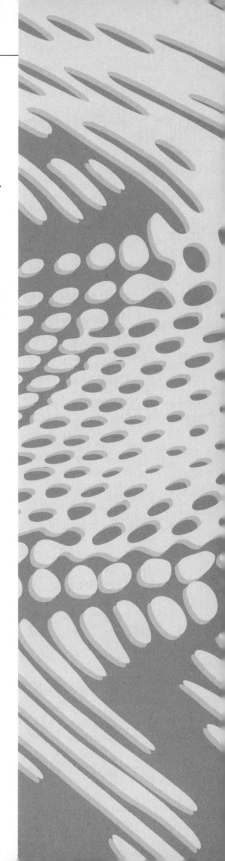

Zwölf Thesen

8. Das Modell Bürgerarbeit setzt voraus: eine Arbeitszeitverkürzung im Bereich der Vollerwerbsarbeit für alle. Jeder und jede, Frauen und Männer sollen Teilerwerbsarbeiter sein können, soweit sie das wollen. Ansonsten spaltet Bürgerarbeit die Gesellschaft in neue Klassen und droht zum Armenghetto zu werden.

9. Bürgerarbeit wird durch Bürgergeld belohnt und auf diese Weise sozial anerkannt und aufgewertet. Der Empfänger von Bürgergeld leistet öffentlich wichtige und wirksame Bürgerarbeit, ist insofern nicht arbeitslos. Die Folge: Statt Arbeitslosigkeit wird Bürgerarbeit finanziert!

10. Ein Europa der Bürger entsteht erst in einem Europa der Bürgerarbeit. Es gibt keinen besseren Weg, Bürgerrechte mit Leben zu füllen, als sie durch Bürgerarbeit in die selbstorganisierte Tat der souveränen Vielen umzusetzen. Die europäische Demokratie könnte vielleicht sogar mit und durch Bürgerarbeit ihre Seele gewinnen.

Zwölf Thesen

11. In den neuen Bundesländern ist Gewalt gegen Fremde inzwischen fast alltäglich geworden, ohne daß sie von der Mitte der Gesellschaft entschieden als Skandal gebrandmarkt wird. Warum also nicht unter der Regie ostdeutscher Bürgergruppen eine Bürgerrechtsbewegung in den und für die neuen Bundesländer auf der Basis von Bürgerarbeit ins Leben rufen und auf diese Weise demokratische Kultur durch *learning by doing* entfalten?

12. Bürgerarbeit kann überdies Formen und Foren transnationaler Konfliktregelung erproben und auf diese Weise in einer entfernungslos und damit immer konfliktvoller werdenden Welt dazu beitragen, daß Konflikte zwischen Kulturen und Religionen zugleich anerkannt und nach vereinbarten, institutionalisierten Regeln ausgetragen werden.

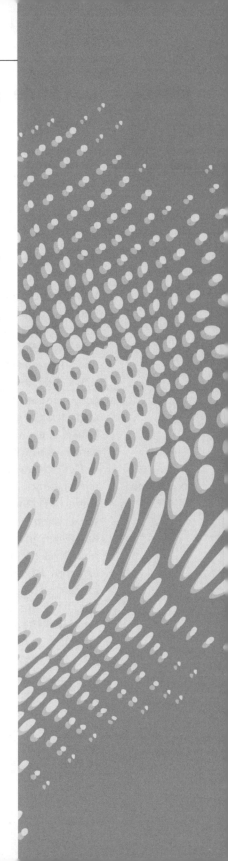

Das Ende der Treck-Kultur

Warum der neidvolle Blick auf die USA ins Leere geht

Gerd Mutz

Wirtschaftsmenschen und aktive Bürger

Viele Menschen haben von der US-amerikanischen Gesellschaft das Bild einer Job-Gesellschaft mit entsprechender Arbeitskultur: Die Leute wechseln spätestens alle drei Jahre ihre Beschäftigung und sind – was die Tätigkeitsfelder anbelangt – hoch flexibel und damit überall einsetzbar. Letztlich sind US-Bürger gar nicht in der Lage, sich länger an einen Betrieb oder eine Arbeitsorganisation zu binden, heißt es. Permanent die Arbeitsstelle zu wechseln, ist für sie auch deshalb möglich, weil sie eigentlich keinen »richtigen« Beruf haben: Nie hätten sie gelernt, sich mit dem Inhalt ihrer Tätigkeiten ganz persönlich zu identifizieren.

> Der US-Amerikaner ist auch räumlich mobil.

Der US-Amerikaner ist auch räumlich mobil. Das geht soweit, daß er samt Familie und Haus von einer Küste zur anderen umzieht, nur damit er einen neuen Job annehmen kann, so das Klischee. Manche Leute sind sogar dauerhaft auf Mobilität eingestellt und leben in sogenannten *mobile homes*, die sie einfach mitnehmen. Und zum Bild vom flexiblen US-Amerikaner gehört auch, daß er bereit ist, ganz woanders, also auch im Ausland, neu anzufangen. Gerade weil er keine Berufsidentität und Betriebsbindung hat, ist es für den Durchschnittsamerikaner auch leichter, unterschiedliche Jobs auszuüben, die häufig inhaltlich gar nichts miteinander zu tun haben. Schon früh wird der Nachwuchs in diese Job-Mentalität hineinsozialisiert. Wie anders wäre sonst zu erklären, daß ganz junge Männer unabhängig vom Einkommensniveau und dem sozialen Status der Eltern überall frühmorgens Zeitungen austragen?

Zur amerikanischen Jobgesellschaft gehört aber auch, daß die Menschen fast jede Arbeit übernehmen, um damit einen Einstieg zu finden, und sich anschließend nach und nach emporzuarbeiten.

Dafür steht das Ideal »Vom Tellerwäscher zum Millionär«, das man heute etwas anders darstellen würde: Wenn sich z.B. jemand zu seinem wenigen Geld noch etwas hinzuleiht, sich dann einen Schuhkasten mit Cremes und Bürsten kauft, um einen Schuhputzdienst anzubieten, dann hat er bereits einen vielversprechenden Anfang gemacht. Ist er fleißig, kann er sich bald eine zweite Ausrüstung kaufen und diese an einen Freund weitergeben, den er von nun an für sich arbeiten läßt. Wenn der Freund nach einiger Zeit auch erfolgreich ist, dann gründen beide ein Dienstleistungsunternehmen und beschäftigen zukünftig viele Menschen, die in den Straßen von New York, Seattle oder San Francisco Schuhe putzen. Am Ende kaufen sie eine Fastfood-Kette und eine Computerfirma hinzu.

Allerdings gehe eine solche Joborientierung mit der Einschränkung der sozialen Bindungen einher, geben europäische Skeptiker zu bedenken. Bei so vielen Veränderungen könne höchstens noch die Familie einen überdauernden Bezugspunkt darstellen, während Freundeskreis und Nachbarschaften immer wieder neu aufgebaut werden müßten. Ein echtes Interesse am Mitmenschen könne so gar nicht entstehen. Jeder ist sich selbst der Nächste, so die Kritik.

Aber es gibt auch eine ganz andere Perspektive auf die amerikanische Gesellschaft: Freiwillige und unentgeltliche Arbeit für die Gemeinde oder eine größere Öffentlichkeit *(community work)* ist für nahezu alle US-Amerikaner selbstverständlich. Sie verstehen sich vor allen Dingen als Bürger, die sich verantwortlich fühlen für ihr soziales, ökologisches und kulturelles Umfeld. Deshalb packen sie überall dort an, wo es um sie herum etwas zu tun gibt. Freiwilliges Engagement *(voluntary work)* ist in den USA hoch angesehen. Und deshalb setzen sich einige Leute für Belange auf kommunaler Ebene ein, andere engagieren sich bei sozialen Diensten – von der Drogenberatung bis hin zu Rettungsnotdiensten und der Feuerwehr. Auch im Schul- und Betreuungswesen und sogar in Museen und Nationalparks gibt es freiwillige Helfer.

Freiwillige und unentgeltliche Arbeit ist für nahezu alle US-Amerikaner selbstverständlich.

Wer sich nicht schon in jungen Jahren engagiert, dem fehlten später die entsprechenden *credit points* und die wichtigen sozialen Netze, beschreiben die Anhänger dieser Sichtweise die Grundlage der politischen Kultur in den USA. Umgekehrt bekämen junge Freiwillige die ehrenamtliche Arbeit positiv in ihrem Zeugnis vermerkt. Das wirke in den USA wie ein Empfehlungsschreiben.

Für die meisten sei diese Arbeit aber auch keine Last, heißt es. Sie fühlten sich sehr wohl dabei, weil sie in ein für alle Mitmenschen wichtiges Tätigkeitsfeld eingebunden sind. Und schließlich können die Menschen in diesen Bereichen, anders als in ihrem Job, selbst bestimmen, was sie tun, wann sie arbeiten und wie lange. Außerdem bekommen sie etwas für ihr ehrenamtliches Engagement: Oft können sie an Entscheidungen mitwirken – sei es, daß es um ein neues Schulkonzept oder die Ausstattung des Theaters geht.

Wer wenig Zeit hat, um sich für gesellschaftliche Belange einzusetzen, spendet einen Teil seines Einkommens für solche Einrichtungen. Das gilt nicht nur für Privatpersonen: Kaum eine große öffentliche Veranstaltung vom Pop-Konzert bis hin zum New York Ballett kann ohne diese Form des Sponsoring existieren. Und auch Ausstellungen in Museen werden zu einem erheblichen Teil auf diese Weise finanziert. Ganz besonders aber gilt dieses Prinzip im Bildungsbereich: Wer als Erwachsener gutes Geld verdient, spendet oft an sein College, das er früher einmal besucht hat. Selbst die bekanntesten Universitäten leben von den Spenden der Ehemaligen.

> Wer wenig Zeit hat, spendet einen Teil seines Einkommens.

Welche der beiden Beschreibungen ist nun richtig? Wer hat recht? Ist die amerikanische Gesellschaft eine Job-Gesellschaft, in der sich jeder nur für das eigene Weiterkommen interessiert, oder eine Gesellschaft sozial, ökologisch und kulturell engagierter und verantwortlicher Menschen? Die Antwort ist keine Synthese, denn die amerikanische Gesellschaft ist nicht »ein bißchen von beidem«. Sie ist vielmehr – jedenfalls idealtypisch gesehen – beides zugleich: eine ausgeprägte Job-Gesellschaft *mit* engagierten *und* verantwortlichen Bürgern. Amerikaner fühlen sich als Wirtschaftsmenschen, *und* sie sind zugleich aktive Bürger ihrer Gemeinde und ihres Staates. Insbesondere fühlen sie sich als Bürger der USA – im Prinzip.

Aus europäischer Sicht erscheint dieses Verhalten als ein Widerspruch. Denn hier werden soziale und wirtschaftliche Erfordernisse als Gegensätze gesehen.

Das Erbe der Wagenburgmentaliät

Europäer vermuten zu Recht, daß die spezifische Kombination von Joborientierung und Gemeinsinn mit der »Wagenburgmentalität« der Amerikaner zu tun hat. Diese Metapher erinnert an die Besiedelung der Neuen Welt durch die Europäer im 18. Jahrhundert. Die Menschen, die damals aus verschiedenen Ländern nach Amerika auswanderten, hatten sich von ihren regionalen und nationalen Herkünften freigemacht – heute würde man sagen: individualisiert. Sie zogen in die Weite des neu entdeckten Kontinents und transportierten auf ihren Wagen ihr gesamtes Habe mit sich. Soziologisch gesprochen: Von einer relativ geschlossenen Gesellschaft im Alten Europa bewegten sich diese Menschen in eine offene Gesellschaft, in der sich Institutionen und Strukturen erst langsam entwickelten.

In dieser Welt lebten sie zwar noch in ihren Rollen als Väter, Mütter, weit entfernte Angehörige oder Freunde. Und als solche hielten sie auch zusammen. Doch ihre berufliche Identität, die damit verbundene Rolle und ihren Status konnten sie nicht mitnehmen. Wer in Europa von Beruf Schmied gewesen war, reparierte auf den Trecks zwar immer noch die Eisenteile der Wagen; doch er mußte zugleich auch noch alle anderen Jobs verrichten, die bei den großen Wanderungen und oft auch noch nach der Ansiedlung anfielen. So wurde der gelernte Schmied zugleich Händler, wenn das notwendig war, oder vielleicht auch Viehzüchter, wenn das sinnvoll erschien. Einzig die Frauen blieben relativ stark den geschlechtsspezifischen Tätigkeitsfeldern verhaftet. Das bedeutet: Vor dem Hintergrund der traditionellen europäischen Familien- und Geschlechterrollen entfaltete sich auf dem Neuen Kontinent schon früh der männliche Wirtschaftsmensch. Ihm stand die Welt in all ihrer Vielfalt von Möglichkeiten offen.

> **Einzig die Frauen blieben relativ stark den geschlechtsspezifischen Tätigkeitsfeldern verhaftet.**

Die Familien zogen damals aber nicht allein gen Westen. Der Grund dafür war nicht nur der Wunsch, in einer Gemeinschaft zu leben; vor allen Dingen spielten hier Sicherheitsaspekte eine wichtige Rolle. Wenn sich bei den großen gemeinsamen Trecks eine Bedrohung von außen zusammenbraute, bildeten die Einwanderer eine Wagenburg: Sie ordneten ihre Fahrzeuge so an, daß sie sie möglichst gut gegen Angreifer verteidigen konnten.

Aus diesem Sicherheitsbedürfnis ist – ohne Bewußtsein und Willen der einzelnen – eine Gemeinschaft entstanden, in der die Menschen soziale und kulturelle Funktionen übernahmen. Einige widmeten sich der Kindererziehung und dem Unterricht, andere halfen den Alten und Schwachen, und wieder andere bildeten eine Gruppe, die musizierte und tanzte. So entstand – oft eingebunden in einen religiösen Rahmen – der »Gemeinsinn der kleinen Gemeinschaften«. Dessen Geist lebte auch dann noch fort, als die Gruppen längst an ihren Zielen angekommen waren.

Sowohl die Arbeitskultur der US-amerikanischen Gesellschaft als auch ihr Gemeinsinn spiegeln die Wagenburgmentalität aus der Zeit der großen Trecks wider. Die Ausgangssituation bei der Besiedelung Amerikas war eine besondere und hat das Verhalten der einströmenden Europäer über Jahrzehnte geprägt. Die Alte und die Neue Welt vermischten sich zu einer Kultur, in der sich einige traditionelle Elemente wie Familiensinn, Geschlechterrollen und Religiösität verstärkten, andere dagegen wie z.B. die traditionellen Berufsrollen obsolet wurden. Der Eintritt in eine offene Gesellschaft erzwang zunächst häufige Job-Wechsel, Flexibilität und räumliche Mobilität. Als die Menschen dann ihren Platz gefunden hatten, aus kleinen Ansiedlungen Gemeinden und Städte geworden waren und sich nach und nach Strukturen und Institutionen bildeten, hatten sich Habitus und Tugenden längst verfestigt. Sie sind zum Bestandteil der amerikanischen Kultur geworden.

> **Die Alte und die Neue Welt vermischten sich zu einer Kultur.**

Der amerikanische Typus ist der unabhängige, wettbewerbsorientierte, flexible und mobile Wirtschaftsmensch, der sich als Bürger zugleich in seinem Lebensumfeld engagiert und Verantwortung trägt. Er war über lange Zeit hinweg – weltweit gesehen – erfolgreich, und er hat heute noch Modellcharakter. Die Außenwahrnehmung dieses Modells aber war und ist gespalten. Denn während z.B. die weltweit einflußreichen Wirtschaftsliberalen nur den freien Wirtschaftsmenschen sehen, entdecken die ebenfalls berühmten Kommunitaristen ausschließlich den Bürger mit Gemeinsinn.

Auf einem Auge blind: das neoliberale Wirtschaftsmodell

Ebenso wie die historische Entwicklung in ihrer Gesamtheit gesehen werden muß, kann man auch im ausgehenden 20. Jahrhundert die US-amerikanische Arbeitskultur und den Gemeinsinn nicht losgelöst voneinander betrachten. Das amerikanische Modell ist weder nur ein Wirtschafts- noch ausschließlich ein partizipatives Sozialmodell. Es ist beides und nur in dieser Gemeinsamkeit angemessen wahrzunehmen.

Die neoliberale Perspektive aber macht den Fehler, das wirtschaftliche Handeln aus der US-amerikanischen Arbeitskultur herauszulösen und die darin eingeflochtenen sozialen und kulturellen

Bedingungen als unabhängig davon zu definieren. Dieses Denken ist in seiner neu erwachten Form der Reagonomics unbesehen in die Welt exportiert worden.

Die verschiedenen Kulturkreise gehen mit diesem Wirtschaftsmodell sehr unterschiedlich um: In Kontinentaleuropa tun sich die Menschen schwer, die amerikanische Arbeitskultur des Jobsystems mit ihrem Wunsch nach wirtschaftlicher Stabilität und sozialer Verläßlichkeit zu vereinbaren. Diese Arbeitskultur paßt auch nicht in die wohlfahrtsstaatlich gerahmte Kultur der Gerechtigkeit, Solidarität und Subsidiarität. In den meisten Ländern Südamerikas und Afrikas haben es neoliberale Ansätze dagegen ermöglicht, daß sich politische Führungen unverschämt bereichern konnten, während auf der anderen Seite die Armut bei den Massen extrem zugenommen hat – günstigstenfalls bei gleichzeitigem Wirtschaftswachstum und steigenden Börsenkursen sowie sinkender Inflationsrate. Auch in Rußland hat die Anwendung neoliberaler Politik verheerende Folgen, und das gleiche gilt für viele Länder Osteuropas.

> Auch in Rußland hat die Anwendung neoliberaler Politik verheerende Folgen.

Einzig in den asiatischen Ländern erschien neoliberales Wirtschaften – gepaart mit einer starken staatlichen Wirtschaftsförderung und -lenkung – lange Zeit überwiegend positiv zu wirken, nicht nur bezogen auf Wirtschaftswachstum und Börsenkurse, sondern auch auf das gesamte Einkommensniveau. Zwar nahm auch hier die soziale Ungleichheit zu, aber nicht in dem Maße wie z.B. in Lateinamerika. Seit dem Zusammenbruch der (süd-)ostasiatischen Finanzmärkte im Herbst 1997 hat sich diese Situation allerdings grundlegend geändert: Das Wirtschaftswachstum, die Börsenkurse stürzten zum Teil dramatisch ab, und es traf in erster Linie die neu entstandenen Mittelschichten und später auch die ärmeren Bevölkerungskreise. Diese Entwicklung ist aber in erster Linie darauf zurückzuführen, daß es außer in Singapur in allen anderen Ländern versäumt wurde, Institutionen wie etwa eine funktionsfähige, »gebührenfreie« Börsen- und Kreditaufsicht zu schaffen, die die liberalisierten Finanzmärkte hätten rahmen können. Und die Politik des Internationalen Währungsfondes (IWF) verschärfte die Situation für die unteren Einkommensschichten noch, indem sie als eine zentrale Bedingung für die Stützung der Länder forderte, die Preise für Grundnahrungsmittel weitgehend dem Markt zu überlassen. Doch trotz dieser verheerenden Entwicklung heißt das nicht, daß die amerikanische Job-Kultur hier prinzipiell gescheitert wäre.

Zurück also zur Ausgangsfrage: Wie sind diese großen Unterschiede beim Umgang mit dem neoliberalen Wirtschaftsmodell zu erklären?

Der jeweilige Umgang mit der importierten Job-Kultur resultiert nicht einfach aus den Wesensarten verschiedener Nationen oder Kontinente. Der wichtigste Grund für die unterschiedliche Wirkung des neoliberalen Wirtschaftsmodells liegt im jeweiligen sozialen und kulturellen Umfeld. Am Beispiel von (Süd-)Ostasien ist dies unmittelbar einleuchtend. Viele asiatische Familien- und Netzwerkstrukturen, insbesondere der wirtschaftlich besonders erfolgreichen chinesisch-stämmigen Bevölkerungsteile, wirken ähnlich wie die Familien- und Gemeindestrukturen in den USA. Zwar kennen diese Kulturkreise nicht den amerikanischen Gemeinsinn in Form von freiwilligem Engagement und Übernahme von Verantwortung für außerfamiliäre Gemeinschaften. Aber asiatische Familien- und Netzwerkstrukturen sind Unterstützungssysteme, die ähnlich wie im amerikanischen System weit in das wirtschaftliche Handeln hineinreichen und dieses stabilisieren. Sie wirken wie ein sozialer Halt, der es erlaubt, außerhalb dieses Kreises als Wirtschaftssubjekt (relativ) autonom zu handeln, in Wettbewerb mit anderen zu treten und dabei flexibel und mobil zu sein. Diese Gesellschaftsstrukturen sind weltanschaulich und religiös verankert, so wie es in den USA auch häufig der Fall ist. In (Süd-)Ostasien wirken Konfuzianismus und Buddhismus als Klammer. Beide Denkweisen eigenen sich vorzüglich, um wirtschaftliches Handeln so zu deuten, daß es weltanschaulich und religiös verträglich ist.

> In Südostasien wirken Konfuzianismus und Buddhismus als Klammer.

Gemeint ist damit folgendes: Fragt man in diesen Kulturkreisen nach dem Sinn von Investitionen, dann erhält man häufig Antworten, die auf diese Deutungssysteme verweisen. Da erfährt man von der konfuzianisch motivierten Vorsorge für die Jungen und vom Rat der Ahnen, den man im Tempel bekommen habe. Von diesen Deutungsfiguren gibt es Hunderte – der entscheidende Punkt ist, daß sich damit marktwirtschaftliches Handeln widerspruchslos in das weltanschauliche und religiöse Deutungssystem stellen läßt. Sie sind Interpretationsfolie und Legitimation zugleich.

Ein Amerikaner würde zwar so nicht antworten. Spontan würde er sagen, er investiere, um Gewinn zu machen. Fragte man jedoch weiter, dann würde er ebenfalls darauf insistieren, daß es ihm um die Zukunft seiner Kinder gehe oder darum, mit dem Geld in Not geratenen Menschen zu helfen, die Gemeinde zu unterstützen, etwas für die Kultur oder die Schule zu tun.

Soziologisch interpretiert besteht in diesem Punkt eine Strukturentsprechung zwischen den sonst so unterschiedlichen Kulturen in den USA und (Süd-)Ostasien. Die Übereinstimmung besteht im Kern darin, daß es ein soziales und kulturelles Deutungs- und Handlungssystem gibt, das der Arbeitskultur des Jobsystems entspricht. Und andererseits kann sich die Arbeitskultur des Jobsystems nur dort erfolgreich entfalten, wo sie durch den jeweiligen sozialen und kulturellen Hintergrund begünstigt wird.

Auf dem anderen Auge blind: die Kommunitarismusdebatte

Die soeben vorgetragene Argumentation gilt analog auch für die Kommunitarismusdebatte. Hier geht es um wichtige Dimensionen des amerikanischen Gemeinsinns und die damit verbundenen Partizipationsformen. Aber wieder wird ein Aspekt der amerikanischen Gesellschaft absolut gesetzt und nicht dahingehend interpretiert, daß er eng verknüpft ist mit der spezifischen Arbeitskultur des Jobsystems. Deshalb halten viele den Gemeinsinn und die Verantwortung des amerikanischen Typus für weltweit übertragbar. Und dies ist vermutlich auch der Grund dafür, warum der Sozialwissenschaftler Amitai Etzioni bei sehr unterschiedlichen Gruppierungen zu solch einer Popularität gelangen konnte.

> Deshalb halten viele den Gemeinsinn des amerikanischen Typus für weltweit übertragbar.

Ein Grundmißverständnis der Kommunitarismusdebatte liegt darin, daß der Gedanke des Gemeinsinns und der Verantwortung einseitig als ein soziales Moment betrachtet wird. Der darin ebenfalls enthaltene politisch-partizipative Anteil wird dagegen ignoriert. Historisch hat der Gemeinsinn aber etwas mit der Gestaltung der bürgerlichen Gesellschaft und mit einem darin verankerten Republikanismus zu tun. Aus dieser Perspektive ist die aktive Partizipation der Mitbürger ein wichtiges Integrationsmoment. Es geht dabei zentral auch um die Zivilgesellschaft. Junge Erwachsene, die sich in den amerikanischen Colleges und Universitäten engagieren, wachsen hierdurch in ihre Gesellschaft hinein. Sie lernen verbindliches und verantwortungsvolles Handeln und gestalten zugleich aktiv ihr eigenes Lernumfeld mit. Die Kommunitarismusdebatte muß ergänzt werden um das Integrationsmoment und die zivilgesellschaftliche Dimension, die in den USA untrennbar mit sozialverträglicher Politikgestaltung von unten verbunden ist.

Eine weitere Verwirrung findet statt, wenn Gemeinsinn, wenn Verantwortung aus dem institutionellen Zusammenhang fester familiärer und geschlechtsspezifischer Rollen gerissen oder um die religiös unterlegte, wertkonservative Moral reduziert wird. Diese institutionelle Rahmung ist für viele Amerikaner weiterhin verbindlich. Sie bestimmt ihr Handeln, auch wenn sie andererseits schon längst durch eine sehr weitgehende Pluralisierung von Lebensformen aufgebrochen ist.

Positiv betrachtet liegt die zentrale Bedeutung der amerikanischen Kommunitarismusdebatte darin, daß es um neue Formen der institutionellen Absicherung von Gemeinsinn und Verantwortung geht, sobald beide durch die traditionellen Werte nicht mehr gewährleistet werden können. In Deutschland und in anderen europäischen Ländern, aber auch in Asien können die Überlegungen der Kommunitarismusdebatte wegen des jeweils anderen Verständnisses des Sozialen in der Gesellschaft nur mißverstanden werden, sofern sie losgelöst von den kulturellen Aspekten diskutiert werden. Einmal werden Gemeinsinn und Verantwortung als neue soziale Ressource und als Sozialpolitikersatz diskutiert, ein anderes Mal gilt die Debatte als Plädoyer für die Wiederbelebung wertkonservativer Moralvorstellungen. Aus wieder anderer Sicht erscheint die Kommunitarismusdebatte als Unterstützung für die Forderung nach einer Rückkehr zu traditionellen Familien- und Geschlechterrollen.

Die Kommunitarismusdebatte wird in den USA sehr uneinheitlich geführt.

Interessant ist, daß die Kommunitarismusdebatte in den USA in all diesen Aspekten sehr uneinheitlich geführt wird. Dabei driftet sie auch in eine gefährliche Richtung: Wenn die öffentlich Bediensteten in New Yorks U-Bahnen durch Sozialhilfeempfänger ersetzt werden sollen, wenn Armut als moralischer Defekt gesehen wird und es heißt, Transferleistungen führten zu einer Kultur der Abhängigkeit, dann hat dies nichts mit Gemeinsinn und Verantwortung zu tun, sondern mit einer geschickten Begründung öffentlicher Spar- und Moralprogramme. Wenn darüber hinaus Hilfe nur gewährt wird, wenn der Unterstützte Hilfsdienste verrichtet, und wenn die Demontage des Sozialhilfesystems durch US-Präsident Bill Clinton Mitte der 90er Jahre als »Gesetz zur individuellen Verantwortung« bezeichnet wird – dann ist es naheliegend anzunehmen, daß die Diskussion um Gemeinsinn und Verantwortung vor allen Dingen kaschieren soll, zu welchen Verwerfungen das neoliberale Wirtschaftsmodell der 80er und 90er Jahren in den USA geführt hat.

Wer das Handeln des unabhängigen, wettbewerbsorientierten, flexiblen und mobilen Wirtschaftsmenschen absolut setzt, nimmt nicht wahr, daß damit Gemeinsinn und Verantwortung flächendeckend untergraben werden. Dabei ist dieses Modell auch in den USA in die Krise geraten, weil mehr soziale Ungleichheit produziert wurde und nicht alle miteinander reicher geworden sind. Je stärker dem einzelnen Bürger und seiner Familie – insbesondere wenn er dem Mittelstand angehört(e) – in den vergangenen Jahren ein harter, neoliberaler Wind entgegenwehte, umso schwerer wurde es für ihn, sich neben all seinen Jobs noch in seinem Lebensumfeld zu engagieren und Verantwortung für die Belange seiner sozialen, kulturellen und ökologischen Umwelt zu übernehmen.

Amerikanische Sozialwissenschaftler, wie etwa Robert D. Putnam, haben in ihren Studien bereits nachgewiesen, daß das amerikanische Modell in dieser Hinsicht starke Risse bekommen hat, weil Gemeinsinn und Verantwortung in einer Gesellschaft, in der die ökonomischen Belange zunehmend in den Vordergrund rücken, nicht mehr »produziert« werden können.

Gemeinsinn und Verantwortung wirkten einst wie eine Schmierflüssigkeit zum reibungslosen Funktionieren des Wirtschaftsmenschen. Doch immer mehr arbeitende Menschen und ihre Familien leben trotz aller Anstrengung und trotz mehrerer Jobs am Rande des Existenzminimums – sie sind arm, obwohl sie nach Kräften arbeiten. Man nennt sie *working poor*, und sie sind zur traurigen Karikatur des Jobmenschen geworden: Sie sind so flexibel, daß sie fast jeder Tätigkeit nachgehen würden, unabhängig von ihrer Ausbildung und ihren familiären Verpflichtungen. Notfalls würden sie auch ihre Familien verlassen, um sich an den Ort der besseren Jobs zu begeben – wenn sie nur das Fahrgeld hätten. Und wenn sie sich die Ausbildung leisten könnten, würden sie in den Wettbewerb mit allen anderen treten. Es ist infam, diese Menschen aufzufordern, sich auf ihre Arbeitsmoral zu besinnen und die Familienstrukturen zu stärken, Gemeinsinn für andere zu entwickeln und aktiv Verantwortung für die Gesellschaft zu übernehmen.

> **Man nennt sie *working poor*, und sie sind zur traurigen Karikatur des Jobmenschen geworden.**

Sackgassen und Blockaden im amerikanischen System

Die Arbeitsmarktschere

Amerika steht am Scheideweg – und zwar sowohl wirtschaftlich als auch kulturell. Wie in anderen hochindustrialisierten Ländern auch wird in den USA die Produktivität weiter wachsen. Das liegt vor allem an der Entwicklung und Anwendung digitaler Techniken: Immer mehr Waren können mit immer weniger menschlicher Arbeitskraft hergestellt werden. Unternehmen brauchen selbst dann weniger Mitarbeiter, wenn der Absatz zunimmt – eine steigende Nachfrage nach Autos z.B. erfordert nicht mehr automatisch mehr Beschäftigte im Automobilgewerbe. Fachleute sprechen von *jobless growth* – vom Wachstum ohne Beschäftigung. Hinzu kommt, daß die Unternehmen für digitale Produktionsverfahren überwiegend qualifizierte Erwerbspersonen brauchen. Wenig Qualifizierte haben kaum noch Chancen auf dem Arbeitsmarkt und zählen häufig zu den Langzeitarbeitslosen.

Fachleute sprechen von jobless growth.

Individualisierungsprozesse haben zu einer gegenläufigen Entwicklung geführt. Menschen sind von den traditionellen Bindungen unabhängiger geworden, soziale und regionale Herkunft, geschlechtsspezifische und familiäre Rollen verlieren zunehmend an Bedeutung. Männer *und* Frauen drängen verstärkt auf den Arbeitsmarkt, weil sie für eine unabhängige Lebensführung auf Erwerbsarbeit angewiesen sind. Die Erwerbsorientierung der Menschen hat zugenommen, und das Angebot an Arbeitskräften steigt dadurch stetig an.

Betrachten wir beide Entwicklungen, dann ist offensichtlich, daß die Schere zwischen Angebot und Nachfrage weiter auseinandergehen wird. Das verstärkt den Druck auf die Beschäftigten.

Die Liberalisierung der Kapitalmärkte

Die Liberalisierung der Kapitalmärkte hat dazu geführt, daß Unternehmen die Wahl haben: Entweder steigern sie ihre Gewinne, indem sie in die Warenproduktion investieren und damit neue Arbeitsplätze schaffen. Oder sie lassen die erwirtschafteten Überschüsse auf dem weltweit vernetzten Kapitalmarkt »arbeiten«. Die eine Variante ist mit einem hohen Risiko und geringer Verzinsung, die andere – bislang – mit einem kalkulierbaren Risiko und hohen Renditeaussichten verbunden. Im Zweifel legen deshalb die Unternehmen die erwirtschafteten Gewinne am Kapitalmarkt an. Die in den vergangenen Jahren überproportional gestiegenen Unternehmensgewinne wurden nicht in Arbeitsplätze reinvestiert.

Dies ist der Kernpunkt von Globalisierungsprozessen. Entgegen der landläufigen Meinung bedeutet Globalisierung nämlich *nicht*, daß Unternehmen ihre Produktionsstandorte in sogenannte Billiglohnländer verlegen, um damit die Arbeitskosten zu senken. Die Infrastrukturkosten für den Betrieb eines Unternehmens in diesen Ländern sind nämlich häufig wesentlich höher, so daß mögliche Einsparungen bei den Lohnkosten oft an anderer Stelle wieder aufgefressen werden.

Die Kosten sind zudem nur eine Dimension bei den Investitionsentscheidungen. Weitaus wichtiger ist, ob im Umfeld des Werks neue Absatzmärkte erschlossen werden können. So investieren amerikanische Unternehmen z.B. in Indien, ohne dort nennenswerte Erträge zu erwirtschaften. Es geht ihnen dort um ganz etwas anderes: Sie wollen den wirtschaftlich viel interessanteren Markt in China erschließen. Gelingt dies, kann es positive Rückwirkungen auf die Beschäftigungssituation in den USA geben.

Die Beschäftigungsunsicherheit

Die ständige Liberalisierung der Arbeitsmärkte in den USA hat zur Folge, daß der Anteil der sozial relativ abgesicherten Arbeitsverhältnisse kontinuierlich abgenommen hat. Es wird geschätzt, daß in den 90er Jahren bereits zwei Drittel der Beschäftigungsverhältnisse als unsicher gelten müssen. Zunehmend wechseln die Menschen unfreiwillig ihre Stelle, und niemand weiß, wie lange er noch seinen Job behalten wird. Wer draußen ist, plagt sich mit der Frage, ob er je wieder Fuß fassen wird. Das Risiko, im Erwerbsleben zu scheitern, ist für alle Amerikaner gestiegen. Besonders bedrohlich sieht es natürlich für die wenig Qualifizierten aus, aber auch viele andere Bevölkerungsgruppen sind gefährdet. Längst trifft die Vorstellung nicht mehr zu, alle Arbeitslosen seien eine homogene Problemgruppe mit besonderen »Beeinträchtigungen« – zu jung, zu alt, krank, behindert oder Angehörige einer Minderheit.

> Zunehmend wechseln die Menschen unfreiwillig ihre Stelle.

Das amerikanische »Job-Wunder«

Das »Job-Wunder« in den USA entpuppt sich bei genauerem Hinsehen mehr als Folge der verschlungenen Wege von statistischen Erfassungsmethoden denn als tatsächliche Veränderung des Arbeitsvolumens. Indem selbst Personen als Beschäftigte gezählt werden, die nur wenige Stunden in der Woche jobben, ist es gelungen, die Zahl der Arbeitslosen statistisch zu senken – auch wenn es keine einschneidenden Verbesserungen auf dem Arbeitsmarkt gegeben hat. Würde man in Europa ebenso verfahren, dann könnten einige Länder Skandinaviens wahrscheinlich schon von Vollbeschäftigung sprechen.

Die Zahl der Beschäftigten, die Zahl der Jobs und das Erwerbsvolumen sind aber unterschiedliche Größen. Sie bezeichnen verschiedene sozioökonomische Sachverhalte. Ebenso wie in den frühindustrialisierten Ländern Europas ist auch in den USA das Volumen der Erwerbsarbeit in den letzten Dekaden relativ konstant geblieben. Allerdings gibt es eine größere Anzahl von Jobs. Und immer mehr Personen haben mehrere Jobs – so betrachtet gibt es einen Zuwachs an Beschäftigung. Diese Rechnung geht aber nur dann auf, wenn der einzelne Job auf weniger Wochenstunden zugeschnitten ist. Nur deshalb ist es möglich und sogar oft auch notwendig, mehrere Jobs nebeneinander zu haben. Per Saldo wurden folglich zwar mehr Jobs, aber nicht mehr Erwerbsarbeit geschaffen.

> Und immer mehr Personen haben mehrere Jobs.

Auch die Lohnsumme ist in diesem Zusammenhang aufschlußreich: Zwar arbeiten mehr Personen in mehr Jobs – aber insgesamt verdienen sie nicht mehr. Die Lohnsumme hat sich nicht nennenswert verändert, wohl aber das Einkommensniveau. Wenn die Lohnsumme relativ konstant geblieben, die Zahl der Jobs aber gestiegen ist, dann wird im statistischen Durchschnitt pro Job weniger verdient. Das gilt aber nicht für alle Menschen gleichermaßen. Eine Analyse des Einkommensniveaus und der unterschiedlichen Einkommensgruppen zeigt, daß es in den letzten Dekaden eine ständig steigende Lohnspreizung gegeben hat: Immer weniger Menschen verdienen immer mehr, und immer mehr Menschen verdienen immer weniger.

Europäische Kritiker des amerikanischen Job-Modells haben mit Nachdruck darauf hingewiesen, daß es sich in den USA nur um ein »McJob-Wunder« handele. Nur die Jobs am unteren Ende der sozialen Hierarchie hätten zugenommen – also im schlecht bezahlten

Segment der einfachen Dienstleistungen wie bei McDonald's. Bewunderer der amerikanischen Job-Entwicklung haben allerdings genauer hingeschaut und eingewandt, daß auch die Zahl der hochqualifizierten und gutdotierten, wenngleich ebenfalls unsicheren Dienstleistungsjobs zugenommen habe.

In der Tat ist richtig, daß es in diesen beiden Segmenten einen Zuwachs gegeben hat. Dagegen ist der Arbeitsmarkt auf der Ebene der durchschnittlich qualifizierten Amerikaner geschrumpft, und zwar sowohl im Produktions- als auch im Dienstleistungsbereich. Bezieht man die Einkommenssituation mit ein, dann wird an diesem Beispiel die Verteilung deutlich: Bei den McJobs wird insgesamt weniger, bei den hochqualifizierten mehr verdient. Bei den McJobs wird zudem länger gearbeitet, aber weniger gezahlt als bisher. Auch die Menschen im mittleren Segment sind mit sinkenden Einkommen konfrontiert. Die hochqualifizierten Leute dagegen verdienen besser als früher.

> Bei den McJobs wird weniger, bei den hochqualifizierten mehr verdient.

Europäische Bewunderer der amerikanischen Entwicklung verweisen unablässig darauf, daß in den USA immer mehr Menschen im Dienstleistungsbereich arbeiten als z.B. in Deutschland. Sie führen die Schuhputzer an und die Menschen, die vor dem Supermarkt beim Einparken behilflich sind und später die Einkaufstaschen im Auto verstauen. All diese kleinen Dienste gebe es in Deutschland noch nicht. Der Nachholbedarf sei enorm, heißt es. Man müsse diese Dienstleistungen nur aufwerten und zugleich entsprechend ihrer geringen Produktivität auch niedrig entlohnen, dann wäre es für (reiche) Menschen attraktiv, sie in Anspruch zu nehmen. Voraussetzung sei freilich eine Einkommensspreizung, damit sich die Wohlhabenden diese Dienste auch leisten könnten.

Die Vertreter dieser Position führen das Fehlen der kleinen Dienste auf das Fehlen einer entsprechenden Dienstleistungskultur in Deutschland zurück. Weder wollten die Menschen hierzulande anderen gegenüber zu Diensten sein noch möchten sich die Wohlhabenderen andersherum gegen Entgelt bedienen lassen. In Deutschland sei eine solche Servicekultur eben nicht positiv verankert.

Wissenschaftlich haltbar ist an diesen Überlegungen nur die Betonung der kulturellen Differenz zwischen den USA und Europa sowie die Feststellung, daß es die kleinen Dienste hierzulande kaum gibt. Dennoch zeigen alle seriösen Berechnungen, daß in den USA tatsächlich gar nicht mehr Dienstleistungen erbracht werden. Auch dies hat wieder etwas mit der unterschiedlichen Konstruktion von Statistiken zu tun. In der US-Statistik werden die arbeitenden Menschen nach Funktionen und Funktionsfeldern differenziert. In Deutschland gibt es dagegen zwei Beschäftigtenstatistiken: Zum ersten gibt es eine Liste, die nach Berufen differenziert ist. Zum zweiten wird aufgeführt, in welcher Art von Unternehmen im Produktions- oder Dienstleistungssektor die Menschen arbeiten. Die beiden Erhebungsformen sind folglich nicht zu vergleichen.

In Deutschland wird meist mit der Statistik über die Sektoren argumentiert. Das aber ist nicht ganz korrekt, denn jedes Industrieunternehmen hat z.B. auch eine Verwaltung, die nach amerikanischer Zählweise Dienstleistungstätigkeiten ausübt. In der deutschen Statistik werden diese Arbeitnehmer dagegen dem produzierenden Gewerbe zugerechnet. Korrekter wäre es, die Gliederung nach Berufen als Vergleichsgrundlage heranzuziehen. Hier zeigt sich bereits, daß USA und Deutschland nicht so weit auseinanderliegen wie häufig dargestellt: Das Argument vom Beschäftigungsvorsprung klappt zusammen.

> **Das Argument vom Beschäftigungsvorsprung klappt zusammen.**

Sehr viel wichtiger als dieser internationale Vergleich ist aber das Risiko für die Leute im Dienstleistungssektor. Während die Arbeitsverhältnisse in Europa noch vergleichsweise sicher sind, kann man das für die USA keineswegs sagen. Dort ist das Jobrisiko im Dienstleistungsbereich auch deutlich höher als in der Produktion. Dienstleister wechseln sehr viel häufiger die Beschäftigung, haben oft lange Arbeitslosigkeitsphasen – leben also in steter Unsicherheit, wie es mit ihren Jobs in Zukunft weitergehen wird.

In dieser Hinsicht geht es ausnahmsweise den Menschen aller Qualifikationsniveaus gleich: Jeder, egal ob Bote oder Manager, kann durch die Einführung neuer Computeranlagen oder bei Firmenfusionen arbeitslos werden.

Der Zwang zur Individualisierung

Die Arbeitsplätze in den USA boten hier zwar nie den hohen Grad sozialer Sicherheit wie in vielen Ländern Kontinentaleuropas – aber die meisten Menschen konnten nach einer Kündigung damit rechnen, in absehbarer Zeit wieder eine neue Stelle zu finden. Diese Vorstellung entsprang nicht nur ihrer individuellen Überzeugung, sondern traf auch objektiv zu. In der Vergangenheit war in den USA nicht Jobverlust das Problem, sondern die Frage: »Was kann ich tun, um einen neuen Job zu bekommen?« – ein fundamentaler Unterschied zu der Situation in den kontinentaleuropäischen Ländern.

Und es gab eine weitere Form der sozialen Sicherung: Bis in die 80er Jahre hinein war es möglich, in den jeweiligen Jobs so viel Geld zu verdienen, daß nicht nur eine gute Lebenshaltung, eine qualifizierte Ausbildung der Kinder und bescheidener Luxus für viele, sondern auch eine private Vorsorge für die Wechselfälle des Lebens erarbeitet werden konnte. Diese stellte die finanzielle und emotionale Basis dar, um die Risiken des Arbeitsmarktes aufzufangen und die Jobsuche gut gestalten zu können.

Nun gibt es vieles von dem nicht mehr. Die Jobs sind unsicherer geworden. Die Menschen haben Angst. Und so verhalten sie sich auch. Zudem sind die Einkommen geringer geworden, so daß in vielen Familien die Ausbildung der Kinder gefährdet ist. Der Mittelstand ist auseinandergebrochen: Viele konnten sich halten, aber manche sind abgerutscht. Die Jobinhaber zählen nun, wie die Manager-Klasse seit jeher, zur Gruppe der *overworked Americans*, weil sie nun mehrere Jobs brauchen. Sie haben keine Zeit, sich außerhalb des Jobs für das Gemeinwesen zu engagieren. Andere haben zu viel Zeit, aber keine Kraft oder zu wenig Selbstvertrauen, *community work* und Verantwortung zu übernehmen.

> Die Einkommen sind geringer geworden, so daß die Ausbildung der Kinder gefährdet ist.

Die Menschen stecken in einer widersprüchlichen Situation: Sie haben nur dann eine Chance, ihre Zukunft zu gestalten, wenn sie bereit sind, sich auf neue Situationen im Leben einzustellen. Sie müssen noch flexibler und mobiler sein und ihre Handlungsoptionen steigern, um ein hohes Maß an »Eigen-Gestaltung« zu ermöglichen. Dazu ist es notwendig, daß sie sich von möglichst vielen Beschränkungen und Bindungen frei machen – sie *müssen* sich noch mehr individualisieren.

Auf der anderen Seite steigt mit der Vielfalt der Optionen das Risiko des Scheiterns noch weiter an. Die möglichen Lebenswege lassen sich in der dynamischen Welt kaum noch einschätzen, die Folgen von Entscheidungen sind für Einzelpersonen und in noch größerem Maße für ganze Familien nicht mehr absehbar. Doch wer scheitert, ist gerade auf die sozialen Bindungen und damit Sicherheiten angewiesen, von denen er sich gerade unabhängig gemacht hat. Je stärker sich die Menschen diesen Bedingungen anpassen, umso prekärer wird es für sie in kritischen Lebenssituationen, insbesondere bei Arbeitslosigkeit und Krankheit. Oft fehlt ihnen dann die Unterstützung der anderen – und natürlich auch eine entsprechende Sozialpolitik.

Um es auf den entscheidenden Punkt zu bringen: Das Jobsystem der 90er Jahre produziert mehr Unsicherheit als in all den Jahren zuvor. Und je mehr die Menschen versuchen, sich diesem Jobsystem anzupassen, desto schwächer werden die sozialen Bindungen innerhalb der Familie, des Freundeskreises, der Gemeinde und des Stadtteils. Keiner kann mehr für den anderen da sein, weil jeder für sich selbst und gerade noch für die seinen sorgen muß. Die Wirtschaft boomt für wenige, die es sich deshalb leisten können, für die Gemeinschaft Geld zu spenden und die Dienste anderer zu kaufen – und damit Beschäftigung zu schaffen.

> Keiner kann mehr für den anderen da sein.

Aber all dies reicht nicht mehr aus, um das bisherige Unterstützungssystem aufrecht zu erhalten, weil auch die Reichen weniger geworden sind und der Mittelstand zusammengebrochen ist. Und es war überwiegend dieser Mittelstand, der diese Kultur des Gemeinsinns und der Verantwortung auf seinen Schultern mitgetragen hat.

Die Inszenierung des Gemeinsinns

Einerseits ist in den USA Gemeinsinn und Verantwortung notwendiger geworden denn je. Andererseits aber ist die Fähigkeit und die Bereitschaft dazu durch die wirtschaftliche und soziale Entwicklung zunehmend zusammengebrochen.

Was wir nun am Ende des 20. Jahrhunderts erleben, ist eine Neuinszenierung von Gemeinsinn und Verantwortung, die einem Kreuzzug gleicht – ohne daß sich die Strukturen der Arbeitskultur des Jobsystems grundsätzlich verändern. Die *Newsweek* schrieb 1997 in einer großen Story von einem »Neuen Krieg«, den Colin Powell, einst Leiter der Golf-Krieg-Allianz, anführt: »Der Mensch, der einst an der Spitze einer gewaltigen westlichen Militärallianz stand, macht nun zu Hause eine neue Front auf ... Colin Powell will dich – als freiwilligen Helfer in einem gemeinschaftlichen Amerika.« Das erinnert an das Plakat der 60er Jahre, auf dem mit der Parole: »I want you!« zum Kriegsdienst aufgerufen wurde. Auch die Sprache dieser neuen Kampagne ist durch und durch militärisch:

Die Rede ist von einer Mobilisierung des »gemeinschaftlichen Amerika« und von einer »Armee der freiwilligen Helfer«, die man nun zusammenstellen wolle.

Hinter dieser Form der Aktivierung eines neuen amerikanischen Gemeinsinns und der Verantwortung für andere steht jedoch kein neuer Schub von Solidarität, sondern ein wirtschaftliches Kalkül: »Jeder Jugendliche, der den falschen Weg geht, kostet die Gesellschaft auf sein ganzes Leben hochgerechnet etwa eine Million Dollar an Gerichts- und Nothilfekosten. Wenn nur die Hälfte der gefährdeten Kinder abrutschen, belaufen sich die Kosten Mitte nächsten Jahrhunderts auf sieben Billionen Dollar.« Negiert wird dabei, daß es die wirtschaftlichen Bedingungen des amerikanischen Jobsystems sind, die zu diesem Notstand geführt haben.

Kein neuer Schub von Solidarität, sondern ein wirtschaftliches Kalkül

Stattdessen richtet sich die Kampagne gegen staatliche Wohlfahrtsprogramme. Anwaltschaftlich wird Bill Clinton zitiert: »Wenn die Zeit großer Regierungen vorbei ist, bricht die Zeit der Bürger an.«

Favorisiert wird *tutoring,* ein Mentorensystem, das Leute begleitet, unterstützt und letztlich zur Selbsthilfe befähigt. Menschen übernehmen für andere Patenschaften, weil die familiären und andere soziale Netzwerke zerstört sind. Laut *Newsweek* gibt es wissenschaftliche Untersuchungen, die zeigen, daß Begleitung und Unterstützung Hilfebedürftiger positive Wirkungen habe und daß deshalb die Hoffnung berechtigt sei, diese neue Partnerschaft zwischen den Menschen öffne ein »neues Kapitel in der amerikanischen Sozialgeschichte«.

Einige einflußreiche Politiker, in diesem Fall George Bush, sehen die Begrenzungen der neuen Freiwilligkeit und die Gefahren dieser Inszenierung: »Freiwilligkeit ist keine Entschuldigung für eine Regierung, sich komplett aus der Verantwortung zu stehlen«. Dieser Auffassung kann man sich uneingeschränkt anschließen und mit der Hoffnung verbinden, daß Amerika neue Wege findet, die Kultur des Arbeitens, des Wirtschaftens und des Sozialen neu aufeinander abzustimmen. Es ist höchste Zeit!

Die Zukunft Afrikas

Frauenarbeit im informellen Sektor

Ruth Bamela Engo-Tjega

Vielleicht nur ein Klischee, aber trotzdem wahr: Afrika ist ein Kontinent der harschen Gegensätze. Aufkeimender Wohlstand und Ende der Apartheid im Süden, in vielen anderen Teilen Elend, Hunger und Bürgerkrieg. Wer kümmert sich um das Chaos? Die Globalisierung jedenfalls nicht, sie macht einen Bogen um den vergessenen Kontinent, mit Ausnahme Südafrikas, das von der Weltwirtschaft mittlerweile als gefälliger Juniorpartner geachtet wird. Der neoliberale Greifarm hat Hemmungen, auch den Rest zu packen und ihn sich einzuverleiben. Daran würde er sich vermutlich leicht bis schwer verschlucken, denn das kulturell spezifische afrikanische Verständnis von Arbeit ist nicht vertraut mit der Ego- und Ellenbogengesellschaft des Westens. Die westlichen Trommeln, die die Schlagzahl von Effizienz und Produktivität vorgeben, blieben in Afrika bisher vielerorts ungehört.

Mein Beitrag ist eine Bestandsaufnahme mit Überraschungen – nicht für mich natürlich, aber gewiß für Sie. Die afrikanische Arbeitswelt hat Facetten, von denen europäische Zeitgenossen nur wenig ahnen.

Auf den Schultern der Frauen

In den meisten Gebieten Afrikas, insbesondere auf dem Land und in den Randgebieten der Städte, bilden die Großfamilie und der informelle Sektor noch immer die Grundpfeiler der Wirtschaft. Die Familie sichert das soziale und ökonomische Überleben ihrer Mitglieder, aber nicht nur das, sie ist auch der Ort, an dem sich Armut und Unsicherheit am schärfsten bemerkbar machen. Die Erwerbsarbeit ist nur Teil der Familienarbeit. Sie wird genauso unter den

> Erwerbsarbeit ist nur Teil der Familienarbeit.

Familienmitgliedern aufgeteilt wie die Betreuung von Kindern und Kranken, von alten und behinderten Menschen. Am stärksten belastet sind jedoch die Frauen.

Überall dort, wo das moderne Leben mit seinen westlichen Schulmodellen, seinen neuen religiösen Ansichten und seiner veränderten Arbeitsethik noch nicht durchgedrungen ist, fungiert die Familie als primäre soziale Einheit. Sie ist der Lernort, wo den jüngeren Generationen Normen und Werte, Wissen und praktische Lebenskenntnisse vermittelt werden. Die Familie ist der Fels in der Brandung. Sie verändert sich, wenn überhaupt, nur sehr langsam, und sie ist vor allem auf Arbeit ausgerichtet: Alles, was man hier lernt, dient diesem Zweck.

Auf dieser Basis können die Menschen in den ländlichen Gebieten überleben und wenigstens ihre physischen und psychischen Grundbedürfnisse befriedigen: ermöglicht durch kleine, meist von Frauen betriebene Unternehmen, die für die Verarbeitung und die Verteilung von Nahrungsmitteln sorgen. Die meisten dieser Tätigkeiten gehen nicht in die Vermarktungskreisläufe der Wirtschaft ein, sondern werden im sogenannten »informellen Sektor« geleistet. Auch für die Menschen, die abseits des modernen Lebens am Rand der großen Städte leben, spielen sich Alltag, Erziehung und Arbeit nach wie vor in der Familie und im informellen Sektor ab.

Ich möchte zunächst die übergroße Arbeitsbelastung der Frauen durch den fiktiven Monolog einer Bäuerin veranschaulichen, die über einen Tag in ihrem Leben berichtet. Die Leistung, die den Frauen abverlangt wird, steht in keinem Verhältnis zu der der Männer. Die Modernisierung der afrikanischen Wirtschaft und der politischen Strukturen hat traditionell männliche Aktivitäten wie das Kriegführen, die Jagd, das Fischen und die früheren Führungsaufgaben überflüssig gemacht.

Danach ist es mir darum zu tun, die ökonomische Bedeutung des informellen Sektors aufzuzeigen. Die Zahlen über die in diesem Bereich Beschäftigten gehen je nach Quelle weit auseinander. Obwohl der Begriff des »informellen Sektors« seit den 70er Jahren verwendet wird, ist seine genaue Definition noch immer umstritten und variiert je nach Region und Land. Die meisten informellen Tätigkeiten tauchen in keiner offiziellen Statistik auf, ihr tatsächlicher Umfang ist schwer feststellbar. »Informell« bedeutet zunächst »nicht formal«, also: keine gefestigten, geregelten und normierten Arbeitsplätze in Wirtschaft, Politik oder Verwaltung.

> **Die Leistung, die den Frauen abverlangt wird, steht in keinem Verhältnis zu der der Männer.**

Als nächstes widme ich mich den traditionellen Merkmalen der Familie wie der Polygynie, also die Ehegemeinschaft eines Mannes mit mehreren Frauen, oder dem Phänomen der weiblichen »Ehemänner«. Und zum Schluß will ich einige afrikanische Initiativen vorstellen, die es sich zum Ziel gesetzt haben, die Wirtschaftlichkeit von Kleinunternehmen zu verbessern.

Um ein Ergebnis hier vorwegzunehmen: Die Frauen, die im informellen Sektor arbeiten, leisten einen enormen Beitrag zur Wirtschaft Afrikas. Die Politik der Modernisierung von Wirtschaft und Gesellschaft hat dagegen keine überzeugenden Resultate erbracht. Erfolgversprechender scheint es, der traditionellen Rolle der Frauen- und Familienarbeit mehr Beachtung zu schenken und die wichtige Rolle des informellen Sektors anzuerkennen.

> **Die Politik der Modernisierung hat keine überzeugenden Resultate erbracht.**

Ein Tag im Leben einer afrikanischen Bäuerin. Ein fiktiver Monolog

»Ach, ist es schon Zeit aufzustehen? Mir ist, als hätte ich mich gerade eben erst hingelegt. Aber es bleibt mir nichts anderes, ich habe so viel zu tun, bis die Sonne aufgeht. Hoffentlich ist von gestern abend noch Wasser übrig, damit ich mich waschen kann ... Ja, da ist noch welches. Vorsicht, daß genug übrigbleibt für meinen Mann und die Kinder. Wenn meine Kinder ungewaschen in die Schule kommen, sagen die Leute, ich würde mich nicht um sie kümmern.

Jetzt rasch das Feuer anzünden. Es bringt Wärme und Licht, und es ist ein Zeichen dafür, daß in diesem Haus Leben ist. Während das Wasser für meinen Mann auf dem Herd warm wird, kehre ich in der Küche und vor der Tür, dann sehe ich nach den Hühnern und Ziegen. Da sind ein paar Eier, die kann ich heute auf dem Markt verkaufen.

Aufwachen, Kinder, aufwachen! Die Sonne geht auf! Bringt das Baby her, es hat Hunger, und wenn es weint, stört es den Vater. Kommt, helft mir, die Kürbisflaschen und die Eimer zu suchen. Legt das schmutzige Geschirr in den Korb, wir wollen es am Fluß abwaschen. Fanta, meine Tochter, ich habe für dich und deinen Bruder etwas zu essen warm gemacht. Vergeßt nicht, euch zu waschen, ehe ihr in die Schule geht. Und paßt bitte im Unterricht auf, ihr müßt etwas lernen. Kommt, ihr Kleinen, wir wollen zum Fluß...

Wenn meine Tochter nicht zur Schule ginge, könnte sie mir bei der Ar-

beit helfen, aber ich möchte, daß sie eine Erziehung bekommt. Ich habe meinem Mann und seiner Familie die Stirn geboten, als sie meinten, es wäre überflüssig, daß sie zur Schule geht. Ich will aber, daß sie etwas lernt, ich will, daß sie ein besseres Leben führen kann als ich. Vielleicht wird sie in die Stadt gehen und dort Arbeit finden. Dann muß sie nicht all die Dinge tun, die ich tun muß...

Gerade erst geht die Sonne auf, und ich bin schon seit einer Stunde auf den Beinen. Und ich brauche noch eine Stunde, bis ich Wasser geholt habe und wieder zu Hause bin. Manchmal frage ich mich, wie ich das eigentlich alles schaffe... Aber wir sind jetzt da, am Fluß, und die Sonne steht schon höher. Ich vergeude meine Zeit mit Nachdenken und Träumen. Beeilt euch, Kinder, macht die Behälter voll, während ich das Geschirr abwasche... Fertig, nun laßt uns wieder zurück gehen...

Zuhause bereite ich für meinen Mann und die kleineren Kinder das Essen zu. Wenn die Kinder gegessen haben, schicke ich sie zum Spielen zu meiner Schwiegermutter. Sie sind noch zu klein, um mir bei der Arbeit zu helfen. Ich habe den Korb geholt, den ich gestern abend mit Erdnüssen, Gumbo und Tomaten gefüllt habe, und habe noch die Eier von heute dazugelegt. Jetzt mache ich mich mit meinem Baby auf den Weg zum Markt.

Ich hoffe nur, es dauert nicht zu lange, bis ich die Sachen verkauft oder gegen getrockneten Fisch und Salz getauscht habe. Vielleicht kann ich sogar etwas Obst kaufen... Aber ich muß zusehen, daß ich für meine Waren einen guten Preis bekomme. Dann kann ich etwas Geld sparen für die Schulgebühren, die nächste Woche fällig sind. Ich habe schon fast genug für ein Kind, aber ich brauche mehr, sonst kann ich nur meinen Sohn zur Schule schicken. Ich will aber, daß auch meine Tochter hingehen kann.

Ruhig, mein Kind! Was hast du nur? Kann es sein, daß du noch hungrig bist? In letzter Zeit warst du mit meiner Milch nicht zufrieden. Es scheint, daß ich nicht genug habe, um dich satt zu machen. Ich weiß noch, die Schwester in der Krankenstation hat gesagt, ich müßte gegen meine Blutarmut eine Medizin nehmen. Aber ich habe kein Geld für Medizin. Und außerdem ist die Krankenstation 15 Kilometer von hier entfernt, und ich muß dort so lange anstehen. Das letzte Mal, als ich dort war, hat es so lange gedauert, daß es zu spät war für den Heimweg und ich dort schlafen mußte. Aber jetzt bin ich wieder zu Hause; ich muß später darüber nachdenken...

Ich lasse Erdnüsse und Obst da, damit die Kinder etwas zu essen haben, wenn sie aus der Schule kommen. Ich muß jetzt rasch auf die Fel-

der. Die Sonne steht schon hoch, und ich muß mein Maisfeld jäten und dann das Baumwollfeld meines Mannes. Ich weiß, man sagt, das Jäten sei bloß eine Frauenarbeit; aber ich schaffe es nie, mein Feld ganz zu bearbeiten, weil ich noch auf dem Feld meines Mannes arbeiten muß. Dabei wachsen auf meinem Feld unsere Nahrungsmittel, und von dem Geld, das wir für die Baumwolle bekommen, sehe ich nur einen kleinen Teil. Was ist wichtiger? Nahrungsmittel oder Baumwolle? Baumwolle kann man nicht essen! Doch was soll ich tun? Mein Mann ist seit einigen Tagen krank, und ich muß noch mehr arbeiten...

Die Sonne geht schon wieder unter, und ich muß noch Brennholz sammeln – der Vorrat geht zur Neige. Früher konnten wir Holz am Dorfrand schneiden, doch jetzt ist ein Teil des Landes gerodet worden, um mehr Baumwolle anbauen zu können. Der Häuptling hat die anderen Bäume in der Nähe zur eisernen Reserve erklärt, die wir nicht schneiden dürfen. Natürlich haben sie die Frauen nicht gefragt, bevor sie diese Entscheidung gefällt haben. Wenn wir jetzt Brennholz sammeln gehen, kommen wir direkt an diesen Bäumen vorbei. Für mich ergibt das eigentlich keinen Sinn, daß ich mich hier nicht versorgen darf. Oh je, ich war heute zu lange auf dem Feld, es wird spät. Aber es ist niemand in der Nähe, vielleicht schleiche ich mich doch eben mal hin und sammle ein paar Äste auf, die während der Stürme der letzten Tage heruntergefallen sind. Ja, da sind welche, nicht viele, aber ich kann heute sowieso nicht viel tragen, da ich auf dem Feld etwas Gemüse geerntet und auch das Kind dabei habe.

Es ist schon fast dunkel, als ich zuhause ankomme, ich muß schnell das Abendessen zubereiten. Heute Abend kommt der Heiler, um meinem Mann zu helfen. Wir glauben, daß er von einem Feind vergiftet worden ist, der es auf einen Teil unseres Landes abgesehen hat. Das Essen muß fertig sein, bevor der Heiler kommt, dann kann ich die Medizin zubereiten, die er mitbringt...

Aber was ist das? Das Wasser ist alle. Begreift diese Familie nicht, wie weit es zum Fluß ist? Es bleibt mir keine andere Wahl. Schnell, Fanta, hol die Kleinen, wir gehen zum Fluß. Nehmt die Flaschenkürbisse und beeilt euch, es ist spät. Lauft voraus, Kinder, und wascht euch im Fluß – ihr seid heute so schmutzig geworden. Hört auf zu spielen, Kinder, füllt die Kürbisse und wir gehen...

Was ist mit dir, mein Kind? Warum stolperst du? Bist du krank? Oh, du hast hohes Fieber! Es muß wieder die Malaria sein. Da, Fanta, nimm das Baby, ich trage deinen Bruder. Schütte dein Wasser aus, wir müssen heute eben mit weniger auskommen. Morgen muß ich dann mit ihm zur

Krankenstation, und was ich an Geld verdienen werde, muß ich für die Medizin ausgeben. Ich hoffe nur, wir müssen dort nicht allzu lange anstehen, denn es ist so viel zu tun...

Fanta, nimm deinen Bruder mit ins Haus, damit er sich hinlegen kann; ich mache ihm einen Tee, während ich das Gemüse schneide. Ich bin froh, daß ich gestern etwas mehr Mais stampfen konnte, damit ich heute weniger zu tun habe. Bitte, Kinder, spielt leise, denn euer Vater und euer Bruder sind krank. Ja, ich weiß, daß ihr Hunger habt. Aber ihr müßt nun mal warten, bis ich mit dem Kochen fertig bin...

Gut, Kinder, das Essen ist fertig, kommt her. Wie sollen die Kinder kräftig werden, wenn sie schon eingeschlafen sind, bevor ich das Essen gemacht habe? Dann muß ich sie eben wecken und zum Essen zwingen. Kein Wunder, daß dein Bruder krank ist. Hilf mir die anderen füttern, Fanta, sie dürfen nicht auch noch krank werden...!

Der Heiler war da und hat unseren Verdacht bestätigt, daß mein Mann vergiftet worden ist. Ich bereite ihm einen speziellen Trank zu. Inzwischen habe ich auch Fiebergras für mein krankes Kind aufgekocht, und es ist eingeschlafen ... Endlich schlafen alle, und das Haus ist ruhig.

Doch für mich ist der Tag noch nicht zu Ende. Ich muß ein Essen zubereiten, das meine Tochter morgen warm machen kann, denn ich weiß nicht, wann ich von der Krankenstation zurückkehren werde. Und was mache ich mit dem Fleisch, das mir eine Freundin heute abend gebracht hat? Ich muß es wohl noch räuchern, denn morgen habe ich keine Zeit, und wenn ich es auf übermorgen verschiebe, ist das Fleisch schon verdorben.

Alles wird ein bißchen besser werden, wenn erst die Witwe des Bruders meines Mannes mit ihren Kindern bei uns lebt. Wir können uns dann gegenseitig bei der Arbeit helfen, und ihre Kinder sind schon älter und können uns zur Hand gehen. Vielleicht habe ich dann sogar Zeit, an den Versammlungen der Frauen teilzunehmen. Ich könnte das neue Kleid anziehen, das mir mein Mann gekauft hat. Und vielleicht habe ich sogar Zeit für die Leseklasse. Ob ich es wohl noch lernen kann...? Es wäre so schön, wenn ich mir die Arbeit mit jemandem teilen könnte...«

Die typische afrikanische Bäuerin verbringt 15 bis 18 Stunden pro Tag damit, Brennholz zu sammeln, Wasser zu holen, zu kochen, Feldfrüchte anzubauen sowie für Kinder und ältere Verwandte zu sorgen. Die wesentliche Frage für Afrika ist: Was kann getan werden, um die Belastung dieser Frauen zu verringern, und welche Möglichkeiten gibt es, die Produktivität ihrer Arbeit zu erhöhen?

Was kann getan werden, um die Belastung der Frauen zu verringern?

Völlig unterschätzt: die ökonomische Bedeutung des informellen Sektors

In der Landwirtschaft sind rund zwei Drittel der afrikanischen Erwerbsbevölkerung tätig.

Zum informellen Sektor gehören vor allem Arbeiten in der Landwirtschaft, wo rund zwei Drittel der afrikanischen Erwerbsbevölkerung tätig sind. Dort werden nicht nur Nahrungsmittel für den eigenen Bedarf erzeugt, sondern auch Rohstoffe für die Agrarindustrie und für den Export. Die meisten anderen Beschäftigten des informellen Sektors sind auf Handel, Handwerk und Dienstleistungsgewerbe verteilt, wo sie – meist als Alleinunternehmer – Güter des täglichen Bedarfs verkaufen, Holz- und Metallarbeiten durchführen oder elektrische und mechanische Reparaturen anbieten.

Da viele der informellen Tätigkeiten außerhalb der Geldwirtschaft liegen, werden sie von volkswirtschaftlichen Gesamtrechnungen nicht erfaßt. Die Produktivität dieses Sektors wird daher weit unterschätzt. Dennoch kann man aus den vorhandenen Daten vorsichtige Rückschlüsse ziehen. *Tab. 1* zeigt für einige ausgewählte Länder, wie viel der informelle Sektor zum Bruttoinlandsprodukt beiträgt. Die Angaben sind zwar nicht mehr taufrisch (neuere Erhebungen gibt es nicht), sie dürften aber immer noch die Größenordnungen wiedergeben.

Afrika ist, wenn man Ulrich Becks Essay in diesem Band folgt,

Tab. 1 Beitrag des informellen Sektors zum Bruttoinlandsprodukt in ausgewählten afrikanischen Ländern (1985).

	Gesamtes BIP in Millionen US-Dollar	Informeller Sektor: BIP in Millionen US-Dollar	Prozentualer Anteil des informellen Sektors am BIP
Benin	1.275	226	17,7
Burundi	1.065	139	13,1
Guinea	1.962	95	4,8
Kenia	5.757	1.122	19,5
Liberia	1.003	347	34,6
Madagaskar	2.697	123	4,8
Malawi	1.077	104	9,7
Mali	1.643	107	6,5
Nigeria	50.681	12.440	24,5
Somalia	2.206	155	7,0
Tansania	3.984	410	10,3
Zaire	5.960	390	6,6

Quelle: ILO (International Labour Organisation) / JASPA (Jobs and Skills Programme for Africa), African Employment Report, 1988.

ein Risikoregime *par excellence*. Unsicherheit kennzeichnet die Arbeitskultur. Die Ausmaße sind beachtlich. Der informelle Sektor erbringt allein im Handel 50 Prozent der ökonomischen Leistungen, in der Industrie 32 Prozent, im Dienstleistungsgewerbe 14 Prozent und im Transportbereich vier Prozent. Die Erwerbstätigen des informellen Sektors verwenden ihr Einkommen in erster Linie dazu, Kinder, Jugendliche, alte Menschen und Behinderte zu ernähren. Das ist Bürgerarbeit im besten Sinne.

Im Gegensatz zum Westen regiert im Süden der Nichtnormarbeitsplatz. Die Kleinunternehmer erwirtschaften ein Einkommen, das mindestens ebenso hoch, wenn nicht höher ist als die gesamten im modernen, verarbeitenden Sektor gezahlten Löhne. Das Beziehungsgeflecht funktioniert. Der informelle Sektor ist eng mit der Landwirtschaft verbunden, die er mit Werkzeugen, Ausrüstungsgütern und Dienstleistungen versorgt. Er unterhält zudem enge Beziehungen zum verarbeitenden Sektor, von dem er Rohstoffe und Ersatzteile bezieht.

Untersuchungen haben auch ergeben, daß die Zwischenprodukte und Fertigerzeugnisse des informellen vorwiegend vom formellen Sektor nachgefragt werden. Die Studie *The informal sector in Africa* des JASPA bestätigt, daß die Beschäftigten des informellen Sektors selbst nur fünf Prozent der hier hergestellten Produkte konsumieren, während 50 Prozent im formellen Sektor und die übrigen 45 Prozent in der Subsistenzlandwirtschaft verbraucht werden. Die Studie zeigt weiter, daß der informelle Sektor rund 25 Prozent seiner Umsätze für den Bezug von Vorleistungen aus dem formellen Sektor aufwendet. So werden z.B. in Dschibuti 28 Prozent der Stromproduktion in diesem Bereich verbraucht. Verflechtungen dieser Art steigern wechselwirkend das Wirtschaftswachstum. Der informelle Sektor verwendet zudem größtenteils lokale Rohstoffe, wirtschaftet nachhaltig und spart dem jeweiligen Land erhebliche Mengen an Devisen ein. Von einigen Ausnahmen, vor allem dem Verbrauch von Brennholz, abgesehen, ist der informelle Sektor umweltfreundlich, da er erneuerbare und organische Rohstoffe verwendet.

Der informelle Sektor verwendet größtenteils lokale Rohstoffe.

Handwerk hat goldenen Boden

Die kleinen Handwerksbetriebe sind ein wichtiges Auffangbecken. Sie beschäftigen einen bedeutenden Anteil der Erwerbsbevölkerung in Dörfern und Städten. Den Stadt-Land-Migranten, den Arbeitslosen aus dem formellen Sektor und den Schulabgängern bieten sie eine ökonomische Basis. Sie leisten zum wirtschaftlichen und sozialen Leben Afrikas einen kaum zu überschätzenden Beitrag, was Beschäftigung, Einkommen, Ausbildung, medizinische Versorgung, Kommunikation, Kreditsysteme, Transport und Kinderbetreuung anbelangt. Der informelle Sektor hilft Millionen Menschen in den afrikanischen Städten, deren Bedürfnisse durch den formellen Sektor nicht gedeckt werden.

> Der informelle Sektor hilft Millionen Menschen in den afrikanischen Städten.

Laut ILO schwankte 1985 der relative Anteil des informellen Sektors an der gesamten Erwerbsbevölkerung zwischen 42 Prozent in der Elfenbeinküste und 2,9 Prozent in Burundi. Die Gesamtbeschäftigung in diesem Bereich einigermaßen genau abzuschätzen, ist sehr schwierig. *Tab. 2* vermittelt für einige Länder einen groben Eindruck.

Tab. 2: Beschäftigung im informellen Sektor und Gesamterwerbsbevölkerung in ausgewählten afrikanischen Ländern (1991).

Land	Beschäftigte im informellen Sektor in Millionen	Gesamte Erwerbsbevölkerung in Millionen
Kamerun	1,2	5,2
Ghana	1,3	5,6
Nigeria	11,8	38,5
Tansania	2,2	11,0
Togo	0,4	1,3
Afrika gesamt	23,2	95,0

Quelle: JASPA, DataBank 1991, und ILO/JASPA, African Employment Report 1992.

Der informelle Sektor ist von großer Bedeutung für den afrikanischen Arbeitsmarkt. Das massive Überangebot insbesondere an jungen, unausgebildeten Arbeitskräften schlägt sich allerdings in extrem niedrigen Arbeitslöhnen nieder, die den Auszubildenden im informellen Sektor bezahlt werden. Untersuchungen haben gezeigt, daß sie weniger als ein Drittel des Lohnes bekommen, der den Auszubildenden im formellen Sektor zusteht.

Bei den meisten Berufsanfängern im informellen Sektor handelt es sich um Analphabeten oder junge Grundschulabgänger. Sie verfügen nur über einfache Kenntnisse im Lesen, Schreiben und Rechnen und sind für unmittelbar produktive Arbeit wenig geeignet. Sie brauchen eine irgend geartete praktische Ausbildung. Selbst bei denjenigen, die aus dem Berufsschulsystem heraus in den informellen Sektor drängen, ist eine praxisorientierte berufliche Anpassung unumgänglich, da sich die berufliche Bildung typischerweise an den Erfordernissen von Unternehmen des formellen Sektors orientiert. Eine Untersuchung über den informellen Sektor in Dar-es-Salaam ergab, daß etwa 63 Prozent der im informellen Sektor tätigen Lehrlinge dort auch ausgebildet wurden, während nur 7,9 Prozent ihre Ausbildung in Berufsschulen, bzw. 10,7 Prozent in großen Unternehmen erhalten hatten.

Frauen bestimmen den Alltag

Frauen sind im informellen Sektor außerordentlich stark vertreten. Dies gilt vor allem für den Handel. Da die Landwirtschaft und die handwerkliche Nahrungsmittelproduktion statistisch nicht erfaßt sind, ist aber davon auszugehen, daß der Anteil der Frauen insgesamt bei weitem zu gering angesetzt ist. Wir wissen bloß einigermaßen sicher, daß die Einkünfte der wenigen unternehmerisch tätigen Frauen viel niedriger sind als die ihrer männlichen Kollegen, und wir wissen auch, daß sie enorme Schwierigkeiten haben, Kredite zu bekommen.

Frauen spielen eine Schlüsselrolle im Kampf gegen Hunger und Armut. Ihr Arbeitstag kennt kaum ein Ende. Sie verrichten nicht nur Feldarbeit und gehen auf den Markt, sondern sorgen auch für den Haushalt und engagieren sich in der Gemeinde. Frauen arbeiten länger als Männer – am längsten die, die in ländlichen Gebieten und am Rande der Städte leben. Je ärmer ein Land ist, desto mehr Arbeitsstunden leisten die Frauen, und umso größer ist der Beitrag, den sie zum Wohlergehen der Familien und der Volkswirtschaft leisten.

> Frauen spielen eine Schlüsselrolle im Kampf gegen Hunger und Armut.

Eine ganze Reihe von Faktoren trägt dazu bei, daß Frauen nicht im formalen Sektor arbeiten: Sie besitzen kein Land, sie führen den Haushalt, sie haben keine Ausbildung, sie sind Analphabeten. Viele der von Frauen im informellen Sektor ausgeübten Tätigkeiten stellen eine Verlängerung der traditionellen Rollen als Mutter, Ehefrau oder Tochter dar. So gehören Nahrungsmittelverarbeitung, dienende Tätigkeiten, kunstgewerbliche Produktion, Weben und Stricken zu den von Frauen bevorzugt angenommenen Tätigkeiten. In der Regel nehmen Frauen eine Arbeit an, um die Familie durch ein zusätzliches Einkommen zu stützen. Um selbständig zu werden, müssen sie sich die notwendigen Mittel von Familienmitgliedern oder Freunden leihen. Die Folge ist, daß sie weniger einträglichen Tätigkeiten nachgehen und die Palette der Güter, die sie produzieren, eher klein bleibt.

Die Macht der Familie

Die Großfamilie ist in Afrika nach wie vor die Norm. Auf ritueller Ebene schließt die Großfamilie alle Nachkommen eines gemeinsamen Ahnen ein, während sich das alltägliche Leben um einen Familienverband organisiert, der aus Frau, Mann, Kindern und Großeltern besteht. Wirtschaftlich ist die Alltagsfamilie mehr oder minder autark, weil sie alle ihre Angehörigen mit Arbeit, Land und Kapital versorgt. Die Familiengröße paßt sich dabei an unterschiedliche Lebenslagen an. Wenn mehr Arbeit anfällt, besteht Bedarf an zusätzlichen Arbeitskräften, was zu Polygynie oder Frauenehen führt. Die angeheirateten Frauen und Kinder können zusätzliche Aufgaben übernehmen und tragen zu einem höheren Familieneinkommen bei. Dabei darf man allerdings nicht unterschlagen, daß die Familienarbeit in den verschiedenen Ethnien Afrikas sehr unterschiedlich organisiert ist. Ich kann hier nur mit einigen wenigen Beispielen aufwarten.

Familienarbeit ist in den verschiedenen Ethnien Afrikas sehr unterschiedlich organisiert.

In der Bemba-Gruppe in Sambia z.B. waren und sind traditionell die Frauen für den Ackerbau sowie für die Lagerung und Verteilung der Nahrungsmittel verantwortlich. Die Bemba besitzen keine Kühe, da die Rinderzucht aufgrund der hier verbreiteten Tsetsefliege unmöglich ist. Deshalb können die Bemba keine großen materiellen Reichtümer vererben. Und auch der Brautpreis wird als Dienstleistung entrichtet: Um eine Frau zu gewinnen, muß ein Mann als Diener in ihr Dorf ziehen und dort etliche Jahre für sie arbeiten. Erst danach kann er sie in sein eigenes Dorf mitnehmen, sofern er es nicht vorzieht, im Dorf der Ehefrau zu bleiben. Beide Eltern unterweisen ihre Kinder, die Väter eher die Söhne, die Mütter die Töchter. Es sind auch die Mädchen, die schon im frühen Alter mit der Mutter auf die Felder gehen und dort zur praktischen Arbeit erzogen werden.

Die Pondo in Südafrika leben von einer Kombination aus Viehwirtschaft und Ackerbau. Die Frauen sind wirtschaftlich autark, weil im wesentlichen sie es sind, die die Hauptnahrungsmittel Korn, Hirse und andere Feldfrüchte anbauen. Zu den Aufgaben der Männer gehört es, die Gruppe zu verteidigen und selbst Raubzüge zu unternehmen, auf die Jagd zu gehen und Viehwirtschaft zu betreiben. Die Frauen sind für den Hausbau und den Ackerbau verantwortlich, stellen Kleidung her, verarbeiten und konservieren Nahrungsmittel und erziehen die Kinder. Geschiedene und verwitwete Frauen erhalten eigene Felder, damit sie sich und ihre Kinder ernähren können. Die Frauen besitzen häufig eigene Rinder, die sie durch gelegentliche Einkünfte als Heilkundige finanzieren. Die Kinder lernen von den Müttern und von den Vätern gleichermaßen.

Die Frauen sind für den Hausbau und den Ackerbau verantwortlich.

Bei den Bunyoro in Uganda herrscht Polygynie. Den Frauen obliegen der Ackerbau und die Haushaltsarbeit. Der Ehemann muß seine Frau bzw. seine Frauen mit einem Haus, mit Kleidung und einer Hacke ausstatten. Alle zusammen bewohnen ein Gehöft, wobei der Ehemann als »Herr des Haushaltes« gilt. Die Erziehung ist traditionell familienorientiert, wobei Mütter die Töchter und Väter die Söhne erziehen. Seit einigen Jahren schicken manche Familien ihre Kinder in die Schule.

Zu den Haupttätigkeiten der Bangwa in Kamerun gehören die Palmölproduktion, der Kaffeanbau, die Schweinehaltung und der Handel. Die Frauen sind sowohl in der Landwirtschaft als auch im Handel tätig; wegen der Abwanderung der Männer sind sie die primären Arbeitskräfte. Polygynie sowie Frauenehe werden bisweilen praktiziert, wobei letztere Variante insbesondere bei Frauen aus der Verwandtschaft des Häuptlings vorkommt. Die Kinder werden sowohl von Männern als auch von Frauen unterrichtet. Bestimmte handwerkliche Fertigkeien wie Bildhauerei, Weberei und Tanz werden von den bekannten »Meistern« der Gemeinde vermittelt.

Polygynie

Polygynie – also das eheliche Zusammenleben eines Mannes mit mehreren Frauen – ist in Afrika seit alters her weit verbreitet und in vielen Ländern nach wie vor legal. Der Vormarsch islamischer Einflüsse in ganz Afrika hat diese Institution religiös untermauert und weiter gestärkt, aber viele Afrikaner halten sie auch aus ökonomischen, sozialen und traditionellen Gründen für gerechtfertigt. Bei einigen Gruppen ist es Tradition, daß ein bereits verheirateter Mann verwitwete Frauen in seinen Haushalt aufnimmt, um sie in die soziale Unterhaltsstruktur der Familie einzugliedern. Dies kann dazu führen, daß ältere Haushaltsvorstände erstaunlich viele Ehefrauen haben. Den Vogel schoß, soweit bekannt, der Oba von Benin ab. Als er in den 70er Jahren starb, soll er über 400 Witwen hinterlassen haben.

Polygynie ist in erster Linie überhaupt kein Ausdruck männlich dominierter Sozialstrukturen. Zwar mag das Prestige eines Mannes mit der Anzahl seiner Frauen steigen. Aber viel stärker kommt die Polygynie den Frauen zugute. Da die Landwirtschaft im allgemeinen und die Subsistenzlandwirtschaft im besonderen weitgehend Frauensache ist, scheint die Polygynie schon deshalb sinnvoll, weil sich in diesem System die Frauen durch ihre Ackerbautätigkeit praktisch selbst ernähren: Sie können genügend Lebensmittel für sich und ihre Kinder produzieren. Die Polygynie verleiht den Frauen daher wirtschaftliche Macht.

> **Die Polygynie verleiht den Frauen wirtschaftliche Macht.**

Dabei müssen nicht einmal alle Ehefrauen landwirtschaftliche und Haushaltsarbeiten erledigen. Es gibt auch Erst- oder Hauptfrauen, die ihre Männer dazu auffordern, sich wiederzuverheiraten, damit sie bei der Feldarbeit entlastet werden oder gänzlich anderen Tätigkeiten nachgehen können. Die Nebenfrauen gehen sich bei den diversen Feldarbeiten gegenseitig zur Hand. Wenn eine Frau krank wird oder ein Kind bekommt, kümmern sich die anderen um sie, um den Ehemann und die Kinder. Und eine ältere Nebenfrau kann sich im Alter der Unterstützung der jüngeren sicher sein – Altersversicherung auf Afrikanisch.

Weibliche Ehemänner, Arbeit und Familienleben

Im traditionell geprägten Afrika ist es auch zulässig, daß Frauen andere Frauen »heiraten«. In der Regel geschieht dies aus ökonomischen oder sozialen Gründen: Der weibliche »Ehemann« heiratet eine Frau, die sich um die häuslichen und landwirtschaftlichen Belange kümmern soll, damit »er« Zeit hat, anderen – rituellen oder politischen – Tätigkeiten nachzugehen.

> Der weibliche »Ehemann« heiratet eine Frau.

In den Beschreibungen des traditionellen Familienlebens wird dieses Phänomen selten erwähnt. Doch war es in mehr als 30 Gruppen in ganz Afrika anzutreffen, z.B. bei den Yoruba und den Ibo in Nigeria, den Fon in Benin, den Zulu in Südafrika, den Kinkuyu und Iuo in Kenia, den Nuer im Sudan und den Bangwa in Kamerun. Obwohl diese Tradition im modernen Afrika nicht anders als die Polygynie weiterbesteht, ist sie auf dem Land noch immer bei einigen Gruppen anzutreffen.

Die Organisation dieser Ehearrangements sieht bei allen Unterschieden zwischen den Gruppen im allgemeinen so aus: Eine Frau, die über Vermögen in Form von Vieh bzw. Land verfügt, entschließt sich, eine andere Frau zu »heiraten«. Diese Frau kann sowohl kinderlos als auch selber verheiratet sein und eigene Kinder haben. Sie bietet der Familie ihrer »Braut« den üblichen Brautpreis an, ganz so, als ob ein Mann eine Frau heiratete. Wenn der Brautpreis angenommen wird, zieht die Braut in das Gehöft ihres weiblichen Gatten, wo sie ein getrenntes Haus bewohnt. Die Ehefrau kocht wie üblich für ihren »Ehemann«, arbeitet auf den Feldern und betreut Kinder, Alte und Behinderte. Der weibliche »Ehemann« sucht einen männlichen Partner aus, damit »seine« Frau Kinder bekommt. Diese Kinder gelten dann als Nachkommen des weiblichen »Ehemannes«, tragen »seinen« Namen, gehören zu »seinem« Clan und arbeiten für »ihn«.

Aber nicht alle weiblichen »Ehemänner« sind reich. In einigen ost- und südafrikanischen Gruppen, deren Männer in großer Zahl in die Stadt abwandern, müssen die zurückbleibenden Frauen den Ackerbau übernehmen. Hier kann die Frauenehe dazu dienen, zusätzliche Arbeitskräfte zur Bearbeitung des Landes zu bekommen und gleichzeitig landlosen Frauen und ihren Kindern ein Zuhause zu gewähren. Und dann gibt es noch eine dritte Variante, derzufolge weibliche »Ehemänner« richtige Männer »zur Frau« nehmen. Das ermöglicht es armen Männern, die den normalen Brautpreis

> **Die afrikanische Ehe ist nur zum Teil ein geschlechtlich orientiertes Bündnis.**

nicht zahlen können, eine Beziehung mit Frauen einzugehen, wenn sie als Partner ausgewählt werden.

Diese für europäische Bräuche gewiß verwirrende Vielfalt hat einen gemeinsamen Kern: Die afrikanische Ehe ist nur z.T. ein geschlechtlich orientiertes Bündnis. Sie bietet Sozialprestige, sichert das Überleben, stellt sowohl eine soziale als auch ökonomische Struktur dar, dient dem einzelnen und der Gesellschaft.

Die Zukunftsaussichten

Die Modernisierung in den städtischen Zentren hat für die afrikanische Wirtschaft bislang keine nennenswerten Fortschritte gebracht. Ganz im Gegenteil: Im Schatten dieser Modernisierung machen sich Probleme der Beschäftigung, der Einkommensverteilung, der Bildung, der Kindererziehung und der Vereinzelung breit. Die gemeinschaftlichen Netzwerke und die kooperativ orientierte Lebensweise drohen sich aufzulösen. Die afrikanische Familie ist dadurch in ihren Grundfesten erschüttert, der Einzelne ebenso geschwächt wie die Gruppe, aus der er herausfällt.

Für den sehr kleinen Teil der Bevölkerung, der eine (auch nach westlichen Maßstäben) qualifizierte Ausbildung absolviert hat und nun einer »modernen« Erwerbsarbeit nachgeht, gibt es in den Ländern südlich der Sahara erste zaghafte Ansätze zu gesetzlichen und infrastrukturellen Regelungen, die diesen Problemen Rechnung tragen: Mutterschaftsurlaub, Kindertagesstätten, Pflegeheime. Aber das ist ein radikales Minderheitenprogramm für die Avantgarde des formellen Sektors.

Es liegt auf der Hand, in welche Richtung die Entwicklung wird gehen müssen. Wenn Afrika überleben will, muß es alles tun, um seinen informellen Sektor, die traditionelle Struktur der Familie und deren geradezu symbiotische Beziehung aufrechtzuerhalten:

- Die Familiengesetzgebung muß auf der Grundlage der Tradition aufbauen, damit durch den sozialen Wandel nicht die Ressourcen und das überlieferte Wissen des Kontinents zerstört werden.
- Um die afrikanische Familie zu fördern, müssen die traditionellen Netzwerke durch gesetzliche Maßnahmen gestärkt oder neu aufgebaut werden.

- Die institutionelle Infrastruktur des informellen Sektors muß als Basis für die Schaffung von Arbeitsplätzen genutzt werden. So könnte sowohl die Produktivität dieses Sektors verbessert als auch sichergestellt werden, daß die Entwicklung Afrikas weitgehend in afrikanischen Händen bleibt.
- Alle ökonomischen Aktivitäten im informellen Sektor müssen in die volkswirtschaftliche Gesamtrechnung einbezogen werden, insbesondere die Arbeiten, die traditionell von Frauen verrichtet werden.
- Die Arbeitsbelastung der Frauen inner- wie außerhalb der Familie muß verringert werden durch die gezielte Förderung der Kinderbetreuung, durch den Zugang zu fließendem Wasser im Haus oder in unmittelbarer Nähe sowie durch den leichteren Zugang zu Gesundheitsdiensten und Ausbildungsmöglichkeiten.
- Die ungleichgewichtige Arbeitsteilung zwischen den Geschlechtern muß neu austariert, d.h. die Männer müssen dazu ermutigt werden, am täglichen Leben der Familie teilzunehmen.
- Die Zukunft der Arbeit in Afrika muß auf einer umfassenden Ausbildung aufbauen, die die Verantwortung gegenüber Umwelt und Gemeinschaft fördert und aufgrund derer die Arbeit als Quelle von Wohlstand und Glück begriffen wird.

Der informelle Sektor muß in die volkswirtschaftliche Gesamtrechnung einbezogen werden.

Anlässe zur Hoffnung

Werfen wir zum Abschluß einen Blick auf einige beispielhafte Förderinitiativen für den informellen Sektor in Afrika.

- *The Council on Finance* (COFINA) ist eine Organisation in Guinea, in der Elfenbeinküste, in Mali, Benin und Kamerun zur Förderung von Investitionen. COFINA sieht seine Aufgabe darin, innovative Kleinunternehmen ökonomisch abzusichern. Der Council gewährt ohne Sicherheitsleistungen Kleinkredite in Höhe von 50 bis 100 Dollar. Bislang sind alle fälligen Kredite vollständig zurückgezahlt worden. Der Erfolg des Programms steht und fällt mit der Auswahl der Kreditnehmer. Das Programm trägt sich selber, sein Wachstumspotential resultiert aus dem Erfolg seiner Klienten. (Kontakt über Rameline Kamga, B.P. 1313, Canakry, Guinea)

- *The Ethiopian Gemini Trust* wurde 1986 gegründet. Sein Ziel ist die Schaffung von Arbeitsplätzen und ein nachhaltiges und autarkes Wirtschaften. Es werden Gewürze, Korbwaren, Schmuck, Strickwaren und Matratzen hergestellt. Da viele der Teilnehmer des Programms nicht über ausreichende Marketingkenntnisse verfügen, bietet der Trust eine entsprechende Ausbildung an. Die Teilnehmer sollen in die Lage versetzt werden, die Potentiale von einheimischen und Exportmärkten sorgfältig abschätzen und Qualitätsprodukte zu wettbewerbsfähigen Preisen anbieten zu können. Auf der Grundlage dieser Prinzipien exportiert der Ethiopian Gemini Trust seine Produkte in die USA sowie nach Kanada und Großbritannien. (Kontakt über Carmele Abete, P.O.B. 3547 Addis Abeba, Äthiopien)

> Die wirtschaftliche Vernetzung von Frauen soll gefördert werden.

- *The Ghana Association of Women Entrepreneurs* (GAWE) ist eine aus Produzentinnen und Exporteurinnen bestehende Organisation, die dem Verband African Women Entrepreneurs (AFWE) angeschlossen ist. Sie hat sich zum Ziel gesetzt, die wirtschaftliche Vernetzung von Frauen zu fördern, um bessere Bedingungen für einen gegenseitigen Handel zu schaffen. Dabei liegt das Hauptaugenmerk auf dem Export nichttraditioneller Güter sowie auf dem Einsatz angemessener und bezahlbarer Technologien. Die GAWE hat im Juni 1996 die First Global Women's Entrepreneurs' Trade Fair und im September 1997 die 6th International Conference on Communication and Technology: Impact on Women in the Global Economy veranstaltet und die Unterstützung der Vereinten Nationen gewonnen. Dies führte zur Umsetzung von zwei Projekten: Das erste war der Aufbau eines Zentrums für Unternehmensberatung, dessen Ziel es ist, das unternehmerische Know-how der Frauen zu entwickeln sowie sie an den Einsatz von Computern heranzuführen. Weitere Zentren werden so angelegt sein, daß sie sich selbst tragen. Das zweite Projekt war eine Studienreise, mit der die gemeinsame Nutzung von Technologie und die Vernetzung von Unternehmerinnen in der Nahrungs- und Textilindustrie gefördert werden sollten. Ferner hat die GAWE die Youth Entrepreneurs Academy aufgebaut, in der arbeitslose Schulabgänger und Schulabbrecher eine dreimonatige Ausbildung erhalten, die es ihnen ermöglicht, Tätigkeiten im informellen Sektor aufzunehmen. (Kontakt über Lucia Quachey, P.O.B. 7600, Accra-North, Ghana)
- *The Group of Common Initiative of Women Farmers of Bogso*

(GICPAB) ist eine Basisorganisation im Dorf Bogso in Kamerun, die sich zum Ziel gesetzt hat, mit Hilfe einer kooperativen Arbeitsweise die Produktion und Verarbeitung von Kassave effizienter zu machen und so ihre Gemeinde umzugestalten. Die GICPAB hat zwei größere Projekte in Angriff genommen: Beim ersten handelt es sich um eine lokale Technologie zur Nahrungsmittelkonservierung, beim zweiten geht es um eine Zusammenstellung lokaler Rezepte der Zubereitung von Kassave. Die Kassaveproduktion hat es der GICPAB ermöglicht, eine Schule, eine Bibliothek, eine Anlage zur Herstellung von Kassavemehl und eine Gemeindeküche für die Ortsschule zu bauen sowie einen Markt im Ort zu begründen. (Kontakt über Teclaire Ntomp, B.P. 128 Bogso, Eseka, Kamerun)

Lokale Technologie zur Nahrungsmittelkonservierung

Das Arbeitsleben der Muslime in Südostasien

Baharuddin Shamsul

Wo liegt der Schlüssel zur Zukunft der Arbeit?

Wer durch ein Prisma auf die südostasiatischen Tigerstaaten blickt, kann die spektralfarben leuchtenden Wirklichkeitsschimmer gegenwärtigen und die Zukunft der Arbeit aufscheinen sehen. Hier entfaltet sich eine atemberaubende Bandbreite vom virtuellen High-Tech-Unternehmen in Singapur bis hin zum Opiumanbauer in Thailand. Ähnlich zerfasert sind offenbar auch die allgemeinen Auffassungen, wie das Arbeitsleben der Zukunft aussehen wird. Zwei gegensätzliche Richtungen haben sich herauskristallisiert. Die eine könnte man als »optimistische Schule«, die andere als »pessimistische« bezeichnen.

Die Optimisten begrüßen das fast vollständige Verschwinden der Fabrikarbeit im Zuge der Automatisierung und die Entwicklung hin zum digitalisierten Büro, das mit der ganzen Welt in Verbindung steht. Sie heben hervor, daß unangenehme Arbeiten für Ungelernte in dieser postindustriellen Zukunft verschwinden und ersetzt werden durch neue Technologien, die die Produktivität dramatisch anheben und nur einer kleinen Zahl hochqualifizierter Arbeitskräfte bedürfen. Die Arbeitnehmer der Zukunft sind besser ausgebildet, fitter im Umgang mit den neuen Technologien, und ihre Arbeitszeit wird deutlich kürzer sein.

Die Pessimisten befürchten eine steigende Arbeitslosigkeit.

Die Pessimisten hingegen befürchten eine steigende Arbeitslosigkeit, ausgelöst durch die Automatisierung, die ungelernte Arbeiter und minderqualifizierte Angestellte freisetzt. In den entwickelten Gesellschaften wird es eine fortschreitende Polarisierung zwischen denjenigen geben, die eine gute Ausbildung hinter sich und eine gute Karriere vor sich haben, und denjenigen, die keine bezahlte Arbeit mehr finden. In den sich entwickelnden und in den unterentwickelten Ländern ist die Lage für die ungebildete Mehrheit der Bevölkerung verzweifelt. Die Abhängigkeit von den arbeitsintensiven Fabriken der profitorientierten multinationalen Unternehmen, die nur an den billigen Arbeitskräften der Dritten Welt interessiert sind, hat sich in der Krise als verhängnisvoll herausgestellt. Kurz gesagt: Folgt man diesem Ansatz, so wird die technologische Entwicklung vor allem negative positive Auswirkungen auf die breite Bevölkerung haben.

Auch wenn ihre Prognosen sich zueinander verhalten wie Schwarz und Weiß, teilen Opti- und Pessimisten doch die Annahme, daß die Technik der wesentliche Faktor der Entwicklung sei. Für die Optimisten ist der technische Fortschritt unvermeidlich: Wir müssen ihn hinnehmen und das Beste daraus machen. Die Pessimisten kontern, daß die technische Entwicklung kaum positive Folgen für die Arbeitnehmer gehabt, sondern in erster Linie den Arbeitgebern enorme Profite gebracht hätte.

Dieses Konzept einer sozusagen unaufhaltsamen, logisch zwingenden und sich jeder gesellschaftlichen Kontrolle entziehenden technologischen Entwicklung ist aber längst nicht der Weisheit letzter Schluß. Daß sich die Entwicklung nahezu unabhängig von den Menschen vollziehe und einzig vom wissenschaftlichen Fortschritt abhänge, der seinerseits von der Notwendigkeit größerer Effizienz bestimmt werde – diese Auffassung ist grundfalsch. Wir wissen aus der Vergangenheit nur allzugut, daß bestimmte Technologien nur deswegen entwickelt und eingesetzt wurden, weil bestimmte soziale Gruppen entsprechenden Druck ausübten – und dies aufgrund von Interessen und Zielen, die mit diesen Technologien gar nichts zu tun hatten. Mit anderen Worten: Was aus der Technik gemacht wird, ist bestimmt durch die ökonomischen, politischen, kulturellen und sozialen Rahmenbedingungen.

Ein wunderbares Beispiel dafür ist die Einführung elektrischer Zahnbürsten und Mundduschen. Sie hat zweifellos mehr mit der Suche der Elektroindustrie nach neuer Nachfrage auf den Märkten zu tun als mit den Bedürfnissen der Konsumenten. Und die Einführung und aggressive Vermarktung der Computertechnologie in einer weitgehend analphabetischen Dritte-Welt-Gesellschaft verdankt sich immer dem ausgeprägten Interesse der jeweiligen Regierung, Auslandsinvestitionen anzulocken und ihren *spin off* für die lokalen Eliten in Wirtschaft und Politik zu nutzen.

Aus dieser Perspektive betrachtet ist nicht die Technik als solche der Schlüssel zur Zukunft der Arbeit. Vielmehr entscheiden die öko-

> Ein wunderbares Beispiel ist die Einführung elektrischer Zahnbürsten und Mundduschen.

nomischen, sozialen, kulturellen und politischen Bedingungen darüber, ob die Interessen der Unternehmer oder die der Arbeitnehmer, die Interessen des ausländischen Kapitals oder die sozialen Bedürfnisse der einheimischen Bevölkerung, die Interessen der Männer oder die der Frauen sich durchsetzen, und ob die Arbeitslosen irgendwelche Rechte haben oder zum Opfer der Gesellschaft werden.

Rationalität und die andere Seite der Moral

Im Zuge des Globalisierungszugiffs wird auch in Südostasien die technologische Entwicklung immer mehr als Motor der Modernisierung betrachtet, als Motor, der es den dortigen Ländern ermöglichen soll, zu den Industrieländern aufzuschließen. Auf dem linearen Pfad der Moderne hat das Hindernisrennen längst begonnen. Die Entscheidung, sich fast vollständig auf die technologische Entwicklung zu verlassen, um das Ziel zu erreichen, ist kulturell und politisch vom Glauben an Aufklärung und Rationalität motiviert.

> Auf dem linearen Pfad der Moderne hat das Hindernisrennen längst begonnen.

Doch nicht alle verfallen den Sirenengesängen der Modernisierer. Die Anhänger anderer Glaubensrichtungen, etwa des Islam, stellen diese Stategie erheblich in Frage. Ihr Zweifel resultiert vor allem aus den negativen Erfahrungen, die sie mit der Arbeit in den modernen, technisch fortschrittlichen Fabriken und Firmen gemacht haben. Die willkürliche Anstellungspolitik des *hire and fire* hat ihnen vor Augen geführt, daß auf das Wohlergehen der Beschäftigten keine Rücksicht genommen wird.

Zudem haben sie der Moral ins Gesicht geblickt, die diese Arbeitswelt mit sich gebracht hat: ein alarmierender Anstieg unmoralischen Verhaltens wie etwa der sexuellen Promiskuität, des Aussetzens von unehelich geborenen Kindern oder des Kindesmißbrauchs. Und auch die religiösen Pflichten werden vernachlässigt.

Die moralische Dimension der Arbeitswelt in den technisch entwickelten Gesellschaften hat im wesentlichen mit der westlichen »Arbeitsethik« zu tun. Bezahlte Arbeit wird hier als etwas betrachtet, das seinen Wert in sich trägt. Vermutlich ist das eine Betrachtungsweise, die sich im Verein mit der globalen Industrialisierung verbreitet. Aus Forschungen über die Arbeitserfahrungen in verschiedenen muslimischen Gesellschaften in Südostasien haben wir jedoch gelernt, daß sich noch einige andere »moralische« Fragen stellen: »Ist die Arbeitsethik die einzige moralische Dimension des Arbeitslebens?« »Wie steht es um die religiöse Dimension der Arbeit?« »Was ist, wenn einen das Arbeitsleben mit moralischem Verfall konfrontiert?« »Können religiöse Überzeugungen und magische Praktiken eingesetzt werden, um am Arbeitsplatz voranzukommen?«

> Wie steht es um die religiöse Dimension der Arbeit?

Das sind einige der moralisch-religiösen Fragen, welche die 300 Millionen Muslime in Südostasien bewegen, die dort zwei Drittel der Bevölkerung und die Hälfte der Beschäftigten in den modernen Industrien stellen.

Wie sich der Islam in Südostasien verbreitete

Der Islam ist neben dem Hinduismus und Buddhismus die einzige Religion, die sich in jenen Zeiten, bevor die Europäer kamen, in Südostasien durchsetzen konnte. In Brunei, Indonesien und Malaysia ist er die Nationalreligion. Größere muslimische Gemeinschaften gibt es auch auf Mindanao, der südlichen Insel der Philippinen, im Süden Thailands und im südöstlichen Teil Kambodschas. Schon im 8. Jahrhundert siedelten arabische und persische Muslime als Händler in südchinesischen Städten. Einige Jahrhunderte später breitete sich der Islam in den südlichen Philippinen, im südlichen Thailand, in Brunei, Indonesien und Malaysia aus. Es gibt sprachwissenschaftliche Hinweise darauf, daß die arabischen und persischen Lehnwörter in den austronesischen Sprachen zum größten Teil direkt aus Indien stammen. Für Jahrhunderte hat die indische Religion zusammen mit einheimischen Glaubenssystemen die Lebenswelt Südostasiens bestimmt. Es ist daher nicht sonderlich überraschend, daß der Übergang zum Islam eine synkretistische, heißt: sich mit anderen Religionen verschmelzende Version hervorbrachte, die heute den Charakter des südostasiatischen Islams wesentlich bestimmt.

Wie sich diese Religion so schnell in Südostasien verbreiten konnte, ist noch nicht geklärt. Entscheidend waren offenbar der Handel, die Missionierung und die strategische Intelligenz einheimischer Führer, die ihre Stellung durch Allianzen mit äußeren

Mächten zu festigen trachteten. Im 14. Jahrhundert hatten javanische und malaysische Muslime Handelswege etabliert, auf denen von den Molukken Gewürze wie Nelken, Kampfer und Muskatnüsse herbeigeschafft wurden. Auf diesen und auf den alten Handelswegen von China über die Philippinen und Borneo konnte sich der Islam leicht ausbreiten. Im späten 13. Jahrhundert hatte er sich in den meisten Gebieten Südostasiens festgesetzt. Während des 14. Jahrhunderts entstand eine Reihe von islamischen Sultanaten in der Region, bis zur portugiesischen Invasion im frühen 16. Jahrhundert breitete sich der Islam unaufhaltsam aus. Sultanate und Handelsposten entstanden auf Malakka, entlang der Nordküste Javas, auf Borneo, auf den Inseln Jolo, Ternate und Tidore. Im 17. Jahrhundert wurden auf Sulawesi zwei weitere wichtige islamische Handelsposten errichtet, wo die europäischen Händler sich mit exotischen Gütern eindecken konnten, ohne sich um die einheimischen politisch-ökonomischen, sozialen und kulturellen Verhältnisse scheren zu müssen. Mindestens 500 Jahre, bevor die Holländer und Briten Südostasien kolonisierten, hielten die muslimischen Seefahrer, Händler und Pflanzer die Gewürzproduktion in Gang und versorgten die Märkte in China und Europa. Sowohl die Adligen als auch die gewöhnlichen Leute erfreuten sich eines gehobenen Lebensstils.

> Sowohl die Adligen als auch die gewöhnlichen Leute erfreuten sich eines gehobenen Lebensstils.

Europäische Übergriffe – eine Zeitreise

Mit der Ankunft des europäischen Kolonialismus war es damit allerdings vorbei. Während der nun folgenden, zweihundertjährigen europäischen Herrschaft, von der Mitte des 17. bis zur Mitte des 19. Jahrhunderts, mußten die Muslime Südostasiens nun auf den holländischen und britischen Plantagen oder in den Agrarfabriken der Europäer schuften, oder sie bauten als kleine Pächter Gemüse und Getreide an. Bildung wurde ihnen nur soviel gewährt, daß sie bessere Bauern werden oder in den untersten Rängen der Bürokratie arbeiten konnten. Die Adligen wurden besser ausgebildet, um mittlere Posten in der Kolonialverwaltung übernehmen zu können oder um als Teil der herrschenden Elite den Kolonialherren zu einer Legitimität gegenüber der Bevölkerung zu verhelfen. Die Muslime arbeiteten für das sich entwickelnde globale industriekapitalistische System. Ihr traditionelles Arbeitsleben nahm dadurch langsam neue Formen an.

Die industrielle Revolution des späten 18. und frühen 19. Jahrhunderts veränderte die Nachfrage des kapitalistischen Westens von Grund auf. Noch tiefer drangen die Europäer nun in die einheimischen Kulturen ein. Die einheimische Lebensweise, vor allem auch das Arbeitsleben, wurde vollkommen umgestaltet, geradezu aufgesogen.

> Noch tiefer drangen die Europäer nun in die einheimischen Kulturen ein.

Im 20. Jahrhundert erschütterte der Krieg im Pazifik das politische Gefüge in Südostasien. Eine ganze Reihe neuer Nationen entstand, die europäischen Kolonialherren mußten abdanken, die USA zogen sich von den Philippinen zurück. Auf dem Festland konsolidierten die Chinesen ihre Revolution, die amerikanische Reaktion darauf spaltete die Region entsprechend dem Frontverlauf des Kalten Krieges: die freie Welt gegen den kommunistischen Block. Für lange Zeit wurden die USA zur Hegemonialmacht des freien Blocks, so auch in Südostasien.

In den 70er Jahren begann der Erfolg der Japaner im Zusammenspiel mit der amerikanischen Schwäche die Entwicklung der Region zu bestimmen. Drei Schlüsseldaten seien hier genannt: Erstens die Entscheidung der USA von 1971, den Wechselkurs des Dollar freizugeben, was das globale Währungssystem von Bretton Woods endgültig beendete. Zweitens die Entscheidung der chinesischen Regierung von 1978, ihre Wirtschaftspolitik stärker auf den Markt hin zu orientieren. Drittens die radikale Neubewertung des Yen gegenüber dem Dollar im Jahre 1985.

In den 80er und 90er Jahren schließlich begann westliches und japanisches Kapital Südostasien zu überschwemmen, um sowohl die billigen als auch die gut ausgebildeten Arbeitskräfte auszubeuten. Die gesamte Region erfährt eine massive »Industrialisierung«, wenn auch nicht überall in gleicher Weise.

Modernisierungsgewinner und -verlierer

Deren Auswirkungen sind auch für die Muslime sehr unterschiedlich. In den späten 80er Jahren bildet sich eine klare Klassenhierarchie unter ihnen aus, die ihren Anfang schon in der Nachkriegszeit genommen hatte. An der Spitze die reiche traditionelle Elite, die neuen, westlich ausgebildeten Amtsträger und die neureichen Unternehmer. In der Mitte die leitenden Angestellten in Wirtschaft und öffentlichem Dienst, die alte Mittelklasse und die untere Angestelltenschaft. Ganz unten das alte Proletariat der Plantagen-, Minen- und staatlichen Handarbeiter sowie das neue der Arbeiter in Industrie und Dienstleistungsgewerbe.

Die unterschiedlichen Positionen im Arbeitsleben haben allerdings die religiöse Einstellung der Muslime nicht sehr verändert. Die Modernisierungsthese Robert Bellahs, derzufolge Modernisierung mit Säkularisierung einhergeht, hat sich zumindest für die Muslime dieser Weltregion als falsch erwiesen. Im Gegenteil hat deren Religiosität seit den 70er Jahren stetig zugenommen – eine Entwicklung, die als islamischer Fundamentalismus beschrieben worden ist. Auswirkungen hat dieser Trend nicht nur in der Politik, sondern auch in der Wirtschaft.

Die Religiosität hat seit den 70er Jahren stetig zugenommen.

Die Vereinbarkeit von Tradition und Moderne

Wie schon erwähnt, bekleiden Muslime in Südostasien heutzutage alle möglichen Positionen: vom Spitzenpolitiker über den Unternehmer und den neuen Reichen bis hin zum Bauern und Arbeiter. Aber die Religion behält dabei ihren Stammplatz. Interessant ist, daß die Zahl der *ulamak*, der religiösen Spezialisten, trotz dieses neuen Pluralismus des Arbeitslebens nicht zurückgegangen ist. Den älteren *ulamak* wird nach wie vor Verehrung entgegengebracht, sie genießen Macht und Einfluß. Und es sind jüngere nachgewachsen, die ihnen nicht viel nachstehen.

Betrachtet man die Tätigkeit eines *ulamak* als Arbeit, so läßt sie sich durchaus als Vollzeitbeschäftigung beschreiben. Das ist paradoxerweise ein Resultat der modernen Bildung, mit der die meisten Muslime heutzutage aufwachsen. Sie sind nämlich in religiöser Hinsicht nur wenig ausgebildet. Die Spitzenunternehmer und -politiker mögen zwar einen akademischen Titel aus Harvard oder Oxford mitgebracht haben oder an der weltberühmten Wharton Business School gewesen sein. Ihr religiöses Unwissen aber macht sie abhängig vom *ulamak*, egal, ob es um ein einfaches Ritual für ein Neugeborenes in der Familie oder um ein komplizierteres bei Hochzeiten, Scheidungen oder Trauerfällen geht. Mit anderen Worten: Die moderne Arbeitsteilung verschafft dem *ulamak* eine Nische, eine Arbeit und seine eigene Position in der Berufswelt.

Da der südostasiatische Islam ein synkretistischer ist, muß der *ulamak* häufig mit traditionellen Heilern, den *dukun,* um Prominenz und Einfluß konkurrieren. Diese Heiler kombinieren den Islam mit einheimischem Glauben, oft bieten sie alternative Behandlungsmethoden gegenüber der modernen Medizin an. Sie sind auch Medien, die einen Zugang zur übernatürlichen Welt verschaffen. Vor allem diejenigen Muslime nutzen ihre Dienste, die glauben, daß es sowohl des »Zaubers« der modernen Bildung bedarf wie des der *dukun,* um im Leben voranzukommen. Die meisten *dukun* sind selbst gläubige Muslime, doch einige sind dafür bekannt, daß sie schwarze Magie betreiben.

Der *ulamak* und der *dukun* verkörpern die Tradition, welche die Muslime in Südostasien mit dem modernen Arbeitsleben zu verbinden wissen. Sie sind die beiden Anker des sozialen Ethos, die die Muslime an ihre einheimische und islamische Vergangenheit ketten, während sie in großen, ultra-modernen Unternehmen oder Fabriken oder für die staatliche Verwaltung arbeiten.

Es gibt auch noch andere Aspekte des Lebens, die wesentlich vom Islam geprägt sind. Nehmen wir nur einmal den Sultan von Brunei, angeblich den reichsten Mann der Welt. Er predigt die Ideologie von *Melayu, Islam, Beraja* (Malaiisch, Islam, Monarchie) als Grundlage seiner Nation. Die Gesellschaft von Brunei als ganze funktioniert nach diesen Vorgaben. Egal, was jemand arbeitet, ob als Computerprogrammiererin oder als Pilot, als Taxifahrer oder als Fischer, die ethnisch-royalistisch-islamische Perspektive bestimmt seinen Lebensentwurf. Jeder und jede Beschäftigte bekommt in Brunei eine Fahrt nach Mekka mitsamt allen Aufwendungen bezahlt, damit er oder sie der gesetzlich festgelegten Pflicht zur Pilgerreise nachkommen kann.

> Jeder und jede Beschäftigte bekommt in Brunei eine Fahrt nach Mekka bezahlt.

In Malaysia wird in nahezu allen Arbeitsstätten ein kleiner Gebetsraum *(surau)* zur Verfügung gestellt. Auch die Fabrikarbeiter dürfen ihre Tätigkeit zu den Gebetszeiten, fünfmal am Tag, unterbrechen. Das Essen, das den Beschäftigten serviert wird, ist stets *halal,* den religiösen Vorschriften entsprechend eßbar. Wer es sich leisten kann, eine Pilgerreise nach Mekka zu machen, der bekommt einen Monat bezahlten Urlaub. Fünf Tage jeden Jahres sind muslimische Feiertage.

In Singapur, Brunei, Malaysia und Südthailand, wird jeder Muslim, der Straftaten begangen hat, nach dem üblichen, westlich orientierten Recht vor Gericht gestellt und verurteilt. Auch eine Berufung ist nach diesen Gesetzen möglich. Wenn es Probleme am Arbeitsplatz, speziell mit den Arbeitgebern gibt, kann man ein Arbeitsgericht anrufen. Das Privatleben jedoch – Hochzeiten, Scheidungen, Geburten und Todesfälle – ist strikt nach islamischem Recht geregelt. Einmal nach diesem Recht abgeurteilt, gibt es keine Berufungsmöglichkeit. Der allmächtige Gott ist der Richter am Tag des Jüngsten Gerichtes. In manchen Fällen, wenn jemand einer matrilinearen Gemeinschaft angehört, kann ein Prozeß, etwa bei Eigentumsfragen, auch nach Gewohnheitsrecht geführt werden. Hierfür gibt es eigene von der Regierung anerkannte Gerichte.

In Malaysia gilt der Islam als ethnisches Merkmal der Malayen. Es ist gesetzlich verboten, sie zu anderen Religionen zu bekehren. Was malaysisch und was muslimisch ist, läßt sich nur schwer trennen. Oft führt dies zu einer Polarisierung zwischen malayisch-muslimischen und nicht-muslimischen Arbeitskräften, was das Mangement im modernen Sinne erschwert. Es geht nicht nur um eine multikulturelle, sondern auch um eine multireligiöse Gemeinschaft: Nicht nur die Fähigkeit zu interkultureller Kommunikation, sondern auch eine Sensibilität für das gemeinschaftliche Handeln über religiöse Unterschiede hinweg ist verlangt. Ohne diese können schnell ethnische wie religiöse Konflikte entstehen, kann, was als einfacher Tarifkonflikt begann, schnell zum nationalen ethnisch-politischen Konflikt werden.

Die Führungskräfte können sich im Umgang mit Arbeitern und Angestellen nicht einfach auf westliche oder japanische, auf fordistische oder tayloristische Rezepte verlassen. So nützlich und wirksam diese in anderen Kontexten sein mögen, die Situation in Südostasien verlangt einen speziellen Zugang. Oft wird berichtet, daß ausländische Manager großer multinationaler Unternehmen in Malaysia und Indonesien sich der Hilfe von *ulamak* und *dukun* versichern müssen, wenn unter den Arbeiterinnen ihrer Fabriken Massenhysterien ausbrechen. Mit einem westlichen Psychiater wäre ihnen nicht gedient. Manager müssen in Malaysia schon die technischen Kenntnisse des Westens und die soziale Kompetenz eines Anthropologen mitbringen, um ihre Firmen richtig leiten zu können.

Wenn unter den Arbeiterinnen Massenhysterien ausbrechen

Die Wiederbelebung des Islam in Südostasien hat dem Arbeitsleben und den sozialen Verhältnissen der muslimischen Arbeiter eine weitere Dimension hinzugefügt. Islamische Finanzinstitutionen mischen im Wirtschaftskreislauf von Malaysia, Indonesien, Brunei und Singapur kräftig mit, und viele der muslimischen Arbeitskräfte haben ihnen ihre Ersparnisse anvertraut. Ihre Gehälter lassen sie gewöhnlich an eine islamische Bank oder an die islamische Tochter einer normalen Geschäftsbank auszahlen, da diese keine verbotenen Zinsen zahlen, sondern einen Bonus anbieten. Wenn sie ein Auto kaufen oder eine Lebensversicherung abschließen, gehen die Muslime zu islamischen Versicherungsgesellschaften. Wenn sie in plötzliche finanzielle Schwierigkeiten geraten, etwa wegen der Schul- oder Universitätsgebühren ihrer Kinder, dann verpfänden sie ihren Schmuck oder andere Wertsachen an islamische Pfandhäuser. Um ihre Reise nach Mekka zu finanzieren, zahlen sie in die Islamische Pilgerkasse ein.

Muslimische Arbeitnehmer haben also die Möglichkeit, ihre wirtschaftlichen Angelegenheiten gänzlich in muslimischen Händen zu belassen. Auch wenn sie moderne, global orientierte Konsumgewohnheiten angenommen haben, und trotz der materiellen Tendenzen dieses Lebens, sie bleiben Muslime. Sie sind zwar nicht ganz finanziell autonom, eine gewisse Unabhängigkeit haben sie jedoch erreicht.

> Auch wenn sie moderne Konsumgewohnheiten angenommen haben, sie bleiben Muslime.

Auch wenn der Staat und die Gesellschaft ihre eigenen Wege gehen, beide richten sich nach dem Islam. In Brunei, Indonesien und Malaysia gibt es islamische Universitäten und Colleges, die eine gemischt moderne und islamische Bildung bieten. Muslime können hier nicht nur einen Abschluß in allen modernen Fächern der Natur- und Sozialwissenschaften machen, wie sie ihn für moderne Berufe brauchen, sondern auch ein breites theologisches Wissen erwerben, um ihr Arbeitsleben nach den sozialen Regeln des Islam führen zu können. Von außen, vor allem durch die westliche Brille betrachtet, scheint im muslimischen Arbeitsleben ein Gegensatz zu bestehen zwischen Moderne und Tradition, für die Muslime selbst aber ist dies keiner. Es mögen Widersprüchlichkeiten bestehen, aber im allgemeinen werden die beiden Seiten als komplementär verstanden.

Wohin des Weges?

Auch künftig werden in Südostasien »islamische Sozialstrukturen« bestehen und das Privat- wie das Arbeitsleben der Muslime bestimmen. Parallel dazu wird die moderne, westliche Ausrichtung der neuen Industrien und Technologien unverändert bleiben. Die muslimischen Arbeitnehmer sind durchaus willens und imstande, mit der »Modernität« der hochtechnisierten Informationsgesellschaft umzugehen. Islamische Bildung und islamische Finanzsysteme ermöglichen es ihnen, zwei Welten zu einer zu verbinden, also sowohl den Anforderungen des modernen Lebens als auch denen ihrer Religion nachzukommen.

Auch althergebrachte Praktiken, wie der Glauben an die *dukun*, werden das Arbeitsleben in Südostasien weiterhin bestimmen. Viele ausländische Firmen und Manager haben das erkannt und akzeptiert, auch wenn es ihren modernen Überzeugungen entgegenläuft. Schließlich hat sich noch nirgends der Islam oder der Volksglauben dem Profitstreben entgegengestellt. Man muß sich nur der Ursprünge des Islam bei den Beduinen der arabischen Halbinsel erinnern, um zu sehen, wie zentral der Handel für die Verbreitung des Islam war. Wir wissen, daß der Prophet Mohammed und seine erste Frau Khadijah fähige Kaufleute waren. Auch wenn sich die ökonomischen Aktivitäten und die damit verbundene Arbeit mit der Modernisierung verändert haben, das zentrale Motiv, der Profit, ist gleichgeblieben. Zwei Pfade sind es, die heute die Muslime zum selben Ziel führen und dies auch künftig tun werden: der islamische und der moderne Pfad zum Profit.

Die Veränderung der Arbeitskultur in Asien

Hing Ai Yun

Die rätselhafte Frage: Was ist Asien? läßt sich am ehesten ex negativo beantworten: Asien ist nicht europäisch, es ist nicht westlich. Und es läßt sich nicht über einen Kamm scheren. Zu groß sind die Unterschiede trotz aller geographischen Nähe: verschiedene Länder, heterogene Kulturen, Traditionen und Weltbilder. Trotz alledem gibt es natürlich Gemeinsamkeiten, die im Sog des Kapitalismus in den letzten hundert Jahren hervorgetreten sind.

Musterschüler in Sachen Kapitalismus

Der ökonomische Aufstieg Asiens in den letzten zwanzig Jahren wurde – trotz der Asienkrise, auf die ich später eingehen werde – in Ost und West als einzigartiges Wirtschaftswunder wahrgenommen. Die Zahlen dieser Erfolgsstory beeindrucken: In den vier »Tigerstaaten« Südkorea, Taiwan, Hongkong und Singapur wuchs das Pro-Kopf-Einkommen von 1965 bis 1995 um mehr als das Siebenfache, in Südostasien und China um das Vierfache. Mindestens 18 der größten europäischen Firmen, darunter British Airways, Shell und Ericsson, erwirtschaften mittlerweile mehr als 20 Prozent ihrer Umsätze und Profite in Asien.

> **Die Zahlen dieser Erfolgsstory beeindrucken.**

Die erstaunte Welt reibt sich die Augen, welcher Zauberformel Asien diesen Wohlstand zu verdanken hat. Für asiatische Politiker wie den malaysischen Premier Mahathir lautet die Erfolgsformel: eigenständige Kultur + autoritäre Machtausübung + wirtschaftliche Entwicklung. Wirtschaftswissenschaftler debattieren über das besondere Zusammenspiel von freiem Markt und staatlicher Lenkung. Westliche Kommentatoren versuchen, die Erfolgsstory mit den kulturellen Eigenheiten des Kontinents – eben als »Asianismus«¹ – zu erklären. Wie dem auch sei: Der Erfolg macht offenbar süchtig. Die allgemeine Begeisterung über den Wandel hat selbst sozialistische Länder wie China und Vietnam dazu gebracht, sich dem kapitalistischen Modell anzunähern.

Das große asiatische Wunder

Ihre grandiosen Wachstumsraten (zumindest vor der Asienkrise) haben den ostasiatischen Ländern stets einen vorderen Rang in der Jahreswertung des *World Competitiveness Report* eingebracht. So wurden Singapur, Hongkong und Japan 1996 in der Rangliste der wettbewerbsfähigsten Länder hinter den USA auf den Plätzen zwei bis vier eingestuft. Ein nicht unerheblicher Teil der Bevölkerung hat von der prosperierenden Ökonomie profitiert: Stolz berichtet die Presse vor allem Indiens und Koreas immer wieder über die im letzten Jahrzehnt neuentstandene Mittelschicht. Westliche Marktstrategen reiben sich darüber die Hände. Ein Drittel ihres Umsatzes haben die französischen Hersteller von Luxusartikeln beispielsweise in den letzten Jahren in Asien gemacht, dreimal soviel wie in den USA.

Die Ausnahme bilden derzeit China und Vietnam, die noch in den Kinderschuhen der kapitalistischen Industrialisierung stecken. Sie hinken hinterher und haben es mit einer von Region zu Region und von Schicht zu Schicht stark unterschiedlichen Einkommensverteilung zu tun. Auch im großen Maßstab ist der Wohlstand ungleich verteilt: In den potenteren Ländern (Japan, Taiwan, Südkorea, Hongkong und Singapur) herrscht großer Arbeitskräftemangel, was viele Gastarbeiter angezogen hat. Sie machen bis zu 20 Prozent (in Singapur) der Erwerbsbevölkerung aus. Übergroße Einkommensunterschiede zwischen den einzelnen Ländern haben den Handel mit menschlichen Arbeitskräften zum pofitträchtigen Gewerbe gemacht, das nicht nur für die Steuereintreiber, sondern auch für Schmuggler, korrupte Staatsbedienstete und Zuhälter größere Einkünfte abwirft.

> Übergroße Einkommensunterschiede haben den Handel mit menschlichen Arbeitskräften zum profitträchtigen Gewerbe gemacht.

---

1 Coulmas/Stalpers 1998.

Das Regime der kapitalistischen Akkumulation

Trotz ihres nunmehr relativen Wohlstands lernen alle Arbeitnehmer früher oder später die scharfe Disziplin der kapitalistischen Arbeitswelt kennen. Zugunsten der internationalen Wettbewerbsfähigkeit »ihrer« Firmen befleißigen sich die weiterentwickelteren Länder eines restriktiven Arbeitsrechts. Dagegen formiert sich bisweilen Protest. In Südkorea haben die Gesetzesvorlagen, mit denen die Entlassung von Arbeitnehmern erleichtert werden sollte, im Januar 1997 zu Streiks und heftigen Unruhen geführt. Im Zuge der Umsiedlung großer Unternehmen in die weniger entwickelten Länder China, Indien und Indonesien wurden auch viele Arbeitsplätze für Ungelernte verlagert und mit ihnen die unzähligen kleinen und mittleren Zulieferunternehmen.

Und gerade hier haben die schwindelerregenden Wachstumsraten das Unterste zuoberst gekehrt. So ist es nicht verwunderlich, daß es immer wieder zu Unruhen unter den Arbeitnehmern kommt. Der *Economist* berichtete am 18.1.1997 von protestierenden Arbeitern in Kambodscha, »die bescheidene vierzig Dollar im Monat für eine 47-Stunden-Woche fordern, außerdem ein Ende aller Demütigungen, Prügelstrafen und zwangsweisen Überstunden sowie die Anerkennung ihrer Vertreter und mehr Waschräume«. Einige Investoren überlegen in Reaktion darauf, die Produktion in weniger unruhige Länder wie Bangladesch oder Vietnam zu verlagern.

> Die schwindelerregenden Wachstumsraten haben das Unterste zuoberst gekehrt.

Aber nicht überall rumort es. Vielerorts herrscht Ruhe im Land. In Singapur und Malaysia z.B. wurden Lohnforderungen mit dem Hinweis auf die asiatische Tugend der Harmonie zurückgewiesen und Streiks als westlich dekadent und »unasiatisch« gebrandmarkt.

Neue Disziplin, alte Werte

Doch zurück zu den Bedingungen des Erfolgsmodells Südostasien. Zwei Faktoren spielen dabei eine Rolle. Zunächst ist unumstritten: Nur ein starker Staat konnte innerhalb von zwei oder drei Jahrzehnten die materiellen und sozialen Infrastrukturen schaffen, die die grandiosen Wachstumsraten der 70er und 80er Jahre ermöglichten.

Alle ostasiatischen Staaten zeichneten sich nach dem Ende des Zweiten Weltkriegs gleichermaßen dadurch aus, daß sie eine höchst wirksame Infrastruktur zur Kontrolle der ersten Generation ihrer Fabrikarbeiter installierten. Fast drängt sich der Eindruck auf, als hätten im ersten Stadium der Industrialisierung die Regierenden und auch die Arbeitgeber Jeremy Bentham nacheifern wollen, in dessen »Panopticum« der Aufseher alles sieht, ohne gesehen zu werden. Das Prinzip der ständigen Sichtbarkeit ermöglicht das Funktionieren der Macht. Da man aber nicht eine ganze Gesellschaft in ein einziges Gebäude einsperren kann, wurden ausgefeilte Sicherheitsapparate in den Unternehmen selbst entwickelt und der Staat militarisiert.

> Das Prinzip der ständigen Sichtbarkeit ermöglichte das Funktionieren der Macht.

Zu Beginn reagierten die Arbeiter auf diese Disziplinierung, auf routinisierte Zeitpläne und schlechte Arbeitsbedingungen mit massenhaftem Protest und Gewalt. Ihr Widerstand hat vieles gemeinsam mit dem der ersten Generation der Arbeiterschaft in England, dem ursprünglichen Industrieland.

Nur kein Streik!

Der autoritäre Umgang benötigt, will er erfolgreich sein, willfährige Akteure auf der Gegenseite. In allen asiatischen Ländern, so der Erfolgsfaktor Nr. 2, ist die Zahl der durch Streiks verlorengegangenen Arbeitstage sehr gering. Im *World Competitiveness Report* 1996 rangierten die meisten der sich entwickelnden Länder Asiens in bezug auf diesen Indikator unter den ersten dreizehn Nationen.

Verlust an Arbeitstagen 1992 bis 1994 (pro Jahr und 1.000 Einwohner)		Tab. 1
Rang	Land	Tage
1	Singapur	0
3	Malaysia	0,51
6	Hongkong	1,12
8	Japan	1,27
10	Thailand	2,34
13	Indonesien	5,86

Disziplin und Ordnung wollen belohnt werden. Nach drei Jahrzehnten der Industrialisierung haben die Stadtstaaten Singapur und Hongkong ein Pro-Kopf-Einkommen erreicht, das dem der G7-Staaten entspricht. Auf lange Sicht könnten auch andere asiatische Volkswirtschaften die USA und Europa einholen. Doch ist dieser Indikator nur von beschränktem Wert. Wenn es nämlich um die nach verschiedenen Gesichtspunkten gemessene Lebensqualität geht, dann rangieren die asiatischen Länder deutlich niedriger als es ihr Einkommensniveau vermuten ließe.

> Auf lange Sicht könnten auch andere asiatische Volkswirtschaften die USA und Europa einholen.

Lebensqualität		Tab. 2
Rang	Land	Indikatorwert
1	Norwegen	9,28
2	Deutschland	8,64
17	USA	7,89
18	Singapur	7,88
20	Malaysia	7,59
26	Hongkong	6,4
28	Südkorea	5,51
30	Japan	5,43
32	Indonesien	5,02
33	Philippinen	4,78
36	Thailand	4,37
45	China	2,51

Noch in einer anderen Hinsicht haben die asiatischen Länder nicht mit den westlichen industrialisierten Ländern gleichgezogen: Ihre Wertvorstellungen sind noch ganz traditionell geprägt. Das ist das Resultat einer interkulturellen Befragung von Angestellten im mittleren und oberen Management, die sich über die Jahre 1986 bis 1993 erstreckte.[2] Die Aussage: »Das einzige Ziel eines Unternehmens ist der Gewinn«, bejahten 40 Prozent der US-amerikanischen Manager gegenüber nur elf Prozent der singapurianischen und acht

---

2 Hampden-Turner/Trompenaars 1993.

Prozent der japanischen; 99 Prozent der Amerikaner waren der Meinung, daß ein Unternehmen nicht alles von seinen Angestellten verlangen kann, gegenüber 41 Prozent der Japaner und 32 Prozent der Singapurianer. Die Forderung, die individuelle Initiative zu fördern, bejahten ebenfalls 99 Prozent der Amerikaner gegenüber 49 Prozent der Japaner und 39 Prozent der Singapurianer. Daß der Status auf Leistung beruhen sollte, bejahten 63 Prozent der amerikanischen Manager gegenüber 44 Prozent der singapurianischen und 42 Prozent der japanischen.

Die Asiaten sind mehrheitlich noch ihrer Gemeinschaft verpflichtet und leiten ihre Identität im wesentlichen vom Kollektiv ab. Das Privateigentum hat aus ihnen keine selbstgenügsamen Monaden gemacht. Nicht die Logik der Eigenverantwortlichkeit prägt ihr Verhalten, sondern der soziale Druck.

Auch wenn die entwickelten asiatischen Länder, was den materiellen Wohlstand anbelangt, zum Westen aufgeschlossen haben, die tiefverwurzelten traditionellen Werte sind davon unberührt geblieben. Der Zusammenhalt dieser Gesellschaften beruht nach wie vor auf dem, was der französische Soziologe Emile Durkheim als »mechanische Solidarität« bezeichnet hat: auf einer Form gesellschaftlicher Bindung durch sozialen Druck und strenge Strafmaßnahmen, um individuelle Abweichungen zu unterbinden.

Bezeichnend ist in dieser Hinsicht der Umgang der asiatischen Länder mit ihren Gastarbeitern. In Malaysia und Singapur wird regelmäßig die Prügelstrafe ausgesprochen, wenn jemand länger als erlaubt im Lande bleibt. Die ausländischen Dienstmädchen in Singapur müssen regelmäßig zum Schwangerschaftstest erscheinen: Ihre Arbeit soll nur der Reproduktion der Singapurianer, nicht ihrer eigenen dienen – ein Status, der eher dem von Sklaven gleichkommt als dem von freien Menschen.

In Malaysia und Singapur wird regelmäßig die Prügelstrafe ausgesprochen.

Produktive und reproduktive Arbeit

Im Zuge der Entwicklung einer komplexen kapitalistischen Wirtschaft und unter dem hohen Druck des globalen Wettbewerbs sind in den asiatischen Ländern unzählige verschiedene Arbeitsformen entstanden. In welche Richtung die weitere Entwicklung gehen wird, ist noch nicht abzusehen. Erste ethnographische Studien zeigen, daß etwa die Rolle der Frauen sowohl zwischen verschiedenen Industriegesellschaften als auch innerhalb ein und derselben Gesellschaft zwischen den verschiedenen industriellen Sektoren variiert. So ist z.B. im kommunistischen China der *danwei*, die städtische Arbeitseinheit, eine kleine Gesellschaft in sich: Nicht nur die Produktion findet hier ihren Platz, sondern auch Dienstleistungen im Gesundheits- und im Erziehungsbereich.

Die hohe Wettbewerbsfähigkeit der japanischen Industrie läßt sich wiederum zum Teil auch auf eine dualistische ökonomische Struktur zurückführen, in der die Subunternehmer schlechtbezahlte Frauen und Teilzeitbeschäftigte anstellen, die das Risiko von ökonomischen Umstrukturierungen und Umsatzschwankungen tragen. Folglich werden in Japan Männer und Frauen so unterschiedlich bezahlt wie sonst nirgends.³

> In Japan werden Männer und Frauen so unterschiedlich bezahlt wie sonst nirgends.

Zugleich fördert der Kapitalismus die Befreiung der Frauen aus den strikten patriarchalischen Bindungen der traditionellen Gesellschaften Asiens. In Indien, wo sich die Diskriminierung der Frauen im Kastensystem, in den Mitgiftregelungen, den Witwenverbrennungen und in der massenhaften Abtreibung weiblicher Föten ausdrückte, teils auch noch ausdrückt, bieten sich den Frauen nach der Umstrukturierung der Wirtschaft in der letzten Zeit zahlreiche Arbeitsplätze und Ausbildungsmöglichkeiten.

In der landwirtschaftlich geprägten Gesellschaft hatten die Frauen noch eine relativ große Autonomie genossen. Während der ersten Phase der Industrialisierung machte diese einer stärkeren Isolierung Platz, als die unteren Kasten die oberen nachahmten und ihre Frauen aus der Öffentlichkeit ausschlossen. Erste Anzeichen lassen vermuten, daß die jetzige Entwicklung hin zur Globalisierung die Autonomie der Frauen wieder befördert.⁴

Die Folgen der großen Krise

Längst vor der Wirtschaftskrise von 1998 hatten die entwickelteren asiatischen Länder Südkorea, Singapur und Taiwan ihre wirtschaftliche Strategie geändert: Von arbeitsintensiver Industrieproduktion

---

3 Brinton 1993.
4 Saraswati/Bagchi 1993, S. 249.

und strikter Disziplinierung stellten sie um auf ein Wachstum, das auf technologischer Kompetenz und Innovationen basieren sollte. Die Ausgaben für Forschung und Entwicklung wurden systematisch erhöht, die Mittel für Erziehung und Ausbildung aufgestockt. Die politischen Apparate versuchen, Korruption und Vetternwirtschaft stärker einzudämmen. Selbst Japan kann sich dieser Entwicklung nicht entziehen, zunehmend verlangen die Wähler, an die Stelle feudaler Praktiken berechenbare Abläufe, individuelle Verantwortlichkeit und rationale Selbstbestimmung zu setzen. Auch die führenden Eliten Singapurs, die bislang formale Legalität und feudale persönliche Autorität so kunstvoll miteinander zu verbinden wußten, geraten zunehmend unter den Druck von Wählern und internationalen Wirtschaftsfachleuten.

> Die politischen Apparate versuchen, Korruption und Vetternwirtschaft stärker einzudämmen.

Man könnte annehmen, daß diese Umstrukturierungen zusammen mit den Verbesserungen der technischen Infrastruktur das Arbeitsleben allgemein befriedigender gemacht hätten. Leider ist dem nicht so. Allem Anschein nach begünstigt die Automatisierung nur bestimmte Gruppen von Arbeitnehmern. Sie bevorzugt beispielsweise eher die Arbeiter in der Elektroindustrie als die Arbeiter in der Textilindustrie, bringt eher für männliche Beschäftigte als für weibliche Vorteile und ist eher für ältere als für jüngere positiv. Allgemein aber scheinen alte autoritäre Strukturen nach wie vor bestimmend zu sein. Während 65 Prozent aller Firmen in Singapur die Belegschaft nicht in ihre Entscheidungsprozesse einbeziehen, beteiligen 66 Prozent der westeuropäischen Firmen ihre Belegschaft daran. So wie die asiatischen Gesellschaften den Kapitalismus an die Logik ihrer kulturellen Traditionen angepaßt haben, so wurde auch die westliche Technologie mithilfe bereits bestehender autoritärer Entscheidungsstrukturen implementiert. Die klassische Koppelung von Kapitalismus und Demokratie scheint sich in Asien noch nicht herausgebildet zu haben.

Dem *World Competitiveness Report 1996* zufolge ist die Motivation der Arbeitnehmer in den demokratischeren Gesellschaften Japans, Taiwans, Koreas und den Philippinen höher als etwa in Singapur, China und Indonesien. Die Arbeitnehmer identifizieren sich in den ersteren weit mehr mit den Zielen ihres Unternehmens als in den letzteren. Außerdem ist die Zufriedenheit in privaten Unternehmen höher als in staatlichen, da dort die Arbeitnehmer das Management als besser und die Gewinnaussichten als höher einschätzen.

Was tun nach der Asienkrise?

Die Weigerung vieler Firmen und Staaten der Region, ihre Volkswirtschaften an den Vorgaben des IWF auszurichten, um die Finanzkrise zu überwinden, wird auf lange Sicht nur der Beginn eines Restrukturierungsprozesses sein, an dessen Ende rationalere und transparentere Produktionsverhältnisse stehen werden. Auch die Vetternwirtschaft in Ländern wie Indonesien wird langsam aber sicher durch die Disziplin des Marktes verdrängt werden.

> Die Vetternwirtschaft wird langsam aber sicher durch die Disziplin des Marktes verdrängt.

Der Pfad der Industrialisierung ist jedoch kein geradliniger, er hat Kurven und Steigungen, und immer wenn man ein Stück vorangekommen ist, geht es wieder rückwärts. Und in der Zwischenzeit trägt die Masse der Menschen die Last von Armut und Unterdrückung.

Genauso wie die Jahre glänzender Wachstumsraten viele Beobachter dazu verführten, Asien eine rosige Zukunft zu verheißen, so malen sie nach der Finanzkrise und dem folgenden Niedergang die Entwicklung in düsteren Farben. Tatsächlich aber bietet die gegenwärtige Rezession eine gute Gelegenheit, sich über die Bedeutung des Wachstums und der Entwicklung in Asien während der letzten drei Jahrzehnte klar zu werden. Was die Profite angeht, war der Boom viel zu kurz, als daß der neue Wohlstand die Massen hätte erreichen können. Die plötzliche und heftige Finanzkrise hat dazu geführt, daß Hunderte von Millionen Menschen ihre Arbeit verloren. Allein in China hat die Halbierung der Zahl der Staatsangestellten zusammen mit den Folgen der Krise dazu geführt, daß mehr als 50 Millionen Menschen in den Städten und 150 Millionen auf dem Lande zu überflüssigen Arbeitskräften wurden.

Die Tragödie dabei ist, daß die Verstädterung und die kapitalistische Industrialisierung die traditionelle Familie auseinandergerissen und so die einzige Einrichtung zerstört haben, auf die sich die Bevölkerung Asiens früher im Notfall stützen konnte. Zugleich hat der Übergang zur kapitalistischen Produktionsweise unter den autoritären Regimes den Aufbau eines wohlfahrtsstaatlichen Apparates verhindert.

In Indonesien und Malaysia sind angesichts der Krise und der Korruptheit der politischen Eliten politische und soziale Bewegungen entstanden, die noch weiter an Bedeutung gewinnen werden. Massiver politischer Druck der Bevölkerung hat auch dazu geführt, daß hinter den Kulissen marktwirtschaftlich orientierte Finanzeinrichtungen wie der Internationale Währungsfond und die Weltbank Gelder für soziale Zwecke bereitgestellt haben.

In Thailand, Südkorea und Hongkong – Ländern also, die bereits ein gewisses Maß an Demokratie errreicht haben – setzten sich die demokratischen Kräfte für minimale wohlfahrtsstaatliche Schutzmaßnahmen ein. Das Arbeitsschutzgesetz in Thailand von 1998 brachte den Arbeitnehmern Regelarbeitszeiten, Überstundenregelungen und Unterstützung für diejenigen, die vorübergehend ohne Arbeit sind. In diesen Ländern wird allen Versuchen des Staates und der Unternehmen, flexiblere Arbeitsregelungen durchzusetzen, energischer Widerstand entgegengesetzt.

Am meisten zur Besorgnis Anlaß gibt das Fehlen moderner staatlicher Institutionen in Ländern wie China, Indonesien und den Philippinen, das im Zuge der sozialen Verschiebungen zu einem schnellen Anstieg der Kriminalitätsraten, der Aids-Erkrankungen und des Drogenkonsums geführt hat.

Aber auch wenn die dunklen Wolken des Leidens im Moment sich in den Vordergrund geschoben haben, sollten wir doch den Blick in die Zukunft richten und darauf, daß die Krise auch massiven Druck mit sich gebracht und zu Verbesserungen der staatlichen Infrastruktur geführt hat. Man kann sagen, daß die Krise eine Wegscheide der asiatischen Geschichte darstellt, denn in ihrer Folge werden demokratische Reformen durchgesetzt, die bisher zurückgehalten wurden, da die Industrialisierung eher von außen initiiert worden war und sich nicht organisch entwickelt hatte.

> Die Krise hat auch massiven Druck mit sich gebracht.

Literatur

Brinton, M. C.: *Women and the Economic Miracle. Gender and Work in Post-War Japan*, Berkeley 1993.

Coulmas, Florian; Stalpers, Judith: *Das neue Asien. Ein Kontinent findet zu sich selbst*, Frankfurt 1988.

Hampden-Turner; Trompenaars: *The Seven Cultures of Capitalism*, New York 1993.

Hing Ai Yun: Work Diversity and Negotiation. *The Case of Singapore, in: Economic and Industrial Democracy*, 19, 1998, S. 315-345.

Hing Ai Yun; Wong P.K.; Schmidt G. (Hg.): *Cross Cultural Perspective of Automation*, Berlin 1995.

Saraswati, R.; Bagchi D. (Hg.): *Women and Work in South Asia*, London 1993.

Autorennotiz

Ruth Bamela Engo-Tiega ist promovierte Sozialwissenschaftlerin. Seit langer Zeit arbeitet sie bei der International Labour Organization der UN in New York als Expertin für Afrika-Fragen. Sie ist Gründerin und Präsidentin der African Action on AIDS und war Directrice du Travail von Kamerun. Die Autorin zahlreicher wissenschaftlicher Zeitschriftenartikel schrieb auch das Kapitel »Arbeit in Kamerun« in der Enzyklopädie der Republik Kamerun.

Hing Ai Yun lehrt als Professorin für Soziologie an der National University of Singapore. Sie beschäftigt sich u.a. mit den Themen Arbeit und Familie, Automatisierung und Arbeitsprozesse, neue Arbeitsformen, Training und Entwicklung von Fähigkeiten, industrielle Restrukturierung und Arbeitsverhältnisse, und veröffentlichte viele Bücher und Artikel zu diesen Themen. Sie ist Mitglied im Committee on Industrial Health and Safety und berät Unternehmen und Organisationen.

Gerd Mutz ist Ökonom und Soziologe. Der Leiter des Munich Institute for Social Science (MISS) war Mitglied der Zukunftskommission der Freistaaten Sachsen und Bayern. Seine Themen sind die Zukunft der Arbeit, interkulturelle Arbeitssoziologie und Südostasien. Er ist Autor zahlreicher Bücher und Artikel zu diesen Bereichen; zuletzt erschien: *Arbeitslosigkeit im gesellschaftlichen Wandel. Die individuelle Bedeutung von Arbeitslosigkeit* (1998).

Baharuddin Shamsul ist Professor für Sozialanthropologie und derzeitiger Dekan der Fakultät für Sozialwissenschaften an der National University of Malaysia. Er forscht, lehrt und schreibt zum Thema Politik, Kultur und ökonomische Entwicklung im südostasiatischen Raum. Sein bekanntestes Buch ist *From British to Bumiputera*

Rule (1986). Zuletzt veröffentlichte er *Japanese Anthropologists, Malaysian Society* (1998, mit T. Uesugi). Er ist Mitglied des International Steering Committee und des National Information Technology Council von Malaysia.

Register

Abgas-Affen 140
African Women Entrepeneurs (AFWE) 224
Albrow, Martin 27, 37, 157, 160
Amnesty International 39, 133, 180
Anarchie 40
Anderson, B. 165
Apartheid, globale 55
Appadurai, Arjun 27, 31, 157 f.
Arbeit, Individualisierung der 59 ff.
Arbeit
  -, informelle 88, 91 f., 97 ff., 103, 105, 118, 125
  -, lokale 32 f., 50 f.
  -, prekäre 9, 19, 28, 59, 86, 88 ff., 93 f., 102, 118
Arbeitsbürger 19, 56, 78, 122, 125, 143 f., 151
  - Gesellschaft 10
Arbeits-Demokratie 17, 19
Arbeitsethik 228 f.
Arbeitsgesellschaft 7, 10 ff., 14-18, 20, 28, 41 ff., 63, 67 ff., 72, 96, 101, 125 ff., 143
  - Antithese zur 16
Arbeitslosigkeit 7, 9, 11, 18 f., 21, 43, 47 ff., 56 f., 71, 80, 82, 91 ff., 98 f., 104 ff., 111, 119, 126, 128, 146, 148 ff., 206
  -, askriptive 105
Arbeitsmarkt, zweiter 132
Arbeits-Nomaden 8, 77
Arbeitsrecht 239
Arbeitsvertrag 164
Arbeitswelt, Feminisierung der 70

Arbeitszeitverkürzung 13, 66, 83, 148
Arendt, Hannah 68, 139
Aristide, Jean-Bertrand 110
Armut 9, 18 f., 73, 98, 109 f., 146, 198
  -, lokalisierte 109
Asianismus 237 f.
Asienkrise 51 f., 237 f., 243 ff.
Asyl 136
AT&T 65, 87
Audi 81
Auszeitgesetz 149

Barber, Benjamin 110 f.
Bauman, Zygmunt 27, 109
Beckett, Catherine 118
Beck-Gernsheim, Elisabeth 64
Bejart, Maurice 74
Belehrungsgesellschaft 97
Bell, Daniel 44
Bellahs, Robert 232
Bentham, Jeremy 40, 240
Bergmann, Christine 88
Bergmann, Friethjof 66 f.
Berlin, Isaiah 113
Beschäftigte, geringfügig 88
Beschäftigte, prekär 8, 12
Bevölkerungswanderung 36
Billigjobs 72, 84, 88 ff., 92, 148
Black Muslims 111
Blair, Tony 27
Boeing 65, 87
Böll, Heinrich 82
Bourdieu, Pierre 57

Boutros-Ghali, Boutros 134
Brasilianisierung 7 f., 74, 78, 94-98, 106, 108, 111 f., 119, 144
Braudel, Fernand 77
Brecht, Bertolt 40
Bretton Woods-System 231
British Airways 237
Brundtland-Kommission 53
Buddhismus 196, 229
Bündnis für Arbeit 92
Burger King 85
Bürger, aktive 12, 190, 192
Bürgerarbeit 13, 21, 66, 92, 122, 127-133, 137-151, 155 f., 160, 169-173, 178, 215
Bürgerdemokratie 12 f., 110
Bürgergeld 109, 128, 133, 145 ff.
Bürgergesellschaft 12 ff., 41, 63, 75, 78, 110, 140, 144, 146, 151, 169
-, selbsttätige 71
Bürgergruppen 137 f., 144
Bürgerinitiative 134, 138, 140 f., 159, 171, 173, 178, 181
Bürgerinnenarbeit 145
Bürgerrechte 127 f., 130, 137 ff., 160
Bush, George 207

Castaneda, Jorge 100
Castells, Manuel 27, 44, 158
clash of civilizations 120
Clinton, Bill 198, 207
Club of Rome 46
community work 191, 205
Council on Finance (COFINA) 223
cultural globalization 27

Dahrendorf, Ralf 72
Demokratie-Dilemma 173 f.
Deregulierung 124 f.
Diamant, fordistischer 56 f.
Dienstbotengesellschaft 46
Dienstleistung 21, 91, 203 f.
Dienstleistungsgesellschaft 45, 50, 53, 62, 75, 93
Digitalisierung 75 ff.
Direktdemokratie 13, 110

Dormann, Jürgen 20
downsizing 85
Dresdener Tafel 149 f.
Drittstaatenregelung 136
Drucker, Peter F. 27, 44
Dubliner Abkommen 136
dukun 233 f., 236
Durkheim, Emile 162, 242
Dussmann, Peter 86
Dynamik, transsektorale 45

Eade, John 157
Economist 113, 239
Ehemann, weiblicher 210, 221
Ehrenamt 126, 142
Eigenarbeit 70
Elkins, David J. 36, 157
Elternarbeit 13, 16, 63, 66, 68, 223
Energiewende, solare 54
Engels, Friedrich 24
Enträumlichung
  - der Arbeit 45
  - des Sozialen 29, 32, 35 ff.
Enttraditionalisierung 77
Ericsson 237
Erste Moderne 17, 22-29, 31, 33, 35, 37, 43 f., 58 f., 61, 73 ff., 123, 143, 174 ff.
Erwerbsarbeit 8, 12 f., 16, 18, 42 f., 59, 63 f., 66 f., 73, 82, 84, 92, 94, 101, 104, 126, 129, 143 ff., 148 ff., 163, 165, 169 f., 172, 200, 202, 208, 222
-, Ende der 69
-, ökologische Kritik an der 71
Erwerbsgesellschaft 9, 14 f., 65, 102, 125 f., 182
Erwerbstätigkeit, diskontinuierliche 11, 13
Ethiopian Gemini Trust 224
Ethnizität 118 f.
Ethnozentrismus 75
Etzioni, Amitai 197
Europa der Bürger 136 ff.

Familie 161 ff., 166, 208 f., 221 f.
-, globale 159

Familienarbeit 13, 16, 21, 63, 67, 82, 92, 126, 145, 149, 161, 169 f., 208 ff., 218
Familien-Solidarität 162 f.
favor credits 133
FBI (Federal Bureau of Investigation) 119
Featherstone, 27
Feminismus 168 f.
Fischer, Peter 60
Flexibilisierung 66, 75, 77, 80 ff., 111, 124, 148
Flexibilität 9, 35, 87
Flexibilitätsregime 87
Fontane, Theodor 82
Fordismus 73 f., 76, 78 f., 106, 121
Ford-Werke 80 f.
franchising 59
Frauen 24, 168 f., 217 ff., 243
Frauenarbeit 8, 66 f., 70, 90, 208 ff., 213, 223
Frauen-Diskriminierung 243
Frauenehe 218 f., 221
Frauenerwerbsarbeit 13, 43, 55, 66, 145
Frauen-Unterdrückung 17
Freizeitgesellschaft 14, 41, 63, 67, 71

Gates, Bill 131
GATT (General Agreement on Tariffs and Trade) 77
Gemeinschaft 156 ff., 164 ff.
Gemeinsinn 193 f., 196 ff., 206 f.
Gemeinwohlunternehmer 131 ff.
Gesellschaft, inklusive 71
-, politische 127
Ghana Association of Women Entrepeneurs (GAWE) 224
Giddens, Anthony 27
global flows 27
global players 24, 46
global age 27
Globalisierung 29-35, 49 f., 76 f.
-, innere 61
-, verantwortliche 52
glocalisation 27

Goebbels, Richard 81
Gordon, Richard 34
Gorz, André 11 f., 21, 66, 125
Graßl, Hartmut 167
Gray, John 116, 120
Greenpeace 39, 79, 133, 144, 173
Gross, Peter 70
Großfamilie 208, 218
Großkopf, Jens 82
Group of Common Initiative of Women Farmers of Bogso (GICPAB) 224 f.
Guggenberger, Bernd 67

Habermas, Jürgen 22, 25, 27, 57, 129
Handeln, politisches 63
Handwerk 216
Harvey 27
Hassner, Pierre 139
Hausarbeit 68, 70, 126, 148
Heyll, Thomas 85
High-Tech-Nomaden 77
Hinduismus 229
Hitler, Adolf 112
Hochqualifizierte, prekär 108
Hoeller, Keith 84
homo oeconomicus 42
Huntington, Samuel 120

IBM 81
Illich, Ivan 18
Imperialismus 23
Individualisierung 57 f., 75 ff.
Industriegesellschaft 18, 24, 43 f.
Informalisierung 55, 125
Informalisierungszirkel 88
Informationsgesellschaft 27, 44
Informationstechnologien 44, 46 f., 54, 157
Informationszeitalter 43, 48, 158
Inglehart, Ronald 152
Institut für Arbeitsmarkt und Berufsforschung 86
Institut für Wirtschaftsforschung 54
Intel 87

International Labour Organization (ILO) 62, 99, 216
Internationale, zivilgesellschaftliche 134
Internationaler Gerichtshof, Den Haag 176
Internationaler Währungsfonds (IWF) 195, 245 f.
Internet 158 f., 181
Islam 228-236

Jencks, Christopher 109
Job-Gesellschaft 190, 192
jobless growth 200
Job-sharing 36, 85
Jobsystem, amerikanisches 195 ff., 202, 206 f.
Job-Wunder 7, 114, 117 ff., 202
Jospin, Lionel 128

Kant, Immanuel 40, 126
Kapital, globales 32 f., 51
-, soziales 121, 153
Kapitalismus ohne Arbeit 42, 46
Kasino-Kapitalismus 52, 68
Katz, Lawrence F. 10
Kempe, Martin 92
Keynes, John Maynard 66
Keynesianismus 44, 73
Klages, Dörte 139
Klages, Helmut 153
Kleinunternehmen 210, 215, 223
Klimapolitik 167
Knorr-Cetina, 27
Kohl, Helmut 88
Köhler, Martin 135
Kolonialismus 230
Kolumbus, Christoph 108
Kolumbus-Klasse 108
Kommission für Zukunftsfragen 86
Kommunikationstechnologien 42 f., 46, 54, 157
Kommunitarismus 197 f.
Konferenz von Kioto (1997) 167
Konferenz von Rio (1992) 167
Konfliktinstitutionalisierung 174 ff., 179

Konfliktregulierung 176 f., 180 f.
Konfuzianismus 196
Konstellation, postnationale 22, 27, 57
Konsumwende 55
Korruption 244 f.
Kriminalisierung 88, 91 f.
Kriminalität 69, 118 f.
Kumar-D´Fouza, Daria 169
Kundera, Milan 136 f.

Lash, Scott 27, 44, 109
Latour, Bruno 27
Lavalas-Bewegung 110
Leiharbeit 85, 91
Leistungsverdichtung 83
Lenin, Wladimir Iljitsch 24, 79
Lepenies, Wolf 97
Lerngesellschaft 97
Liberalisierung 200 f.
Lind, Michael 106
Locke, John 24
Lohnarbeit 102, 126
Lohndumping 88
Lokalisierung 34, 50, 76
Luttwak, Edward 116
Lyotard, François 27

Mahathir bin Mohamad 237
Marcos, Subcommandante 158
Markt, freier 11 f., 113 f., 116
Marktgesellschaft 156
Marx, Karl 24, 121 f., 124, 175
McDonald's 85, 203
McJobber 85, 89, 202 f.
Menschenrechte 136, 180
Meyrowitz, Joshua 157
Microsoft 65, 87
Migration 35 ff., 168
Mill, John Stuart 40
Mittelklasse 116
Mittelschichtbias 110 f.
Mobilität 35, 37, 96
Modernisierung, reflexive 22 ff., 27
Mohammed, Prophet 236
Multi-Aktivität 8, 70
Münch, Ursula 85

Mußegesellschaft 14, 67 f., 71
Mutter Teresa 131
Myrdal, Gunnar 112

Nachhaltigkeit 53
NAFTA (North American Free Trade Area) 77
Nationalstaat 22 f., 32 f., 38 ff., 73, 175 f.
Neokorporatismus 49
Neoliberalismus 7, 11, 24, 27, 48 f., 77, 120 ff., 177, 195 f., 199, 208
Neo-Spenglerismus 58
netwar 158
Netzkrieg, transnationaler 158
Netzwerk 168 f., 171 f., 180
Neue Weltordnung 159
Newsweek 206 f.
Nichtnormalarbeitsplatz 215
Niedriglohnsektor 146
Nietzsche, Friedrich 67, 182
Normalarbeitsgesellschaft 15, 47, 88
Normalarbeitsverhältnis 58, 64, 69, 86, 88, 91 ff., 102, 106 f.
Normalbiographie 9, 26, 77
Notz, Gisela 145

OECD (Organisation for Economic Cooperation and Development) 62, 86, 115
Ökobesen 140
Ökosteuer 54 f.
Opel-Werke 81
Ordnungsgesellschaft 18
Orwell, George 145
outsourcing 5

Paine, Thomas 40
Permanent-Prekäre 87, 91
Pflichtarbeit, kommunale 132
Pierce, William 159
Pizza Hut 85
Polis 17
Polygynie 210, 218 ff.
Porter, Michael E. 56
Postmoderne 27

Powell, Colin 206
Pries, Ludger 97, 101
Produktivität, wissensabhängige reflexive 45
Protektionismus 36
Proust, Marcel 14
Prügelstrafe 242
Putnam, Robert D. 199

Quasi-Staaten 39

Randeria, Shalini 97, 124
Rationalisierung 77, 93
reagonomics 195
Rechtsstaat 102
Reflex, protektionistischer 22
Relativismus 97
Re-Nationalisierung 38
Revolution
 - der Nebenfolgen 26
 - der zivilen Gesellschaft 106, 110
Riester, Walter 88
Rifkin, Jeremy 47, 66, 119
Risikogesellschaft 10, 72, 121, 165 ff.
Risikoregime 72-76, 78 ff., 87 f., 96, 98, 111, 125, 165 ff., 215
Risikoregulation 80, 167
Robertson, Roland 27, 157
Rondfeldt, 158
Rosenau, James 174
Rotes Kreuz 118
Rousseau, Jean-Jacques 113, 129

Saint-Simon, Henri 18
Sassen, Saskia 34
Scheinselbständigkeit 60, 86, 88, 91, 108
Schengen, Vertrag von 136
Schneider, Friedrich 86
Schröder, Gerhard 88
Schumpeter, Josef 130
Schwarzarbeit 86, 88, 91, 132
Sektor, informeller 208 ff., 214 ff., 222 ff.
Selbstarbeit 63

Selbstentfaltung 152 f., 155, 162
Selbsttätigkeit 71
Selbstunternehmer 58, 60, 108
Selbstverantwortlichkeit 108, 152 f., 156, 242
Sennett, Richard 27, 94
Shell 237
Shiva, Vandana 55
Smith, Adam 24
Solidargemeinschaft 89 f.
Solidarität 160-166, 168
-, mechanische 242
Souveränitätsverlust 38
Sozialbetrüger 92
Sozialhilfe 9, 128 f., 132 f., 198
Sozialstaat 9 ff., 19, 22 f., 38, 88, 102
Sozialversicherungspflicht 88 f.
Stadtstiftung Hannover 147
Stern, K. 159
Streik 239 f.

Tätigkeit, ehrenamtliche 63, 69, 155, 191 f.
Tätigkeitsgesellschaft 21, 41, 63
-, plurale 63 ff., 70
Taylor, Charles L. 79
technological citizenship 26
Technologien, neue 226 ff.
Teilzeitarbeit 66, 95, 148, 150
Territorialbindung 25
Territorialität 28 ff., 36 ff.
Thatcher, Margaret 27
Thatcherismus 27
The Third Way 27
The United Way 147
Tocqueville, Alexis de 117
Tote Dosen 140

Überstundenabbau 66
ulamak 232 ff.
Umverteilungspolitik 82 f.
Umweltbewegung 160
Umweltbundesamt 54
Umweltsenat Berlin 54
Universalismus 25, 96 f.
UNO-Weltkonferenzen 134

Unterbeschäftigung 18 f., 80, 82, 91, 108
Unterklasse 18, 116, 119
Urry, John 27, 44, 109

Vereinsarbeit 126
Vereinte Nationen (UNO) 39, 77, 134, 159, 176, 224
Verkehrsministerium Nordrhein-Westfalen 54
Vertrauensarbeitszeit 81
Vielfach-Arbeitsvertrag 64 f.
Vier-Tage-Woche 81 f.
Virtualisierung 7
Virtualität 87
Volkswagen (VW) 81 ff., 101
Vollbeschäftigung 10, 18, 21 f., 28, 40, 42, 48, 66, 72, 74, 88, 93, 98, 122, 125, 146
-, Rhetorik der 70
Vollbeschäftigungsgesellschaft 8, 11 ff., 15, 22, 41 ff., 46 ff., 78, 87, 93, 144
Vollerwerbstätigkeit 8, 47
voluntary work 191

Wagenburgmentalität 192 f.
Wallerstein, Immanuel 77
Walzer, Michael 112
Weber, Max 29
Weizsäcker, Ernst Ulrich von 53
Weltbank 39, 55, 246
Weltbürgergesellschaft 126, 133, 173, 178, 181 f.
Weltgesellschaft 30, 73, 123, 137
Weltmarkt 44, 48, 73
Weltrisikogesellschaft 8, 52, 74, 125, 159 f.
Weltsicherheitsrat 176
Western, Bruce 118
Wilson, William J. 109
Wirtschaftsmensch 190, 192 ff., 199
Wissen 20, 44 f.
Wissensgesellschaft 7, 27, 42, 44 ff., 51, 93
Wohlfahrt, aktive 156

working poor 91, 94, 109, 199
World Competitiveness Report 238, 240, 244

Zapatistas 158
Zavalla, Silvio 106
Zeitarbeit 108
Zeitarmut 106, 108
Zeit-Kapital 65
Zeitkonto 80 f.
Zeitkorridor 81
Zeitsouveränität 147
Zeitvertrag 85
Zivilgesellschaft 13, 40, 106, 110 f., 133 ff., 156, 197 f.
Zivilreligion 113 f.
Zukunft der Arbeit 14, 20, 22 f., 32, 37, 40 ff., 75, 92 f., 99, 226 f.
Zukunft des Informellen 98 f.
Zwangsarbeit 129
Zweite Moderne 12, 14, 22 ff., 28 f., 31, 33, 35, 37 f., 40, 43 f., 47, 58, 61, 73, 75, 123 ff., 147, 163, 176, 182

online unter **http://www.fr-aktuell.de**

der **kulturspiegel**

Konzerte

Ausstellungen

Filme

Lesungen

Performance

Tanz

Theater

Oper

Szene

täglich in der **FrankfurterRundschau**

...und einmal im Monat mit **urbanCulture**

Abbildung: Frank Schubert, „Frische Muscheln", 1998

FrankfurterRundschau Zwei Wochen kostenlos und unverbindlich. Jetzt anrufen: freecall 0800 / 8 666 8 66